赵国浩 等著

A Study on the Theory and Policy for Coal Resource Management

煤炭资源管理理论与政策研究

（第二版）

经济管理出版社
ECONOMY & MANAGEMENT PUBLISHING HOUSE

图书在版编目（CIP）数据

煤炭资源管理理论与政策研究/赵国浩等著．—2版．—北京：经济管理出版社，2017.2

ISBN 978-7-5096-4983-1

Ⅰ．①煤…　Ⅱ．①赵…　Ⅲ．①煤炭资源—资源管理—研究—中国　②煤炭资源—能源政策—研究—中国　Ⅳ．①F426.21

中国版本图书馆CIP数据核字（2017）第043553号

出版发行：经济管理出版社
北京市海淀区北蜂窝8号中雅大厦11层
电话：（010）51915602　邮编：100038

印刷：玉田县昊达印刷有限公司　经销：新华书店

组稿编辑：杜　菲　责任编辑：杜　菲
责任印制：杨国强　责任校对：超　凡

720mm×1000mm/16　17.25印张　309千字
2017年2月第1版　2017年2月第1次印刷

定价：68.00元

书号：ISBN 978-7-5096-4983-1

目　　录

第一章　山西煤炭工业可持续发展研究

一、绪　论

（一）研究背景及意义

1. 研究的背景

能源是人类生存、经济发展和社会进步不可或缺的重要物质基础。伴随着工业经济的发展和科学技术的进步，社会经济以前所未有的速度发展，特别是蒸汽机的发明应用和工业的迅速崛起，对能源的需求急剧扩大。同时也伴随着土地的退化、大气臭氧层的破坏、大片森林的消失和资源的枯竭等全球性重大问题，严重地阻碍着经济的发展和人民生活质量的提高，继而威胁着人类的未来生存和发展。在这种严峻的形势下，人类不得不重新审视自己的社会经济行为和走过的历程，反省经济的增长方式，开始探索人口、社会、资源、环境和经济相互协调的新的发展道路。

1987 年，挪威前首相布伦特兰在世界环境与发展委员会上发表了《我们共同的未来》，在该报告中提出了可持续发展的概念，其定义为："持续发展是既满足当代人的需求又不危及后代人满足其需求的发展。"1992 年，在巴西里约热内卢召开了世界环境与发展大会，这次会议通过了关于环境与发展的一系列文件，把可持续发展问题由理论和概念推向行动，从而使可持续发展思想在国际社会得到空前的接受。

中国政府认真履行联合国环境发展大会上的庄严承诺，并于 1994 年 3 月颁布了世界首部国家级可持续发展战略的行动纲领《中国 21 世纪议程》，全面阐述了中国的可持续发展战略及对策。1996 年 3 月 17 日，八届全国人大四次会议批准通过了《中华人民共和国国民经济和社会发展"九五"计划和 2010 年远景目标纲要》，将控制人口增长，合理开发利用资源，保护生态环境，实现经济社会相互协调和可持续发展，作为国家发展的重大战略方针。2002 年 11 月 8 日，江泽民总书记在中共十六大所作的《全面建设小康社会，开创中国特色社会主义事业新局面》报告中进一步指出，在实现中国现代化的进程中，走出一条科技含量高、经济效益好、资源消耗低、环境污染少、人力资源优势得到充分发挥的新型工业化路子，必须大力实施科教兴国战略和可持续发展战略。

采矿业作为中国的基础产业，在国民经济与社会发展中具有重要的地位和作用。而矿产资源是采矿业赖以生存和发展的根本，中国95%的能源、80%以上的工业原料和70%的农业生产资料来自采矿业。能源矿产是矿产资源的重要组成部分，在中国，煤炭又排在能源矿产之首，是中国最有保障和最主要的能源。因此，中国煤炭工业可持续发展问题有着极强的典型性。

（1）煤炭工业的能源基础产业地位，对于整个国民经济的发展起到了支撑作用。资料显示，新中国成立以来，中国的能源消费（煤炭所占比例年均77.55%），1949~1993年增长了46.10倍，是实际GDP增长的1.5倍。这充分说明，中国在实现工业化的初级阶段，是以大量的能源投入为代价换取社会财富增加的。21世纪前叶中国第三步战略目标的推进、实施和经济全球化进程的加快，从内外两方面必将中国经济推入一个崭新的快速增长期，中国经济未来高速增长的态势必然刺激中国各类能源消费成倍增长，从世界范围看，煤炭远景仍然看好，煤炭是世界上最经济、分布最广的矿物燃料。世界主要能源组织预测表明，到2030年发电将主要依靠煤炭。世界石油输出国组织预测到2020年煤的消耗量要超过石油，煤炭将再次成为世界的主要能源。尽管国内一些专家和研究单位对未来中国原煤消费需求量的估计可能偏高，但中国以煤为主的能源结构在近20年内不会改变。即便远期国内煤炭消费比重由目前的3/4下降到1/2以下，煤炭作为最安全可靠和最主要能源的地位仍将难以改变。

（2）现有技术水平条件下的煤炭开采、加工和燃烧对生态环境的破坏和污染具有突出的行业特征。主要表现在：煤炭开采对土地及植被的破坏；煤炭开采外排煤矸石对土地、河流及大气的污染；煤炭开采对地下水资源的破坏和污染；煤炭开采和加工排放废水对地下水资源及江河湖海的污染；煤炭开采排放甲烷及煤田火灾对大气的污染；燃煤对城市大气的污染等。在中国，煤矿区生态环境破坏量大、面广、源头多，是产业经济中的重灾区。又由于煤炭消费占中国能源总消费比重高达75%，是世界上这一比重最高的国家，而美国这一比重只有27.4%，日本为23.6%，英国为32.3%，法国为10.6%，这既是中国污染物排放量居世界第二的主要原因，同时也是中国大气以煤烟型污染为主要类型的直接原因。以上事实无疑给煤炭工业的可持续发展带来了极大的挑战。

（3）煤炭资源属于可耗竭且不可再生的资源。从时间上看，煤炭资源是不可永久、持续利用的，煤炭工业可持续发展的主要含义应是在积极寻求可替代能源的同时，尽量延长煤炭资源的可利用时间，增加煤炭资源利用效率，提高其经济效益，从而为子孙后代留有更加长久的生存时间。

因此，煤炭工业可持续发展是在确保为国民经济各行各业提供品质洁净、数量充足的煤炭、煤油品、电力和煤炭化学品的同时，运用市场机制，依靠科技进步，提高煤炭资源的利用效率，减缓煤矿区生态环境的恶化，实现煤炭工业的矿区、经济、资源及环境的协调发展，让有限且不可再生的煤炭资源既能满足当代人生存和发展的需要，又能满足后代人在寻找到可替代能源之前生存和发展的需要。煤炭工业可持续发展虽属国家部门性质的可持续发展，但却是以矿区为基础的，其落脚点是以矿区所在的具体区域和空间，属于区域可持续发展的范畴。

2. 研究的意义

通过对煤炭工业可持续发展的实证研究，使管理者对煤炭工业可持续发展有系统的认识，了解煤炭工业可持续发展的重要性、迫切性，唤起各级政府和社会的重视，充分认识到随着社会经济发展对煤炭资源需求的增加和煤炭资源有限之间的矛盾越来越突出，煤炭工业可持续发展关系到国民经济和社会持续、稳定、健康发展；同时，提出煤炭工业可持续发展的战略措施和政策建议，并对提升其可持续发展的路径提供理论依据，增强解决其可持续发展中的各种问题的能力。

（1）本章将主观赋权法应用于山西煤炭可持续发展领域，具有一定的实践意义和应用价值。

（2）随着政府、企业及个人对煤炭工业可持续发展越来越重视，投入也越来越多，本章试图通过使用模糊综合评判法对 2008 年临汾地区煤炭工业的可持续发展程度进行评判，得出临汾地区煤炭工业发展可持续性所处的阶段。

（3）临汾地区是山西省的一个主要产煤城市，本章将通过对临汾地区煤炭工业发展的可持续性进行综合评价，来反映山西省煤炭工业的可持续发展程度。

（二）国内外研究现状综述

可持续发展是本章研究的主要问题，这一概念不是对可持续发展观的简单继承与完善，而是对其的延伸与创新，是从资源、环境、经济和社会协调发展的角度，提出的关于人类长期发展的战略发展模式，因此，可持续发展具有更广泛而深刻的内涵。

1. 国内外可持续发展研究现状及进展

自从可持续发展概念被提出以后，许多学者和研究机构做出不懈努力，提出了一些不同的指标和指标体系，为可持续发展的研究和实践起到一定的推动作用，但得到公认或应用的却很少。其研究主要集中在以下几个方面：

（1）可持续发展理论研究。可持续发展是一个涵盖人口学、经济学、生态学和系统科学等多学科的更高层次的理论系统，涉及的领域、空间和时间十分广泛。到目前为止，对可持续发展理论的研究一直沿着四个方向去揭示其内涵和本质，这四个方向已经逐渐被公认为经济学方向、社会学方向、生态学方向和系统学方向。

1）基于经济学方向的研究：世界银行的《世界发展报告》（1990～1998）和莱·布朗在《未来学家》发表的"经济可持续发展"（1996）为代表的可持续发展理论代表了这方面的研究。重点研究区域经济可持续发展，以区域开发、生产力布局的经济结构调整与优化、物资供需均衡作为基本内容，用"科技进步贡献率扣除投资的边际效率递减率的差额"作为衡量可持续发展的重要指标。

2）基于社会学方向的研究：以社会发展、公平分配、利益均衡等作为基本内容，把"经济效率与社会公正"的合理平衡作为可持续发展的重要判别标准和基本手段。社会学家将"消除贫困、缩小差距，创造一个保障人们享有平等、自由教育、人权和免受暴力的社会环境"作为实现社会可持续发展的基本目标。如联合国开发计划署的《人类发展报告》采用的"人文发展指标"表示这方面的研究。社会学家强调环境种族主义、自然资源利用决策中的利益集团及收入分配不平等存在的条件下，人类社会是否可持续的问题。社会学家还强调文化、制度、社会价值等因素的可持续性，认为收入分配不平等和贫富不均是导致社会经济不可持续的主要原因。

3）基于生态学方向的研究：可持续发展理论研究的生态学方向，是以生态平衡、自然保护、资源环境的永续利用等作为基本内容。该方向的基本研究尤以挪威原首相布伦特兰夫人（1992）和巴信尔（1990）等人的研究报告和演讲为代表。该方向的一个集中点，是力图把"环境保护与经济发展之间取得合理平衡"作为可持续发展的重要指标和基本原则。

4）基于系统学方向的研究：以系统的观点定义可持续发展是中国学者独立开创的一个研究方向（Niuetal，1993），该研究将可持续发展作为一个"自然—社会—经济"复合系统，并确认由生存、发展、环境、社会和智力五大支持子系统所构成，可持续发展的实现，是整体支持系统的共同作用和综合作用，任何一个单独系统的失误与崩溃，最终都会毁坏可持续发展的总体能力，因此，综合协同是可持续发展系统观所倡导的基本准则。马世骏（1984）、牛文元（1993）将可持续发展视为"自然—社会—经济"复杂巨系统。周德群（1998）认为可持续发展是由社会、人口、环境、资源、经济五要素组成的复杂巨系统（SPERE系统），并进一步将 SPERE 系统发展的影响力划分为价值、社会文化与社会心理、科学技术、结构和制度五个分系统。刘宗超提出可持续发展是"科学技术能力、政府调控行为、社会公众参与"三位一体的复杂系统工程。牛文元（1993）

等人提出可持续发展系统的构成可由“人口的承载能力、区域的生产能力、环境的缓冲能力、社会的稳定能力、管理的调节能力”五大基础要素及其间的复杂关系所决定。赵国浩（2000）提出了煤炭工业可持续发展的系统观点，剖析了可持续发展系统构成要素之间的相互关系，得出了各要素协调发展的思想和协调发展的机理，丰富了煤炭工业可持续发展的理论内涵。

（2）关于可持续发展的研究。叶文虎（1996）认为主要集中在两个方面：一是可持续发展的理论和概念；二是可持续发展的实现途径和手段。这两大方面的问题是紧密联系在一起的，其联系的纽带便是可持续发展的衡量或测度。因为，如果没有衡量的指标体系和一套用于衡量的测度方法，那么可持续发展的思想只能停留在口头上，既无法给可持续与不可持续以科学的界定，也无法指导实际操作，其结果只能是各行其是，彼此由于缺乏统一标准而难以进行协调。从已有的研究成果看，对于可持续发展的衡量与评价集中体现在三个方面：一是讨论指标体系构建的原则及核算范围；二是具体指标体系的设计；三是评价方法的选择。关于指标体系构建的原则，周德群（1998）认为需要遵循系统性、功能性和可操作性三个基本原则；李堂军（2000）提出从科学性到可比性的九项具体原则；牛文元（1993）则强调指标体系必须满足五点要求。李金华（2001）对中国可持续发展核算体系的五个子核算范围给出了系统的认定。国内外已开发构建的指标体系有三种应用取向：一是应用于全球的评价与预测，如以色列希伯来大学（1983）建立的人类活动强度指标（HAI）、联合国开发计划署（1990）创立的人文发展指数（HDI）等；二是国家使用的测量指标，如中国科学院可持续发展战略研究组（1999）创立的中国科学院指标体系；三是应用于区域评价的指标体系，如区域经济复合系统（WES）可持续发展评价指标、矿区 REES 系统可持续发展指标体系等。对于评价方法的选择，中国科学院可持续发展研究组在对中国区域可持续发展总体能力评价中采用了分层逐级递归运算法；魏同、宋绍峰（1994）等人建议使用模糊综合评价法；金世容（2001）应用了层次分析法；汤万金（1997）使用了综合集结法；刘文奇（1998）等人提出了变权方法。

2. 煤炭工业可持续发展的研究

煤炭是不可再生且可耗竭的天然资源，又是矿区形成和发展的自然基础，因此，积极开展煤炭资源评价与管理的研究，对于合理开发、利用和保护煤炭资源，实现煤炭工业的可持续发展具有重要的理论和实践价值。

煤炭工业可持续发展系统是一类要素众多、结构复杂、功能综合开放和不断演化的动态复杂巨系统，对这类系统的建模与解析成为理论创新和应用的焦点。目前已有的煤炭工业可持续发展系统模型涉及概念、逻辑和数学三类模型。

张玉祥（1998）对煤炭工业可持续发展给出的概念模型认为，可持续发展系统是由“天”（S）子系统和“人”（M）子系统构成，进一步将“天”（S）子系统划分为资源子系统（R）、环境子系统（En）和灾害子系统（Ca）；将“人”（M）子系统划分为经济子系统（Ec）和社会子系统（O）。周德群（1998）分别提出了 SPERE 系统的概念模型和可持续发展的数学定义，该定义表示 SPERE 系统是社会、人口、经济、资源、环境及其错综复杂的相关关系的函数。

魏同等人（1994）建立了煤炭工业可持续发展系统的四级逻辑结构模型，该逻辑模型的建立深化了对可持续发展系统的认识，有助于矿区可持续发展的系统分析。

可持续发展模型中最丰富的一类当属数学模型，因为通常所谓研究系统的模型化方法，就是指为系统建立数学模型，并进行定量化分析。魏晓平（1997）根据效用理论，建立了社会福利函数模型，研究煤炭资源的最佳耗竭速度及其与可持续利用之间的关系。同类模型还有储采比模型和资源永续利用矩阵表模型等。王立杰等人（2000）提出了煤炭资源资产的价值等于资源所有者的收益，即资源的稀缺性租金与级差租金之和。朱学义等人（2000）认为评价和计量煤炭资源价值的相关模型，为可持续意义下的煤炭资源管理提供了定量分析工具。陶树人（2000）则认为，矿产资源由于其埋藏的深度、地理位置、开采条件的不同，矿产资源价值由两部分构成：一是同种矿产资源在市场供需均衡条件下，还能获得最低可接受利润的劣等资源的价值或劣等资源转让费；二是该矿产资源与劣等资源相比较单位资源的级差收益。

虽然许多国家都对可持续发展指标体系做出了研究和探索，但总的来说，整个可持续发展指标体系的研究仍处于探索阶段，研究成果大多零碎、不完整。目前国内外还不存在一个统一的、规范的煤炭资源开发可持续评价指标体系。

3. 国内外相关研究评述

可持续发展问题研究是一个理论性和实践性都很强的课题，具有多学科研究相互交叉的显著特征。因此，需要从全方位、多角度进行探讨。与本章相关的研究内容或方向主要包括：可持续发展理论、模型的构建与评价方法等。国内外学者在上述领域具有一定的研究成果，他们从不同角度、不同专业领域、不同学科、不同切入点，深入分析和探讨了可持续发展及其系统协调中的若干重大问题，为本章的研究奠定了基础。

（1）关于可持续发展的研究，虽然国内外已有一些文献讨论有关问题，但是，可持续发展的理论与方法研究尚处于起步阶段，已建立的一些可持续发展模型也大多是初级的和概念性的。有关可持续发展的基本原理与方法论，还有待在实践中逐步完善。

（2）关于可持续发展评价的理论与方法研究，从已有的研究成果看，集中体现在三个方面：一是讨论指标体系构建的原则及核算范围；二是设计具体指标体系；三是选择评价方法。对于可持续发展的指标体系，目前国内外的学者仍处在探索阶段，还没有形成一套完整的、适合国家一级可持续发展的评价指标体系。根据中国煤炭工业发展的实际情况，依行业角度、针对行业的一般特点，煤炭工业有关部门已建立了可持续协调发展评价指标体系，虽然对建立煤炭工业可持续发展评价指标体系有重要的借鉴作用，但所建立的指标体系也是初级的，还不能适用煤炭工业这一层次评价的具体要求。因此，需要在微观层次上进一步制定符合煤炭工业一级发展目标和状态评价要求的概念模型、评价指标体系和具体评价方法，这是进行煤炭工业可持续发展分析与评价必须要做的工作。

（3）由于中国煤炭工业存在不同类型和不同发展阶段的各种矿区，其资源环境等主要矛盾及其表现形式有所不同，因此，研究煤炭工业系统的分析及其协调机制和具体管理对策不能一概而论，应该依据具体矿区的实际状况，建立煤炭工业协调发展评价模型，提出相应的可持续协调发展战略模式。因此，积极开展煤炭资源评价与管理的实证研究，对于合理开发、利用和保护煤炭资源，实现煤炭工业的可持续发展具有重要的理论和实践意义。

二、山西省煤炭工业发展概述

（一）山西煤炭工业的发展现状

1. 山西煤炭工业投资现状

改革开放以来，国家为把山西建设成为能源基地，保证能源工业的高速发展，对山西能源工业投入给予了很大的支持。山西作为中国煤炭资源最丰富的地区，有着成熟的投资环境与投资政策，是进行煤炭投资的绝佳之地。“十一五”以来，全行业投资力度不断加大，投资结构不断优化，其中在非煤产业和科技方面投入增加幅度较大，全行业科技投入 288.36 亿元，比“十五”期间增加 153.8 亿元，每年培养煤炭专业人才 5000 多人，组织培训煤矿主要负责人和安全生产管理人员近 4000 人，进一步支撑和推动煤炭行业转型发展走出新路子。另外全行业固定资产投入 2060 亿元，比“十五”期间增长 4.7 倍。其中：非煤产业投资 925 亿元，增长了 9.23 倍；矿井建设和改造投资 1135 亿元，增加了 4.35 倍。①

① 山西省经济信息网（http：//www.sxei.cn/main/0info/NewsShow.aspx？NID = F3EAF6C70E864112）。

2. 煤炭生产能力状况

与2003年比，2008年山西省煤炭工业总体产能增加了46.7%，由4.5亿吨增加到6.6亿吨，年销售收入增长3.85倍，由722亿元增加到3500亿元，实现利润320亿元，上缴税收增长3.7倍，由88.5亿元增加到415亿元。全省各类煤矿单井平均规模提高了3.3倍多，达到36万吨左右，依然是山西省经济的龙头产业。2009年煤炭工业增加值比上年增长6.2%，拉动全省工业增长5.1个百分点，实现利税、利润总额分别为884.1亿元、461.5亿元，占到全省工业的80.9%和107.7%。全行业上缴税费592亿元，同比增长43%，上缴可持续发展基金160.6亿元，在山西省"保增长"中的贡献高居各行业之首。① 2010年，由于煤炭资源整合效应已经显现，在整合矿井没有全部投产的情况下全省煤炭产量为7.4亿吨，达历史最高水平。

3. 煤炭输出状况

山西在全国煤炭供需中有着重要的地位，2003年全省铁路煤炭外运能力达到2.5亿吨，通过铁路、公路共外运出省煤炭3.11×10^4万吨，大于全国省际净调出量的3/4。2005~2007年，虽然煤炭运输三大主要干线通过改造大幅度提高了运量，但煤运重要通道京原铁路的运量却下降了。2009年国家大力推进煤炭订货方式改革，加快建设全国煤炭市场体系，国务院首先批准在山西组建"中国太原煤炭交易中心"，已明确赋予"中心"组织山西等中西部地区煤炭交易的任务，该年煤炭铁路外运调出量约占全国跨省区调出量的3/4。目前，"中心"正快速崛起，规范和改变着煤炭陆路运输的现有格局。

（二）山西煤炭工业具有的优势

1. 煤炭资源丰富

全省潜在煤炭资源总量6652.02亿吨，占全国煤炭资源的11.9%，资源总量规模仅次于新疆和内蒙古。截至2004年底，全省累计查明煤炭资源储量2828.65亿吨，查明保有的煤炭资源储量2660.46亿吨，占全国保有查明的煤炭资源储量的26%，居全国首位。全省含煤面积6.2万平方公里，约占全省国土面积的40.4%。主要分布在大同、宁武、西山、河东、霍西、沁水六大煤田和浑源、繁峙、五台、垣曲、平陆五个煤产地。山西六大煤田煤炭资源储量状况如表1-1所示。②

2. 煤质好、品种全

山西的焦煤资源得天独厚，占全国同类煤炭资源储量的61.4%。山西煤炭按

① 中商情报网（http：//www.askci.com）。

② 山西省煤炭工业"十一五"发展规划。

中国煤炭分类标准有14个品种，分别是气煤、肥煤、焦煤、瘦煤、无烟煤、弱黏结煤、贫煤、不粘煤、长焰煤、褐煤、气肥煤、1/2中粘煤、1/3焦煤和贫瘦煤。从总体上看，山西煤炭具有“三低两高一强”特点，即低硫、低灰、低磷；高发热量、高挥发分；粘结性强。特别地，大同的动力煤以硫分和灰分含量低、发热量高而享誉中外；离石、柳林、乡宁矿的焦煤被誉为煤中的“精粉”，是冶金工业最理想的“食粮”；晋城“兰花炭”更是闻名遐迩。山西煤炭无论是煤炭种类，还是煤质都居全国首位。

表1-1 山西六大煤田煤炭资源储量状况（2000米以浅）

煤田	煤田面积（平方公里）	查明保有资源储量（亿吨）	预测资源量（亿吨）	合计
大同	1704.00	373.07	—	373.07
宁武	3216.50	412.12	327.61	739.73
西山	1779.30	193.43	—	193.43
河东	17317.62	515.52	1304.15	1819.67
霍西	5775.35	309.05	189.38	498.43
沁水	27301.19	843.26	1954.43	2797.69
煤产地	1419.10	6.37	123.57	129.94
合计	58513.06	2652.82	3899.14	6551.96

3. 煤炭易开采

山西煤田地质构造简单，埋藏浅，煤层厚，断层少，另外煤层倾角平缓，一般5~10度，水文地质条件也不复杂，绝大部分为地下开采，很大一部分可露天开采，因而开发山西煤田投资少，见效快，建设周期短。

4. 煤炭运输便利

山西省位于华北西部，地处全国能源消费扇面的中心，位置绝佳，主要煤田皆在铁路、公路沿线，有利于煤炭的外调输出。再加上国家和地方多年来在交通运输上的投资，山西煤炭铁路外运条件得到了根本改善。目前，山西煤炭外运已形成以铁路运输为主、公路运输为辅的路网体系。

5. 煤炭工业的主体地位没有改变

山西煤炭工业仍是全国煤炭市场的领头羊，特别是在焦煤、无烟煤市场中，极具竞争优势，这极利于山西省煤炭资源发挥垄断优势，掌控市场运行格局。

（三）山西煤炭工业发展的劣势

1. 煤炭生产集中程度低

煤炭资源整合重组前，全省30万吨及以下小煤矿占矿井总数的80%以上，矿井平均单井规模仅 36 万吨。[①] 目前与国际先进水平和国内领先水平相比，山西省煤炭企业平均规模小、产业集中度低、机械化信息化程度不高，“多、小、散、乱”格局没有根本扭转。大公司大集团的煤炭产量仅占全省煤炭总产量的 51.3%，其中五大集团公司产量仅占全省的 38.1%，而美国最大四家公司产量占全国产量的 70%，德国近 2 亿吨煤炭全部由一家公司生产。

2. 生态环境付出高昂代价

（1）煤炭资源回收率偏低。山西小煤矿较多，原始落后的采煤方法和掠夺性的开采方式又加剧了煤炭资源的浪费。按照国家规定，原煤开采率应在 75%以上，山西乡镇煤矿回采率为 20% ~30%，小煤矿回收率只有 10% ~15%。《中国能源发展报告》（2007）表示，山西省煤炭平均资源回采率只有 40%左右，乡镇煤矿回采率仅为 10% ~20%，每挖 1 吨煤要消耗 5 ~20 吨资源。在美国、澳大利亚等发达国家，资源回采率能达到 80%左右，每挖 1 吨煤只消耗 1.2 ~1.3 吨资源。

（2）长期以来不合理的开采和使用，使得山西省生态破坏日益严重。煤矿的大量采煤严重破坏和污染了浅层和中深层的地下水资源，使地下水位年下降 1.5 ~3.0 米，加剧了全省水资源短缺的矛盾；由于采煤造成的采空区、地表塌陷等问题，进一步加剧了水土流失，恶化了耕地质量、降低了森林覆盖面积，增大了生态恢复的难度和成本。

（3）生态环境压力严重。煤的大力开发，煤炭、电力等企业的大力发展，留下了大量的采矿剥离物、煤矸石、粉煤灰以及炉渣，占用了大量耕地。“十五”期间，全省主要污染物二氧化硫、烟尘、废水、化学需氧量和工业固体废物排放总量仍处于增长的趋势，主要污染物排放强度远高于全国平均水平。[②] 2009 年全省二氧化硫排放总量为 126.1 万吨，与 2005 年相比，累计减排率为 16.8%；化学需氧量排放总量 34.91 万吨，较 2005 年累计减排率为 9.8%。虽然在“十一五”期间山西省环保工作成效卓著，但总体上讲，生态环境脆弱的背景并没有改变，长期以来形成的生态环境“欠账”依然存在，能源开采和原材料初级加工产业格局也未从根本上转变，生态环境问题依然是山西省社会经济可持续发展的短板。[③]

3. 煤炭资源未得到综合开发利用

煤炭企业粗放开发，简洗加工，低效利用，污染严重，效率低下的局面没有

① 山西新闻网（http：//news. qq. com/a/20090515/000103. htm）。

② 山西省煤炭工业“十一五”发展规划。

③ 山西省环境科学研究院（http：//www. 0351hky. com/html/NewShow. asp？ItemID =258&ArticlePage =1）。

改变。表现之一：煤炭资源配采不合理。全省煤矿采矿业中，普遍存在采浅弃深、采好弃坏以及采厚弃薄、采整弃残、采上组弃下组的现象，使煤炭资源严重丢失和浪费，矿井及矿区寿命大大缩短。如有些矿井煤层厚5～6米，本应采用分层开采工艺，但为片面追求减少成本而只开采中间4米左右的部分，其余的人为丢弃。有的采用人工炮采工艺，只能开采2米煤层，丢弃的煤炭资源更多。表现之二：与煤伴生、共生的矿产资源没有很好地开发。目前，山西省每开采1吨煤，就要消耗与煤伴生或共生的各种矿产资源8吨；每年因采煤排放的煤层气约116亿立方米，接近“西气东输”的输气量。

4. 山西煤炭企业持续发展能力不足

长期以来，山西省国有重点煤矿企业无偿开采行政授予的煤炭资源，但资金投入的不足使得企业普遍背着沉重的财务负担；与此同时，煤炭长期执行国家规定的低价格，国有重点煤矿企业只能以较低的价格出售产品，导致长期全行业亏损；这些问题致使山西国有重点煤炭企业自我积累能力较差。另外，主要的设备老化、技术更新资金缺乏、管理方式粗放、机制转换较慢和安全生产形势严峻等均使其难以实现可持续发展。

三、煤炭工业可持续发展的系统分析

（一）可持续发展的基本理论

1. 可持续发展形成过程

根据事件重要性（如代表性人物、代表性论著、代表性会议等）将可持续发展思想的形成过程划分为可持续发展思想的酝酿时期、可持续发展思想的初步形成时期和可持续发展思想的确立时期。

第一阶段：酝酿时期（20世纪20～60年代）。在该阶段，一些重视生态、环境和资源对人类生活影响的理论先行者，提出了不少与可持续发展有关的见解。国际公认的生物圈学说的奠基者，苏联科学家维尔纳茨基在20世纪40年代就系统地论证了生物圈在人类生活中的地位。他强调指出：“人是地球的公民，他可以，也应该，从新的角度出发去思考和行动，不仅从个人、家庭、种族、国家或国家联盟出发，而应该从地球的角度出发，从他与之牢不可破地联系在一起并不可能脱离的那一部分地壳出发。”享誉世界的环境保护主义理论家、美国学者奥尔多·利奥波德则以独特的大地理论阐述了人与自然的关系，他指出：“大地理论是要把人类在共同体中以制服者的面目出现的角色，变成这个共同体中的平等的一员和公民。它隐含着每个成员的尊敬，也包括对这个共同体本身的尊敬。”他的“像山那样思考”的呼唤，在当代得到强烈的回应。几乎在同一时间，美国学者威廉·福格特向世人推出了《生存之路》，论证了人口与资源之间平衡的极端重要性。他指出了人类必须采取的两个步骤：一是控制人口；二是恢复资源。并警告说，如果我们不采取这些步骤，不立即坚决果断地加以贯彻执行，不根据有限的资源来重新调整生活方式，那我们就准备以不可遏制的速度陷入战争的深渊，回到野蛮时代，从而放弃过文明生活的一切希望。1962 年，美国海洋生物学家蕾切尔·卡逊出版了《寂静的春天》一书。书中关于农药危害人类环境以及人类必须与自然融洽的警示，在当时产生了强烈的震撼。美国副总统阿尔·戈尔将该书的出版视作“现代环境运动的肇端”，并称赞该书是“一座丰碑，它为思想的力量比政治家的力量更强大，提供了不可辩驳的证据”。由于卡逊的书深刻揭示了工业污染对生态环境的灾难性影响，引起了生产农药的化学工业集团的反对和诋毁，导致了政府的干预，并产生了通过立法限制杀虫剂使用的政治行为，所以真正的环境运动由此开启。可持续发展观正是在经历了现实的环境运动的洗礼后踏上了一个新的阶梯。

第二阶段：初步形成时期（20 世纪 60 ~ 80 年代末）。自卡逊的《寂静的春天》出版后，至少在西方已逐渐流行关注工业污染、资源利用、人与自然关系等问题。无论是理论研究还是现实的环境运动，都聚焦在对工业文明的发展模式和伦理价值观念的反省。正是在这种深刻的反省中，可持续发展观初步形成。在该阶段，首先对可持续发展观形成起到历史性推动作用的是第一次人类环境会议及两个历史性文件。1972 年 6 月，113 个国家和地区的代表召开了一次历史性会议——联合国人类环境会议。会议通过了两个著名文件：一个是《人类环境宣言》；另一个是 58 个国家的 152 位科学家参与撰写的《只有一个地球》的报告。《人类环境宣言》指出：“在现代，人类改造其环境的能力，如果明智地加以使用的话，就可以给各国人民带来开发的利益和提高生活质量的机会。如果使用不当，或轻率地使用，这种能力就会给人类和人类环境造成无法估量的损害。”基于以上认识，《人类环境宣言》向全世界呼吁，为了在自然界里取得自由，人类必须利用知识在同自然合作的情况下建设一个较好的环境。为了这一代和将来的世世代代，保护和改善人类环境已成为人类的一个紧迫目标，这个目标将同争取和平、全世界的经济与社会发展这两个既定的基本目标共同协调地实现。1982 年 10 月，联合国大会通过了《世界自然宪章》，它开宗明义地指出：“人类属于自然的一部分。”由此确定了国际社会对人与自然的伦理关系及其所应承担的道德义务的承诺，成为可持续发展观的又一哲学基础。1980 年前后，大体形成可持续发展观的基本框架，并开始运用“可持续发展”的概念。

第三阶段：确立时期（1987～1992年）。标志可持续发展确立的三个重大事件为：1987年世界环境与发展委员会起草的报告《我们共同的未来》获得通过并出版；1991年联合国环境规划署、世界自然保护同盟和世界野生生物基金会共同编著出版了《保护地球——可持续生存战略》；1992年在巴西里约热内卢召开了举世瞩目的联合国环境与发展会议。这三大事件从理论到实践最终确立了可持续发展观在当代的重要地位。

综上所述，可持续发展的思想经过了近一个世纪的发展，终于从试图孤立地解决环境问题到明确环境与发展不可分离，从仅仅关注资源与环境到同时关注社会与文化，从纯经济的视觉转向哲学的视角，逐步成为与工业文明发展观——现代化发展观相区别的、具有丰富内涵和深刻意义的可持续发展观。然而，即使如此，我们也只能说世纪之交的可持续发展观仍然是有待挖掘和丰富的发展观，并未定型。它的成熟一方面有赖于实践，另一方面也需要做更深入的理论研究与探索。

2. 可持续发展内涵

可持续发展是一个复杂的社会经济大系统，它由许多子系统组成，主要有经济子系统、人口子系统、资源子系统和生态环境子系统（见图1－1），走可持续发展道路就是要协调好经济、人口、资源和生态环境四大子系统之间的关系，在保证四大子系统稳定发展的前提下，保持经济、社会大系统长期持续发展，目的是为了防止经济大幅度波动，保证经济稳定发展、社会持续进步。

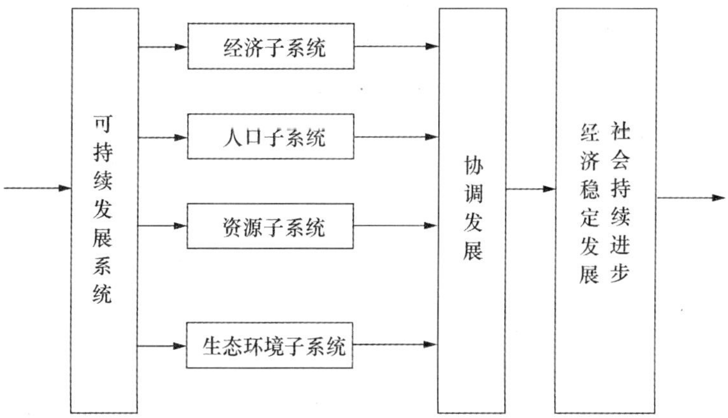

图1－1　可持续发展系统

我们可以看出可持续发展的本质特征主要有三个方面：

（1）发展度。所谓发展度，就是从三个方面去满足人类不断增长的需求和生活质量的不断提高，即保持增长、提高经济增长的质量和较好地满足粮食、能源、饮用水、就业和健康的基本生存需求。我们所拟订的战略体系，必须能表达如何衡量一个国家或区域的“发展度”（数量维），即能够判别一个国家或区域是否在真正地发展？是否在健康地发展？以及是否在保证生活质量和生存空间不断改善的前提下发展？总之，它必须澄清一个容易混淆的观念，即认为可持续发展似乎不强调经济增长、社会进步和财富积累，这显然是与可持续发展理论的本质背道而驰的。

（2）协调度。协调度由调控人口的数量增长，不断提高人口的素质和始终调控环境与发展的平衡这两方面去体现，以此达到人与自然之间的协调以及人与人之间的协调。因此，可持续发展应能衡量一个国家或区域的“协调度”（量维），即要求在统一尺度比较下定量地诊断能否维持环境与发展之间的平衡？能否维持效率与公平之间的平衡？能否维持市场发育与政府调控之间的平衡？能否维持当代与后代之间的利益分配上的平衡？这一特征与区域的“发展度”相比有所侧重，如果说发展度更加强调“量”的概念即财富规模的扩大，协调度则更加强调内在的效率和“质”的概念，即强调资源配置的合理优化、经济增长方式的合理调控、财富积聚方式的合理采取、分配制度的公平以及财富在满足全人类需求中的行为规范的建立。

（3）持续度。持续度由维持、扩大和保护地球的资源基础与集中关注科技进步对于发展瓶颈的突破这两方面去体现。通过物质基础和知识基础的储备，为可持续发展的健康延续提供潜在的能力，以此实现可持续发展战略的持续性。毋庸置疑，可持续发展应能衡量一个国家或地区的“持续度”（时间维），即判断一个国家或地区在发展上的长期合理性。这里所指的长期，近者可能包含五代或者十代人的时间，远者直至整个人类的未来。持续度更加注重从“时间维”上去把握发展度和协调度。换言之，可持续发展战略目标中所关注的发展度和协调度，不仅是在短时间内的发展速度和发展质量，而是建立在充分长“时间维”上的调控中。

目前，已被国际社会普遍接受并基本达成共识的有关可持续发展的概念，主要是《我们共同的未来》报告中的可持续发展定义以及1989年5月举行的第15届联合国环境署理事会期间，经过发达国家和发展中国家反复磋商，通过的《关于可持续发展的声明》中有关可持续发展概念的解释。《我们共同的未来》报告中，对可持续发展定义的解释是：“既满足当代人的需要，又不对后代人满足其需要的能力构成威胁和危害的发展”。第15届联合国环境署发表的《关于可持续的发展的声明》中对可持续发展概念的定义是：“可持续的发展，系指满足当前需要而又不削弱子孙后代满足其需要之能力的发展，而且决不包含侵犯国家主权的含义。”

3. 可持续发展原则

（1）公平性原则。是指社会选择的公平性，可持续发展不仅要实现当代人之间的公平，而且也要实现当代人与未来各代人之间的公平，同时，要实现各国对有限资源的公平利用。这也是可持续发展模式与传统发展模式的根本区别。

（2）持续性原则。是指生态系统受到某种干扰时，能保持其生产率的能力。可持续发展要求人们根据生态系统持续性条件和限制因子调整自己的生活方式和对资源的要求，在生态系统可以保持相对稳定的范围内确定自己的消耗标准。

（3）和谐性原则。可持续发展就是要促进人类及人类与自然之间的和谐，使社会发展、经济发展、资源增效和环境保护四者之间协调发展。

（4）需求性原则。可持续发展立足于人的合理需求而发展，强调人对资源和环境无害的需求，而不是一味地追求市场利益，目的是向所有人提供实现美好生活愿望的机会。

（5）高效性原则。可持续发展的进程是不间断的、高效的，与传统发展不同的是，这里的高效性不仅是根据其经济生产率来衡量，更重要的是根据人类的基本需求得到的满足程度来衡量，是人类整体发展的综合和整体的高效。

（6）阶跃性原则。可持续发展是不断满足人类从低层次到高层次需求的阶跃性过程。

（7）系统性原则。可持续发展是一个系统的、全面的持续发展。只有在系统内，根据合理的需求，对资源的利用进行全面的均衡和协调，才能保证各个子系统发展的同时，实现整个系统的可持续发展。

（二）煤炭工业可持续发展理论

1. 煤炭工业可持续发展的含义

对于煤炭工业可持续发展含义的界定，中国不少学者进行了卓有成效的研究。其中，中国矿业大学的魏同、王立杰经过多年研究，从煤炭资源的不可再生性出发，运用系统的观点，将煤炭工业可持续发展的概念定义为：煤炭工业所属矿区的经济发展、社会发展、环境保护与资源的开发利用相互协调，并向社会提供洁净燃料、原料及动力。

根据这一界定，煤炭工业可持续发展的内涵主要包括以下几点：

（1）符合国际上公认的可持续发展定义：既满足当代人的需要，又不损害后代人满足其需求能力的发展。同时，还要体现煤炭工业的特点。

（2）以矿区为基础，实现矿区的经济、社会、资源及生态环境的相互协调。

（3）向社会提供洁净燃料、原料及电力。

（4）在运用市场机制，依靠科技进步，寻求可替代资源的基础上，调控煤炭资源的最佳耗竭率，以保证在煤炭替代资源未出现的历史时期内，煤炭可以持续开发利用。

煤炭工业可持续发展作为一种崭新的发展观，它与传统发展观有着本质的区别，它强调的是经济与环境的协调发展，追求的是人与自然的和谐，其目标是保证人类社会具有长时期持续发展的能力。可持续发展观是一种从环境和自然资源角度提出的关于人类发展的战略和模式，它不是一般意义上所指的一个发展进程要在时间上连续运行，不被中断，而是特别指出环境和自然资源的长期承载力对发展进程的重要性以及发展对改善生活质量的重要性。可持续发展的目的是发展，关键是可持续。

煤炭工业可持续发展在具体含义上包括经济增长的可持续性、资源利用的可持续性、环境的可持续性以及社会发展的可持续性。它是以经济发展为前提，以自然资源的可持续利用和良好的生态环境为基础，以谋求社会的全面进步为目标的综合动态的概念。

2. 煤炭资源可持续开发利用的条件

（1）资源开采不可逾越开采通量限制。煤炭资源的总储量及蕴藏量，是一个物理概念，代表资源的最高极限，煤炭资源的开采不可能达到其极限。而通量是指经济体系中的资源流通量，通量限制是资源的最大开采利用量，是资源开采利用应满足的极限约束。若 $X(t)$、$\bar{X}$ 分别为资源的开采量、通量极限，则应满足：

$$\max X(t) \leqslant \bar{X}$$

煤炭资源开采的通量极限并非强调生态系统的临界值。而是指在一定时期内，如果这一通量超过了新探明储量及可替代资源的补充量，短时间越界不会使煤炭资源立即枯竭，但长期如此，则会使资源消耗殆尽。

（2）废物排放不可逾越环境可吸纳的通量极限。煤炭资源开采过程中排放到环境中的废物也有一个极限，这些废物包括废气、废水、固体废弃物等，它们进入自然环境进行降解、吸收和转化。自然环境吸纳废弃物的总量及单位时间有效降解转化量也有一个极限。废弃物排放量不得超过这个极限。

（3）煤炭资源环境损耗量与补偿量动态平衡。对于煤炭资源这种非再生资源来说，其开采利用率（资源折旧率和资源损耗率）应小于等于已探明的储量（折合成开采量）增长率和可再生资源的替代率。除此之外，资源开发利用中产生的污染物排放不应高于回收利用、环境吸收或转化为无害物的速度。

（4）储备足够的后备资源。当人口、经济以不可持续的速度获得资源或排放污染物时，社会经济便处于一种超限运行状态。极限来源于系统反馈的滞后性，即系统的决策者没有得到极限已被逾越的消息。只有资源库存有积累时，超限才有可能，累积的可采储量会暂时支撑过量的开采。如果只是简单的关注可采储量的绝对量，而忽略新探明储量的变化趋势以及可替代资源的替代率，结果就会超限。因此，密切关注短期可采储量变化的同时，应长期关注新探明储量增量趋势，二者并重，才能保证资源的可持续利用。

（5）减缓煤炭资源开采速度。开采速度越大，物理惯性就越大，不仅能使报警信号滞延，而且能使这些信号的反应滞延，从而使系统进入一个不安全的状态。如果超越再不及时控制，资源可采储量将以非线性负指数变化趋势接近临界值，一旦超越这一临界值，资源品质会越来越低，开采成本将大幅上升，于是将需求迅速逐出市场。

3. 煤炭工业可持续发展的目标与意义

中国煤炭资源丰富，开发并利用煤炭的历史最悠久，但长期以来煤炭工业发展缓慢，总体水平落后，与煤炭大国的称号十分不相称。在由计划经济向市场经济转轨的过程中，如何使煤炭工业的发展与整个国民经济的发展相配套，充分发挥煤炭工业的基础能源作用，是决定中国能否顺利地完成到21世纪中叶进入中等发达国家行列的战略目标的关键。

煤炭工业是中国重要的基础产业。为保证国民经济和社会持续、稳定、健康发展，满足国民经济对煤炭能源的需要，必须从中国实际出发，总结中国煤炭工业发展的经验与教训和借鉴国外的有益经验，解决煤炭工业发展中的各种问题，走可持续发展的道路。

煤炭作为非再生资源是有限的，从长远看是达不到可持续利用的，因此，非再生资源的耗竭率应低于寻找可替代资源的速率，而该速率又取决于科学技术进步的程度。在当前无替代品或不可能大规模地使用替代品的情况下，人类消费煤炭资源必须有数量的限制。面对知识经济的挑战和机遇，煤炭工业要摆脱困境，并尽量使环境影响最小化，就必须实行可持续发展。

煤炭工业走可持续发展道路，是实现《中国21世纪议程》的需要，同时也是摆脱煤炭工业困境和振兴煤炭工业的唯一选择和可行之路。随着国内外市场环境的变化，中国煤炭工业发展中长期积累形成的结构矛盾日益暴露和突出。按原有结构采取粗放式发展煤炭工业，不仅产品没有市场，资源、环境也难以承受。

（三）可持续发展系统理论——Logistic 曲线

1. 系统发展过程的周期规律

大量研究表明，人类社会的各种发展过程一般服从 Logistic 变化规律，呈现早期增长缓慢，中间阶段增长加快，后期增长区域停滞的特征。对应这些特征，通常把一个系统发展周期划分为起步期、成长期、成熟期和饱和期四个时段，如图1－2所示。

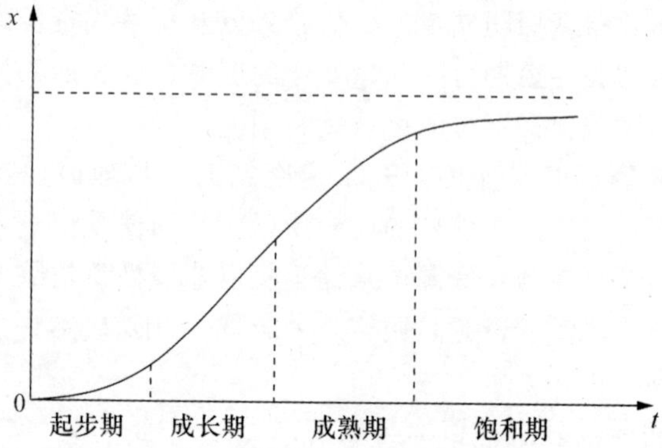

图 1－2 系统发展周期

2. Logistic 模型对煤炭工业的可持续发展进行分析

设 $x(t)$ 表示系统的发展过程，则系统的发展速度为 dx/dt。当系统发展过程不受任何条件限制时，系统呈现指数增长状态（见图 1－3），其数学表达式为：

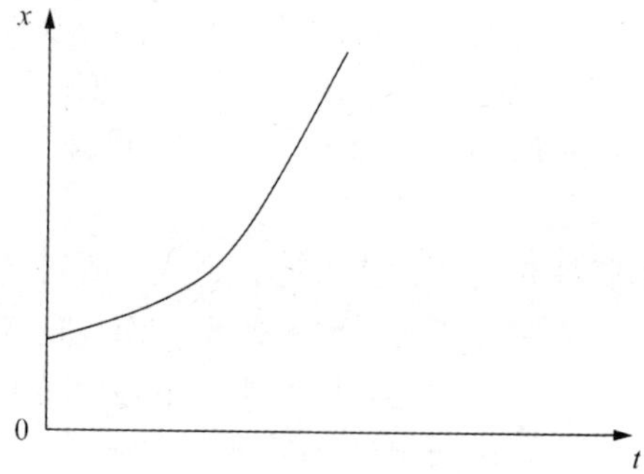

图 1－3 系统发展变化曲线

$$dx/dt = r \cdot t \qquad (1-1)$$

方程（1－1）的特解为：$x = x_0 \cdot e^{rt}$

式中：x 为系统发展状态变量；x_0 为系统发展初始值；r 为系统发展增长率；t 为时间因子。

然而，在有限的社会、经济、技术和自然资源条件下，系统发展不可能无限增长而是存在一个阈值，且在一定的历史时期系统阈值相对稳定。因此，受系统要素和系统边界的影响制约，发展曲线不再呈指数增长形式，而是如图 1－2 中的 S 型，此时的数学表达式应为：

$$dx/dt = r \cdot x(1 - x/k) \qquad (1-2)$$

式中，k 为发展的阈值或发展饱和容量（资源存储量），当 $x > k$ 时，系统将日益恶化，系统要保持可持续增长，保持经济持续增长，就必须增加资源存储量。

将方程（1－2）变换为：

$$\frac{1}{x}\frac{dx}{dt}=r\left(1-\frac{x}{k}\right) \tag{1－3}$$

方程（1－3）就是Logistic方程的一般形式。表明：在有限的社会经济、技术和自然资源条件下，发展过程存在一个阈值 k，使得经济发展的相对速度随着 x 的增大而减小，方程（1－3）的解为：

$$x=\frac{k}{1+ce^{-rt}} \tag{1－4}$$

式中：c 为积分常数，$c=\frac{k-x_0}{x_0}>0$，且 $k>x_0>0$

式（1－4）即为Logistic曲线方程。当 $t\to\infty$ 时，x 以指数率收敛于阈值 k。

为进一步考察系统发展变化过程，可借助图1－4和图1－5来分析。对式（1－2）两边求导得：

$$\frac{d^2x}{dt^2}=r\frac{dx}{dt}\left(1-\frac{x}{k}\right)-\frac{rx}{k}\frac{dx}{dt}=r\frac{dx}{dt}\left(1-\frac{2x}{k}\right)$$

因为 $dx/dt=r\cdot x\ (1-x/k)$

所以 $$\frac{d^2x}{dt^2}=r^2x\left(1-\frac{x}{k}\right)\left(1-\frac{2x}{k}\right) \tag{1－5}$$

令 $\frac{d^2x}{dt^2}-0$，

解得 $x_1=0$，$x_2=k$，$x_3=\frac{k}{2}$

$x_1=0$，$x_2=k$ 是两种极端情况，分别表示发展要素基数为零和系统发展已达阈值。设 $x=\frac{k}{2}$ 对应的 t 值为 t_2，则图1－4中曲线的拐点为 $\left(t_2,\ \frac{k}{2}\right)$，在该点 x 的变化速率 $\frac{dx}{dt}$ 达到最大值，即：

$$\frac{dx}{dt}=\frac{rk}{4}$$

进一步对公式（1－5）两边求导：

$$\frac{d^3x}{dt^3}=r^2\frac{dx}{dt}\left(1-\frac{x}{k}\right)\left(1-\frac{2x}{k}\right)-\frac{r^2x}{k}\left(1-\frac{2x}{k}\right)\frac{dx}{dt}-\frac{2r^2x}{k}\left(1-\frac{x}{k}\right)\frac{dx}{dt}$$

因为 $dx/dt=r\cdot x\ (1-x/k)$

所以 $$\frac{d^3x}{dt^3}=r^2rx\left(1-\frac{x}{k}\right)^2\left(1-\frac{2x}{k}\right)-\frac{r^2x}{k}rx\left(1-\frac{2x}{k}\right)\left(1-\frac{x}{k}\right)-\frac{2r^2x}{k}rx\left(1-\frac{x}{k}\right)\left(1-\frac{x}{k}\right)$$

$$=r^3x\left(1-\frac{x}{k}\right)\left(1-\frac{6x}{k}+\frac{6x^2}{k^2}\right)$$

令$\dfrac{d^3x}{dt^3}=0$，

解得，$x_1=0$，$x_2=k$，$x_3=\dfrac{3-\sqrt{3}}{6}k$，$x_4=\dfrac{3+\sqrt{3}}{6}k$

设 $x_3=\dfrac{3-\sqrt{3}}{6}k$ 对应的 t 值为 t_1，$x_4=\dfrac{3+\sqrt{3}}{6}k$ 对应的 t 值为 t_3，则图 1-5 中曲线两个拐点分别是$\left(t_1,\ \dfrac{rk}{6}\right)$，$\left(t_3,\ \dfrac{rk}{6}\right)$。而图 1-4 中 Logistic 曲线上对应的点的坐标为$\left(t_1,\ \dfrac{3-\sqrt{3}}{6}k\right)$，$\left(t_3,\ \dfrac{3+\sqrt{3}}{6}k\right)$。

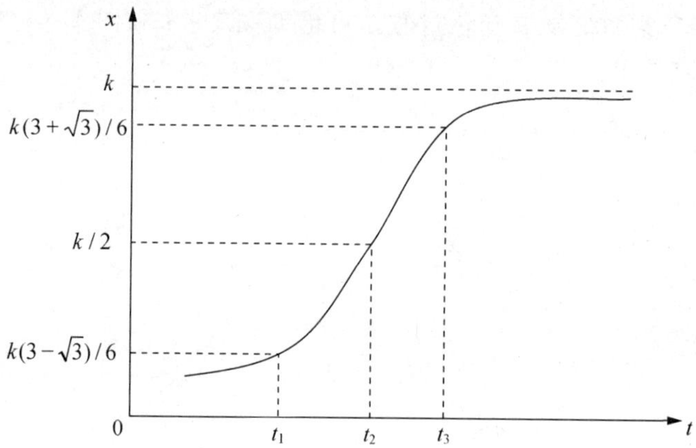

图 1-4　系统发展周期的 Logistic 曲线

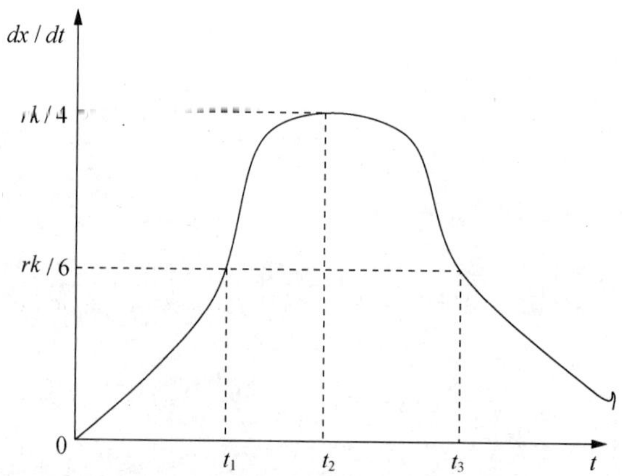

图 1-5　系统发展的 Logistic 变化曲线

于是 t_1、t_2、t_3 将时间坐标分为四部分：$(0,\ t_1)$、$(t_1,\ t_2)$、$(t_2,\ t_3)$、$(t_3,\ \infty)$。这四个时段分别对应着系统发展的起步期、成长期、成熟期和饱和期，系统周期发展的 Logistic 模型的动力学特征如表 1－2 所示。

表 1－2 基于 Logistic 曲线的系统发展轨迹

t	x	dx/dt	发展时期	发展性质
$(0,\ t_1)$	缓慢上升	上升	起步期	发展缓慢
t_1	$k(3-\sqrt{3}/6)$	$rk/6$		
$(t_1,\ t_2)$	迅速上升	上升	成长期	持续发展
t_2	$k/2$	$rk/4$ 极大		
$(t_2,\ t_3)$	继续上升	下降	成熟期	
t_3	$k(3+\sqrt{3})/6$	$rk/6$		
$(t_3,\ \infty)$	趋于平衡	下降	饱和期	发展停滞

3. 可持续性发展的数学模型

由图 1－4 和图 1－5 可知，当 $t>t_3$ 时，系统发展进入衰退期。将 x_4 代入式（1－4）可得，$\frac{k(3+\sqrt{3})}{6}=\frac{k}{-ce^{-rt_3}}$，由此可得 $t_3=\frac{\ln(k-x_0)-\ln 0.268x_0}{r}$。

此式说明，增大 t_3，可推迟系统进入衰退期，应增大 k 的值，这意味着要高效利用自然资源、不断改善环境以提高资源环境的阈值。

另外，系统状态变量 x 的发展进入饱和期后，在内外两种“力”的共同作用下，x 越过阈值 k 进入了一个新的更高发展阶段，系统呈现出新的 Logistic 模型增长；当这种系统发展的循环跃升一次次被实现并持续下去时，即可认为系统步入了可持续发展轨道，从图 1－6 可以看出，整个系统的发展轨道是由分段连续的 Logistic 增长曲线组合而成的。

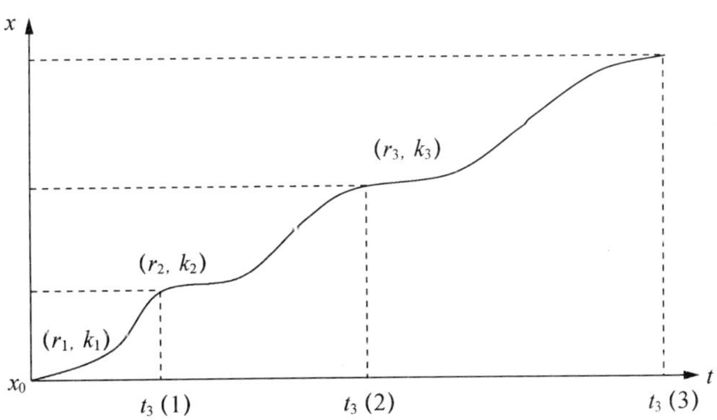

图 1－6 持续发展的一般模型

考虑到 $i=1, 2, \cdots, n$ 个阶段的发展过程，我们给出图 1－6 系统整体组合发展的状态方程表达式：

$$x^{(1)}=\frac{k_1}{1+c_1e^{-r_1t}} \qquad 0<t\leqslant t_3 \qquad (1)$$

$$x^{(2)}=x^{(1)}+\frac{k_2}{1+c_2e^{-r_2[t-t_3(1)]}} \qquad t_3(1)<t\leqslant t_3 \qquad (2)$$

$$x^{(3)}=x^{(2)}+\frac{k_3}{1+c_3e^{-r_3[t-t_3(2)]}} \qquad t_3(2)<t\leqslant t_3 \qquad (3)$$

$$x^{(t)}=x^{(t-1)}+\frac{k_t}{1+c_te^{-r_t[t-t_3(t-1)]}} \qquad t_3(t-1)<t\leqslant t_3 \qquad (t)$$

式中：$c_i=\frac{k-x^i}{x^i}$；x^i 为第 i 发展阶段的初始值；$k_1, k_2, \cdots, k_n$ 为各个发展阶段的阈值；$i=1, 2, \cdots, n$。

4. 可持续发展的数学内涵

综上所述，系统发展是系统演化的理想模式。系统的发展演化是自组织过程和外界控制力共同作用的结果，当系统发展临近分叉点时，系统演化方向将存在多种可能性，或可持续发展的，或循环发展的，或停滞不前的，或倒退的（见图 1－7）。

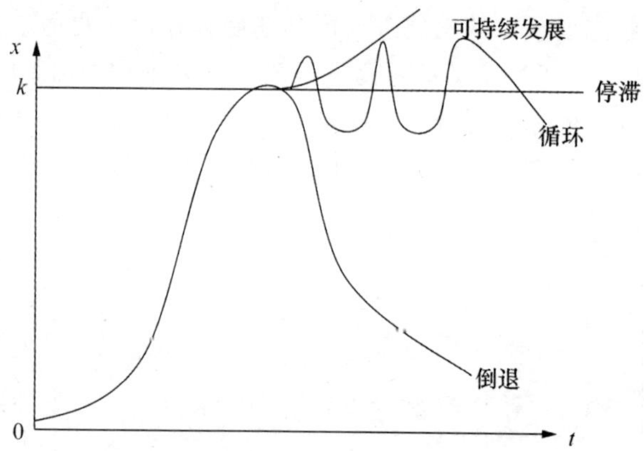

图 1－7　不同的系统演化模式

综上所述，矿区在孕育期和成长期里发展速度逐渐增加，矿区的可持续发展性逐渐增强。到达成熟时期发展速度虽然放慢，矿区仍保持一定的发展速度，这是矿区可持续发展能力在减弱。但如果任其发展，矿区将进入淘汰期，如果矿区能进行及时调控，合理利用资源、改进生产工艺、加强环境保护和努力实现产业的调整，矿区将获得新的生命继续持续发展。矿区的可持续发展一般都会再次获得第二次生命、第三次生命……从而使矿区进入更高层次的第二个、第三个发展阶段……因此，矿区的生命将不断地延续，实现矿区的可持续发展。

对山西煤炭工业可持续发展的研究是在资源充分的条件下，延长生命周期并实现矿区的经济、人口、社会、资源和环境相互协调发展，使矿区在有生之年为社会、为生态环境做出更大的贡献，确保煤炭资源的有效供应。

四、山西煤炭工业可持续发展评价指标体系构建

（一）评价指标及指标体系功能

指标是帮助人们理解事物如何随时间发生变化的定量化信息，具有指示、指明、宣布或使公众了解等含义。指标通常为人们提供关于某种现象的发展趋势方面的信息，因此，其重要性不仅体现在它对现象的表征和衡量上。另外，由于人们设定指标或指标体系主要是为了能够反映公共政策问题，如政策的作用和效果等。所有类型的指标因此都必须具有两个共同特征：一是指标要尽可能地把信息定量化，使得这些信息更加清楚、明了；二是指标要能够简化那些反映复杂现象的信息，使得人们更易于沟通和了解。指标是从对原始数据的分析中所获得的，它处于所谓的信息金字塔的顶端（见图1－8）。

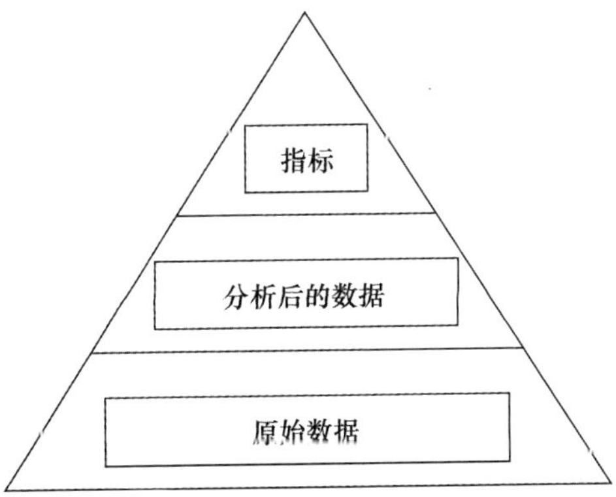

图1－8　信息金字塔

煤炭工业作为一个区域复杂大系统，其可持续发展过程涉及矿区经济、矿产资源、社区发展和生态环境等诸多方面，因此，单单通过传统的几个统计指标难以完成对该系统可持续发展问题的全面评价，需要建立起一套符合煤炭工业发展

规律，反映RESE系统本质和行为轨迹，并有助于系统调控和功能优化的指标集。煤炭工业RESE系统（煤炭矿区是由资源（Resources－R）、经济（Economy－Ec）、社会（Society－S）、环境（Environment－En）四大子系统在一个具体区域上通过相互依存、相互作用和相互制约复合而成的统一体，简称矿区RESE系统）可以看做一个信息系统，它以简明的方式，为人们提供全面、客观的系统信息。通过这些信息可以了解和掌握煤炭工业发展运行的基本参数，并对系统发展状态做出评价，以便及时发现问题和提出相应的调控对策和措施，使矿区发展不偏离可持续发展的运行轨道。

煤炭工业可持续发展的评价指标体系，应具有以下几个方面的功能：

（1）它能描述和表现出任一时刻煤炭工业发展各个方面（资源、经济、社区、环境）的现状，如矿产资源管理、经济增长和环境保护水平等。

（2）它能够描述和表现出任一时刻煤炭工业发展各个方面的变化趋势，如资金利税率、工业废水处理率等。

（3）它能够描述和表现出煤炭工业发展各个方面之间的协调程度，如产业结构合理度指数、环境治理指数等。

（二）煤炭工业可持续发展评价指标体系的设计原则和方法

1. 煤炭工业可持续发展评价指标体系的设计原则

科学合理的指标体系是系统评价准确可靠的基础和保证，也是正确引导系统发展方向的重要手段。因此，指标体系的建立必须遵循一定的原则，而不能是一组任意指标的简单堆砌。受学科领域、地缘差异和研究方法的影响，至今，对建立指标体系应遵循的原则尚未形成统一的认识。综合多方观点并进行分析提炼，基于可持续发展内涵的广泛性和矿区系统的复杂性，得出矿区可持续发展评价指标体系的构建应遵循以下原则：

（1）系统科学性原则。评价指标体系必须能够全面反映矿区可持续发展的各个方面，并使评价目标和评价指标有机联系起来，形成一个层次分明的整体。指标体系的建立应符合矿区发展演化的客观规律，且能够反映出可持续发展的科学性；指标选取应符合统计规范，数据来源稳定；指标体系大小适宜，粗而不失描述系统目标的主体本质特征，细而不失建模和规划实施可行性，达到内部逻辑清晰、合理。

（2）简明可行性原则。从资料获取和数据处理角度看，评价指标体系应力求简单、明了。要选择那些概括性强、信息量大且容易获取的指标。在强调指标间有机联系的同时，应避免元素之间的交叉与重复，以降低信息的冗余度，指标体系要全面但不可包罗万象。指标体系最终供决策者使用，为政策制度和科学管理服务，因此，要充分考虑数据收集和指标量化的难易程度，尽量利用和开发统计部门现有的公开资料，以利于指标体系的运用。

(3) 动态引导性原则。矿区的可持续发展既是一个目标，又是一个过程。因此，评价指标体系应充分反映矿区系统动态变化的特点，体现出系统的发展趋势。指标体系一方面能反映矿区系统发展状态的空间布局；另一方面能在时间尺度上刻画矿区可持续发展的能力水平。为此，要使指标体系的建立具有描述、监测、预警和评估功能，通过它实现对矿区系统运行模式的选择和调控，以引导矿区沿着预定的目标发展。

(4) 标准通用性原则。指标体系的建立应努力追求实现标准统一，以克服由于指标体系混乱所带来的无法在同一基础上进行对比分析的混乱局面。指标选取的统一不仅有利于数据的收集和加工处理，而且也便于实际使用。建立权威性高、通用性强和可靠实用的矿区评价指标体系，应成为课题研究的一个重要目标。

(5) 灵活适应性原则。由于矿区系统总是处于动态变化中，因此，指标体系也必须能够随系统的发展演化做出适当调整，即指标体系应具备一定的可更新性。另外，中国矿产资源矿区分布广泛，客观上存在不同的矿区类型，评价指标体系也应该随矿区类型的变化做出必要的调整，使指标体系针对性更强，评价结果可信度更高。

2. 煤炭工业可持续发展评价指标体系构建的指导思想

构建煤炭工业可持续发展指标体系及综合评价方法总的指导思想是，从中国社会主义经济体制和基本国情出发，依据《中国 21 世纪议程》有关可持续发展战略的论述，借鉴国外先进的经验和做法，提出能够全面反映煤炭工业可持续发展状况和进程的指标体系及综合评价方法。

(1) 煤炭工业可持续发展的主体是社会发展系统。可持续发展目标是实现社会发展的可持续性，因此煤炭企业可持续发展的主体应是整个社会的发展。这既要考虑当前发展的需要，又要考虑未来发展的需要，不以牺牲后代人的利益为代价来满足当代人的利益和发展。煤炭工业实现可持续发展的实质，就是要开创一种新的发展模式，把当前发展和长远发展结合起来。

(2) 煤炭工业可持续发展的核心是发展。煤炭工业可持续发展的核心是正确认识和理解可持续发展的关键所在。由于中国是发展中国家，还处于社会主义初级阶段，经济基础薄弱，物质生活水平不高，贫困人口数量大，这决定了我们必须毫不动摇地把发展经济放在首要位置，其他各项工作如资源的有效利用、生态环境的保护与治理、人口素质的提高、科技与教育事业的发展、人民生活水平的提高等都有赖于经济发展，应以经济建设为中心来开展。经济发展是我们做一切事情的物质基础，也是实现可持续发展的根本保障。经济高速发展中出现的人口、资源、环境问题必须在发展中解决，用停滞发展、限制发展的消极观点来谋求资源的持续利用和生态环境的改善是不符合中国国情的。

（3）煤炭工业可持续发展的标志是资源的永续利用和生态环境的改善。煤炭工业可持续发展涉及的范围广、问题多，可持续发展的实施将会引起一系列社会行为、形态的变化。但是它的标志是明确的，不是走单纯的经济发展道路，而是在严格控制人口增长、提高人口素质、资源永续利用和保护环境的条件下，进行经济建设和发展各项社会事业。没有资源的永续利用和良好的生态环境，中国的经济建设和各项社会事业的发展都是暂时的。从某种意义上说，经济可持续发展是社会发展具有可持续性的基础，资源的永续利用是经济可持续发展的基础，生态环境的保护与改善是资源可持续利用的基础。因此，保护好人类赖以生存和发展的生命支持系统要素——大气、淡水、海洋等自然资源与环境，防止环境污染和生态恶化，是中国现代化建设中必须高度重视的一项战略性任务，已被确定为基本国策。

（4）可持续发展的关键是处理好经济、社会、资源和环境之间的关系。实施可持续发展要处理的关系和矛盾很多，如人与人的关系、人与社会的关系、经济与社会的关系等，几乎牵扯全社会的方方面面。其中，由于种种原因，我们最忽视的是人与自然的关系，最突出的是经济建设与人口、资源、环境的关系，这也是实现可持续发展的关键。即在经济增长的同时，有效控制人口增长，提高劳动者素质，减少资源消耗，提高资源利用率，减轻环境污染。经济的增长、人口的增长、生产与消费方式的建立都不能超出资源与环境的承载能力。

（5）实施可持续发展战略必须转变思想观念和行为规范。可持续发展要求正确认识和处理人与自然的关系，用可持续发展的新思想、新观念、新知识、新技术，根本转变人们传统的不可持续的生产方式、消费方式、思维方式，建立与经济、社会、环境相统一的思想观念和行为规范。当前少数煤炭工业作为一个区域复杂大系统，其可持续发展过程涉及矿产资源、矿区经济、社区发展和生态环境等诸多方面，因此，单单通过传统的几个统计指标难以全面评价该系统可持续发展的问题，需要建立起一套符合煤炭工业发展规律，反映 RESE 系统本质和行为轨迹，并有助于系统调控和功能优化的指标集。煤炭工业 RESE 系统评价指标体系可以看做一个信息系统，它以简明的方式，为人们提供煤炭工业发展演变全面、客观的系统信息。我们不能效仿，更不能沿袭发达国家的恶性掠夺和毫无节制的开采利用资源的发展模式。我们过去传统的生产方式和生活方式也有很多是不符合可持续发展的，必须尽快探索出新路子、新方法。不实现这一转变，可持续发展只能是一句空洞的政治口号。

3. 煤炭工业可持续发展评价指标体系的构建方法

建立指标体系不仅要对矿区可持续开发的总体水平进行衡量，还要为矿区开发战略的制定和实施提供相关的数量依据，因此，需要用较为详细的水平量与速度量来反映矿区目前及今后各方面的发展状态与变化趋势。所以，从应用和可操作的角度考虑，建立多层次的指标体系比较合理。为此，本节将着手研究多层次评价指标体系的构建方法。目前主要有以下几种构建方法：

（1）综合法。是指对已存在的一些指标群按一定的标准进行聚类，使之体系化的一种构造指标体系方法。如在一些拟定的指标体系基础上，做进一步的归纳整理，使之条理化后形成一套指标体系。

（2）交叉法。是指通过二维或三维甚至更多维的交叉，派生出一系列的统计指标，从而形成指标体系。

（3）指标属性分析法。由于统计指标本身具有许多不同属性，有不同的表现形式，初选评价指标体系时，指标属性也许是不统一的，因此，评价指标体系初选时，也可以从指标属性角度构思体系中的指标组成。一般来讲，我们可以先将指标分为“动态”与“静态”两类，然后每一类中还可以从“绝对数”、“相对数”、“平均数”等角度来构思指标元素。

（4）分析法。是指将度量对象和度量目标分成若干部分（即子系统），并逐步细分（即形成各级子系统及功能模块），直到每一部分和侧面都可以用具体统计指标来描述、实现。就度量对象的划分来说，包括按对象的运动过程和对象的构成要素两种方式来分解，这两种分解标志通常是交叉的。就度量目标的划分来说，通常是将指标体系的度量目标划分成若干个子目标，然后每一个子目标都用若干个指标来反映。本章主要用分析法构建矿区资源可持续发展评价指标体系。

（三）山西煤炭工业可持续发展评价指标体系的构建

煤炭工业可持续发展的理论研究的关键是在对已有的可持续发展评价原理和方法进行分析的基础上，探讨煤炭工业可持续发展评价指标体系的理论框架和各指标间的结构关系，从而构建出煤炭工业可持续发展评价的指标体系。根据对煤炭工业可持续发展要素与结构分析，对已有成果的借鉴及煤炭工业具体情况的研究，构建出煤炭工业可持续发展评价指标体系。对指标体系的各项指标描述如下：

（1）目标层。包括总目标层 D 及亚目标层 D_1 和 D_2，D 是根据亚目标层及准则层各项指标经过处理后得出的定量指标，用以反映可持续发展程度。D_1 和 D_2 是根据准则层的各项指标经过处理后得出的定量指标，用以分别反映发展水平及协调水平。1 表示发展水平及协调水平是理想的；0 表示发展水平及协调水平是最差的。

（2）准则层。包括经济发展、社会进步、环境保护、资源增效的水平，分别以 P_1、P_2、P_3、P_4 来表示。当运用该值计算煤炭工业持续发展程度 D 时，还要经过权重处理。

（3）指标层。包括图 1-9 所示的 18 项指标，分别用以表达经济发展水平、社会进步水平、环境保护水平、资源增效水平及四者相互协调的水平。煤炭经济发展是可持续发展的基础，标志煤炭经济发展水平的重要指标是煤炭企业资金利税率 U_1 及职工人均收入 U_2。考虑到经济发展的目标是调整产业、产品结构，提高经济效益，资源利用率，因此将工业增加值率 U_3 列入指标体系。由于生产条件的恶劣（特别是事故）在经济上的直接损失可以在煤炭经济发展水平中得以反映，为了研究问题的方便，间接地选择百万吨煤炭死亡率 U_4 列入指标体系。

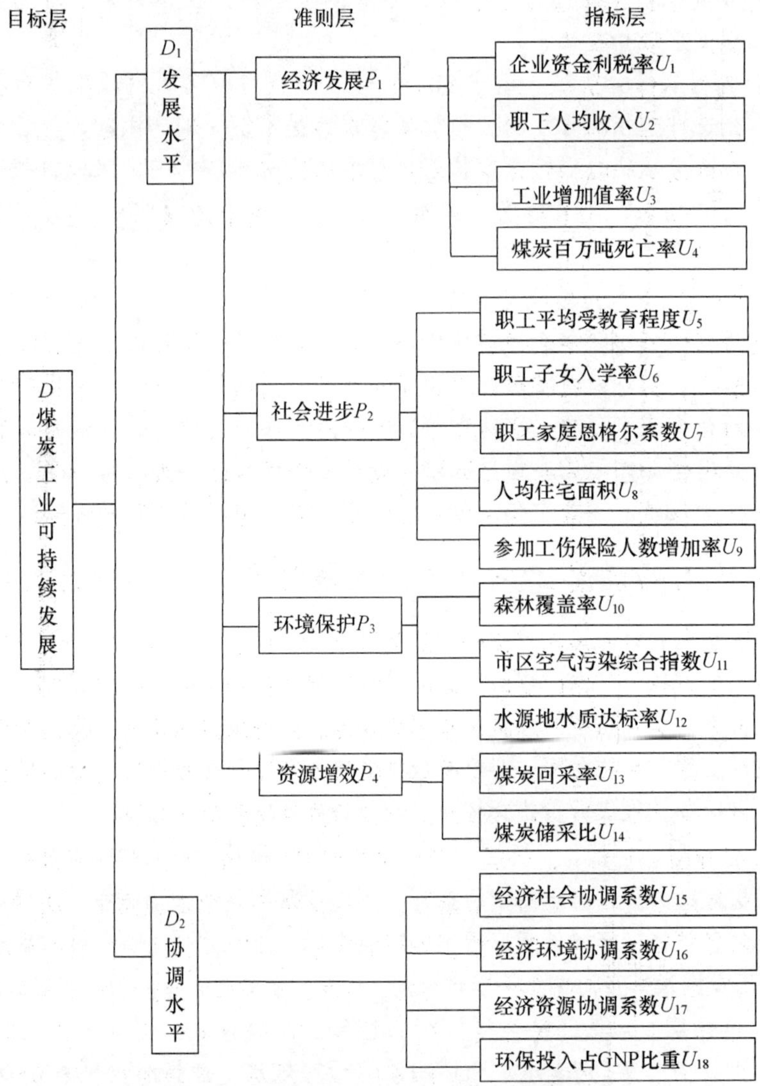

图 1-9 煤炭工业可持续发展评价指标体系

社会进步以煤炭经济发展为基础，又能促进煤炭经济发展，二者相互制约又相辅相成。社会发展包括众多内容，选择具有概括性、代表性，而又较易定量的职工平均受教育程度 U_5、职工子女入学率 U_6、职工家庭恩格尔系数 U_7、人均住宅面积 U_8、参加工伤保险人数增加率 U_9 五项指标列入指标体系。

环境保护水平是煤炭工业能否实现可持续发展的关键。煤炭经济发展与环境保护是相互依存、互为条件的。环境保护应以不损害煤炭工业发展的功能、不危害人体健康和生态恢复为目标。根据煤炭工业的特点和临汾地区的实际情况将森林覆盖率 U_{10}、市区空气污染综合指数 U_{11}、水源地水质达标率 U_{12} 列入指标体系。

在一定时期，矿产资源是有限的，不合理利用会造成资源短缺和环境污染加重。因此，资源的有效管理是煤炭工业实现可持续发展的重要因素。根据目前临汾煤炭工业的实际情况，将煤炭回采率 U_{13}、煤炭储采比 U_{14} 列入指标体系。

煤炭经济发展需要从环境中索取资源，并向环境中排放废弃物，破坏土地，耗费资源，而且也需要社会的相应发展，以不断促进经济发展。为了实现可持续发展必须在经济发展的同时，向社会发展投入，促进社会进步；向环境投入，削减排污量，保持生态平衡；向资源开发利用和环保投入，实现合理开发利用；向改善煤炭生产条件投入，降低矿工职业病发病率和矿工百万吨煤炭死亡率，因此选定社会发展投入增长率、环保投入增长率、资源开发利用投入增长率，改善煤炭生产条件投入增长率与国民生产总值增长率的比值来反映协调水平，分别称为经济社会协调系数 U_{15}、经济环境协调系数 U_{16}、经济资源协调系数 U_{17} 及环保投入占 GNP 比重 U_{18}。其中指标层各项指标的物理定量如表 1-3 所示。

表 1-3 各项指标的物理定量

指标	物理定量	指标	物理定量
企业资金利税率 U_1	%	森林覆盖率 U_{10}	%
职工人均收入 U_2	万元	市区空气污染综合指数 U_{11}	无量纲
工业增加值率 U_3	%	水源地水质达标率 U_{12}	%
煤炭百万吨死亡率 U_4	人/百万吨	煤炭回采率 U_{13}	%
职工平均受教育程度 U_5	年	煤炭储采比 U_{14}	无量纲
职工子女入学率 U_6	%	经济社会协调系数 U_{15}	无量纲
职工家庭恩格尔系数 U_7	%	经济环境协调系数 U_{16}	无量纲
人均住宅面积 U_8	平方米/人	经济资源协调系数 U_{17}	无量纲
参加工伤保险人数增加率 U_9	%	环保投入占 GNP 比重 U_{18}	%

五、山西煤炭工业可持续发展的评价模型

（一）可持续发展评价方法概述

1. 模糊综合评判的特点

与常规综合评价方法、多元统计分析中用于综合评价的方法相比，模糊综合评判有它自身的特点和优势：

（1）从评判结果看，模糊综合评判不同于其他多指标综合评价方法的地方是，模糊综合评判结果是一个向量，而不是一个点值。这是由模糊综合评判本身的性质所决定的，因为模糊综合评判的对象具有中间过渡性或亦此亦彼，所以它的评判结果也就不应该是断然的，而只能用各个等级的隶属度来表示，这样能够提供更丰富的评判信息。模糊评判结果是一个模糊子集，较为准确地刻画了事物本身的模糊状态，评判结果在事物的质和量上都具有优越性。

（2）从评判的层次处理看，在模糊综合评判中，评判结果是可以循环的，前一个过程综合评判结果可以作为后一个评判的投入数据。这样对一个较为复杂的事物，我们可以进行多层次的模糊综合评判。模糊综合评判可以多层次处理，满足了对较复杂事物的评价要求。

（3）模糊综合评判方法适用性较强，弥补了其他方法的不足。由于客观世界中亦此亦彼的中间过渡现象大量存在，所以模糊综合评判的应用范围较广，因此模糊综合评判既可以用于主观指标的综合评判，又可用于客观指标的综合评判。特别是在主观指标的综合评判中，模糊综合评判可以发挥独特作用，评价效果优于其他方法。

（4）模糊综合评判中的权数属于估计权数，因而可以根据评判者的着眼点的不同，改变评价指标的权数，这种定权方法适应性较强。

（5）从评价结果对样本的唯一性看，模糊综合评判结果对被评对象通常具有唯一性。

2. 模糊综合评判法的应用

可持续发展是一个非常复杂的大系统，涉及社会、经济、资源和环境等诸多不确定因素，不可能用确定的数学方法，又由于可持续发展实践方面的内容还不完善，随机性的统计方法也不能很好地解决。因此，不确定性的模糊数学方法是可以考虑应用的一个很好的方法。近年来，运用模糊数学理论的模糊综合评判方法在国内外取得了一定的经验可以借鉴。为此，本书选择了系统综合评判方法。

其具体方法与步骤为：

模糊综合评判方法基本模型：

$$D = C \times R \tag{1-6}$$

式中：D 为综合评价值；R 为评判因素隶属度矩阵；C 为权重系数矩阵（行矩阵）。

（1）确定评判因素集：

$$U = \{u_1, u_2, \cdots, u_n\} \tag{1-7}$$

（2）建立评判因素隶属度矩阵：

$$R = (R_1, R_2, \cdots, R_n)^T \tag{1-8}$$

式中：R_n 是 U_n 的所对应的隶属度。

（3）确定权重系数矩阵：

$$C = (C_1, C_2, \cdots, C_n) \tag{1-9}$$

式中：C_n 为指标 U_n 的所对应的权重。$\sum C_i = 1(i = 1,2,\cdots,n)$。

（4）得出综合评价值：

$$D = C \times R = (C_1, C_2, \cdots, C_n) \times (R_1, R_2, \cdots, R_n)^T \tag{1-10}$$

采用主观赋权法确定各项指标权重，该值范围为 0~1。

计算可持续发展程度评价值，范围为 0~1。

$0.85 < D \leqslant 1$（可持续发展）

$0.70 < D \leqslant 0.85$（初级可持续发展）

$0.50 < D \leqslant 0.70$（由传统向可持续发展过渡）

$0 < D \leqslant 0.50$（传统发展）

运用可持续发展系数对评价结果进行具体分析，并做出可持续发展程度的最后判断。

（二）权重的确定基于“功能驱动”的主观赋权法 G_1 法

在评价指标体系中，同一个目标或子目标下的每个指标对实现系统和功能的重要程度各不相同，必须赋予相应的权重。权重表示各指标的相对重要程度，或表示一种效益替代另一种的比例系数。确定权重常见的方法有评价专家共同讨论确定、两两比较法、层次分析法等。

建立权重集，包括因素类权重集 $W = (w_1, w_2, \cdots, w_n)$ 和因素权重集 $W = (w_{i1}, w_{i2}, \cdots, w_{in})$，$i = 1, 2, \cdots, m$。

$$且 \sum_{i=1}^{m} w_i = 1, \sum_{j=1}^{n} w_{ij} = 1, w_i \geqslant 0, w_{ij} \geqslant 0, i = 1, 2, \cdots, m \tag{1-11}$$

针对上述特征值法存在的问题，本节引入一种基于“功能驱动”的主观赋权法——G_1 法。该方法步骤如下：

（1）确定序关系。若评价指标 X_i 相对于某评价准则（或目标）的重要性大于（或小于）X_j 时，记作 $X_i > X_j$。

若评价指标 X_1，X_2，…，X_m 相对于某评价准则（或目标）具有关系式

$$X_1^* > X_2^* > \cdots > X_m^* \tag{1-12}$$

则称评价指标 X_1，X_2，…，X_m 之间按"＞"确定了序关系，这里 X_m^* 表示按序关系"＞"排定顺序后的第 i 个评价指标。

对于评价指标集 $\{X_1, X_2, \cdots, X_m\}$ 可按下述步骤建立序关系：

1）专家（或决策者）在指标集 $\{X_1, X_2, \cdots, X_m\}$ 中，选出最重要（关于某评价准则）的一个（只选一个）指标记为 X_1^*。

2）专家（或决策者）在余下的指标中，选出最重要（关于某评价准则）的一个（只选一个）指标记为 X_1^*。

3）专家（或决策者）在余下的 $m-(k-1)$ 指标中，选出最重要（关于某评价准则）的一个（只选一个）指标记为 X_k^*。

经过 $m-1$ 次挑选剩下的评价指标记为 X_m^*。

这样就唯一确定了一个序关系式（1-12）。对于某些问题来说，仅仅给出了序关系式还不够，还要确定出各评价指标相对于某评价准则（或目标）的权重系数。为书写方便且不失一般性，以下仍记为：

$$X_1 > X_2 > \cdots > X_m \tag{1-13}$$

（2）给出 X_{k-1} 与 X_k 之间相对重要程度的比较判断。设专家关于评价指标 X_{k-1} 与 X_k 的重要性之比 w_{k-1}/w_k 的理性判断分别为：

$$w_{k-1}/w_k = r_k,\ k=m,\ k=m-1,\ k=m-2,\ \cdots,\ 3,\ 2 \tag{1-14}$$

当 m 较大时，由序关系式（1-14）可取 $r_m=1$。r_k 的赋值可参考表 1-4 所示。

表 1-4　r_k 赋值参考表

r_k	说　明
1.0	指标 X_{k-1} 与指标 X_k 具有同样重要性
1.2	指标 X_{k-1} 比指标 X_k 稍微重要
1.4	指标 X_{k-1} 比指标 X_k 明显重要
1.6	指标 X_{k-1} 比指标 X_k 强烈重要
1.8	指标 X_{k-1} 比指标 X_k 极端重要

关于 r_k 之间的数量约束，有下面的定理：

若 X_1，X_2，…，X_m 具有序关系式（1-13），则 r_{k-1} 与 r_k 必须满足：

$r_{k-1} > 1/r_k$，$k = m, m-1, m-2, \cdots, 3, 2$ (1－15)

(3) 权重系数 W_k 的计算。若专家（或决策者）给出 r_k 的理性赋值满足关系式（1－15），则：

$$W_k = \left(1 + \sum_{k=2}^{m} \prod_{i=k}^{m} r_i\right)^{-1} \quad (1-16)$$

而 $W_k = r_k W_k$，$k = m, m-1, m-2, \cdots, 3, 2$ (1－17)

证明：因 $\prod_{i=k}^{m} r_i = w_{k-1}/w_m$，故对 k 从 2 到 m 求和。

由式（1－14）可知：

$$\sum_{k=2}^{m} \left(\prod_{i=k}^{m} r_i\right) = \sum_{k=2}^{m} w_{k-1}/w_m \quad (1-18)$$

注意到 $\sum_{k=1}^{m} w_k = 1$，得到 $1 + \sum_{k=2}^{m} \left(\prod_{i=k}^{m} r_i\right) = w_m^{-1}$。

式（1－18）可由式（1－14）推出，故得证式（1－16）。

上述提出主观赋权方法具有以下优点：

(1) 不用构造判断矩阵，更无须一致性检验。

(2) 计算量较 AHP 成倍减少。

(3) 方法简便直观，便于应用。

(4) 同一层次中元素的个数没有限制。

(5) 具有保序性。

(三) 隶属函数的确定

运用模糊综合评判的方法进行评价，需要求出各评判因素的隶属度。组织专家讨论确定各因素的隶属函数及各项指标的隶属度。

1. U_1：企业资金利税率

目前经济发展好的煤炭企业，其资金利税率为 16%～20%。

设：理想值 1 相当于 20%；最差值 0 相当于 0。

$$R_1 = \begin{cases} 1 & u_1 \geq 20\% \\ \dfrac{1}{20\% - 0}(u_1 - 0) & 0 < u_1 < 20\% \\ 0 & u_1 \leq 0 \end{cases}$$

2. U_2：职工人均收入

设想其小康水平上限隶属度为 0.85，理想值 1 相当于 61400 元，最差值为维持温饱的下限，最差值 0 相当于 5928 元（按 2004 年价计算）。

设：理想值 1 相当于 61400 元，最差值 0 相当于 5928 元。

$$R_2=\begin{cases}1 & u_2 \geqslant 61400\\ \dfrac{1}{61400-5928}(u_2-5928) & 5928<u_2<61400\\ 0 & u_2 \leqslant 5928\end{cases}$$

3. U_3：工业增加值率

工业增加值率是工业增加值与工业总产值之比。

设：理想值 1 相当于 20%；最差值 0 相当于 0。

$$R_3=\begin{cases}1 & u_3 \geqslant 20\%\\ \dfrac{1}{20\%-0}(u_3-0) & 0<u_3<20\%\\ 0 & u_3 \leqslant 0\end{cases}$$

4. U_4：矿百万吨死亡率

目前，全国煤矿企业每百万吨死亡率约为 0.3（2003 年全国煤矿百万吨煤死亡率为 3.17），山西煤炭企业事故频发，高于全国煤炭企业每百万吨死亡率。

设：理想值 1 相当于 0.1；最差值 0 相当于 2。

$$R_4=\begin{cases}1 & u_4 \geqslant 0.1\\ \dfrac{1}{0.1-2}(u_2-2) & 0.1<u_4<2\\ 0 & u_4 \leqslant 2\end{cases}$$

5. U_5：职工平均受教育程度

设：理想值 1 相当于 12 年；最差值 0 相当于 3 年。

$$R_5=\begin{cases}1 & u_5 \geqslant 12\\ \dfrac{1}{12-3}(u_5-3) & 3<u_5<12\\ 0 & u_5 \leqslant 3\end{cases}$$

6. U_6：职工子女入学率

设：理想值 1 相当于 100%；最差值 0 相当于 90%。

$$R_6=\begin{cases}1 & u_6 \geqslant 1\\ \dfrac{1}{100\%-90\%}(u_6-90\%) & 90\%<u_6<1\\ 0 & u_6 \leqslant 90\%\end{cases}$$

7. U_7：职工家庭恩格尔系数

职工家庭恩格尔系数在 59% 以上为贫困，50% ~59% 为温饱，40% ~50% 为小康，30% ~40% 为富裕，低于 30% 为最富裕。

设：理想值 1 相当于 30%；最差值相当于 59%。

$$R_7=\begin{cases}1 & u_7\leqslant 30\% \\ \dfrac{1}{30\%-59\%}(u_7-59\%) & 30\%<u_7<59\% \\ 0 & u_7\geqslant 59\%\end{cases}$$

8. U_8：人均住宅面积

设：理想值 1 相当于人均 24 立方米；最差值相当于人均 8 立方米。

$$R_8=\begin{cases}1 & u_8\geqslant 24 \\ \dfrac{1}{24-8}(u_8-8) & 8<u_8<24 \\ 0 & u_8\leqslant 8\end{cases}$$

9. U_9：参加工伤保险人数增加率

设：理想值 1 相当于 20%；最差值 0 相当于 0。

$$R_9=\begin{cases}1 & u_9\geqslant 20\% \\ \dfrac{1}{20\%-0}(u_9-0) & 0<u_9<20\% \\ 0 & u_9\leqslant 0\end{cases}$$

10. U_{10}：森林覆盖率

设：理想值 1 相当于 75%；最差值 0 相当丁 10%。

$$R_{10}=\begin{cases}1 & u_{10}\geqslant 75\% \\ \dfrac{1}{75\%-10\%}(u_{10}-10\%) & 10\%<u_{10}<75\% \\ 0 & u_{10}\leqslant 10\%\end{cases}$$

11. U_{11}：市区空气综合污染指数

市区空气综合污染指数是按照主要污染物的污染指数来定的。4.0 以上的城市是中度污染，4.0 以下的是轻度污染。

设：理想值 1 相当于 0；最差值 0 相当于 4.0。

$$R_{11}=\begin{cases}1 & u_{11}\leqslant 0 \\ \dfrac{1}{4.0-0}(u_{11}-0) & 0<u_{11}<4.0 \\ 0 & u_{11}\geqslant 4.0\end{cases}$$

12. U_{12}：水源地水质达标率

设：理想值 1 相当于 100%；最差值 0 相当于 0。

$$R_{12}=\begin{cases}1 & u_{12}\geqslant 100\% \\ \dfrac{1}{100\%-0}\ (u_{12}-0) & 0<u_{12}<100\% \\ 0 & u_{12}\leqslant 0\end{cases}$$

13. U_{13}：煤炭回采率

设：理想值 1 相当于 100%；最差值 0 相当于 40%。

$$R_{13}=\begin{cases}1 & u_{13}\geqslant 100\% \\ \dfrac{1}{100\%-40\%}\ (u_{13}-40\%) & 40\%<u_{13}<100\% \\ 0 & u_{13}\leqslant 40\%\end{cases}$$

14. U_{14}：煤炭储采比

设：理想值 1 相当于 100；最差值 0 相当于 10。

$$R_{14}=\begin{cases}1 & u_{14}\geqslant 100 \\ \dfrac{1}{100-10}\ (u_{14}-10) & 10<u_{14}<100 \\ 0 & u_{14}\leqslant 10\end{cases}$$

15. U_{15}：经济社会协调系数

设：理想值 1 相当于 1.5；最差值 0 相当于 0.5。

$$R_{15}=\begin{cases}1 & u_{15}\geqslant 1.5 \\ \dfrac{1}{1.5-0.5}\ (u_{15}-0.5) & 0.5<u_{15}<1.5 \\ 0 & u_{15}\leqslant 0.5\end{cases}$$

16. U_{16}：经济环境协调系数

设：理想值 1 相当于 1.5；最差值 0 相当于 0.5。

$$R_{16}=\begin{cases}1 & u_{16}\geqslant 1.5 \\ \dfrac{1}{1.5-0.5}\ (u_{16}-0.5) & 0.5<u_{16}<1.5 \\ 0 & u_{16}\leqslant 0.5\end{cases}$$

17. U_{17}：经济资源协调系数

设：理想值 1 相当于 1.5；最差值 0 相当于 0.5。

$$R_{17}=\begin{cases}1 & u_{17}\geqslant 1.5 \\ \dfrac{1}{1.5-0.5}\ (u_{17}-0.5) & 0.5<u_{17}<1.5 \\ 0 & u_{17}\leqslant 0.5\end{cases}$$

18. U_{18}：环保投入占 GNP 比重

这是衡量经济发展与环境保护的国际通用指标，发达国家一般在 1% ~2%，发展中国家一般在 0.5% ~1%。环境治理的效果与环境保护投入存在明显的非线性关系，因此其隶属度函数应以非线性函数为宜，同时应与环境治理的效果相联系，根据国家环境质量标准，如果环境各项指标达到国际一级标准，R_{18}应大于 0.9；各项指标达到二级标准，R_{18}应为 0.75，其他情况应小于 0.75，其隶属度函数如下：

$$R_{18}=\begin{cases}1-e^{-(u_{18}+2.3)} & \text{各项指标达一级标准}\\ 1-e^{-(u_{18}+1.25)} & \text{各项指标达二级标准}\\ 0.7\ (1-e^{-u_{18}}) & \text{其他}\end{cases}$$

通过对原始数据资料进行整理分析，计算出各指标的隶属度。

六、临汾煤炭工业可持续发展实证

（一）临汾煤炭资源概况

临汾位于山西省西南部，煤炭资源是临汾市首屈一指的矿产资源，在全省占有重要地位，有河东、霍西、沁水三大煤田。全市含煤面积 1.54 万平方公里，占全市总面积的 56%，分布在 12 个县市。总储量达 629 亿吨，探明储量为 348.09 亿吨，占全省的 13.48%。临汾市煤炭资源具有以下特点：

1. 煤种齐全，伴生矿产较多

全市煤种有贫煤、瘦煤、焦煤、无烟煤、气煤、肥煤六种，其中炼焦煤有焦煤、气煤、肥煤、瘦煤，油页岩、铝土矿、耐火黏土、锰铁矿等伴生矿。另外还有大量的风化煤。

2. 煤炭质量好

灰分和硫的含量适中，变质程度高，发热量大，中等可选，结焦性能好。如古县公司生产的“太岳牌”、蒲县公司生产的“金黄牌”、集华公司生产的“候北牌”、汾西公司生产的“丰力牌”煤、焦深得用户的青睐。乡宁县所产的焦煤尤为著名，为全国三大焦煤产地之一。全市现有矿井 600 多个，年产煤 1700 多万吨。

3. 开采条件好

临汾市三大煤田除霍州煤田的霍山西麓边缘地质构造复杂，开采较困难外，其他煤田的地质构造和水文地质条件都比较简单，煤层多，单层厚，煤层稳定，倾角小，埋藏浅，交通方便，开发条件较好。

4. 运输条件便利

临汾分公司下属15个县（市、区）公司，有各类煤、焦发运站47个，其中具备整列装车能力的发煤站有23个，设备齐全，机械化程度较高，分公司年设计发运能力达1000万吨以上。2000年铁路外销煤、焦380多万吨。其中，动力煤、洗精煤310多万吨；焦炭65万多吨。国内主要销往辽宁、北京、天津、山东、江苏、浙江、上海、湖北、湖南等省、市，出口远销日本、印度、德国等国家和地区。

5. 煤炭产业概况

2008年，全市原煤产量4116.7万吨，位居全省第7位，占全省的6.27%；焦煤产量1865.4万吨，占全省21.77%，位居第三位；煤炭开采和洗选业253个，工业总产值3578.27万元，占临汾地区工业总产值的27.40%。产品在国内主要销往辽宁、北京、天津、山东、江苏、浙江、上海、湖北、湖南等省、市，出口远销日本、印度、德国等国家和地区。

由此可以看出，临汾地区经济可持续发展的物质基础关键在于其丰富的煤炭资源，要实现可持续发展，必须利用好煤炭这些不可再生的资源。因此，临汾地区的煤炭工业可持续发展不仅有利于提高临汾地区经济的可持续发展，而且有利于促进山西煤炭工业的可持续发展。

（二）临汾煤炭工业可持续发展评价

1. 指标权重的计算

山西临汾地区煤炭资源准则层的四个评价指标为经济发展 P_1、社会进步 P_2、环境保护 P_3、资源增效 P_4，专家认为四个指标之间具有序关系，$P_4>P_1>P_2>P_3 \Rightarrow P_1^*>P_2^*>P_3^*>P_4^*$，且由专家给出两两指标比较的重要程度，得出：

$$r_2=\frac{W_1^*}{W_2^*}=1.4,\ r_3=\frac{W_2^*}{W_3^*}=1.8,\ r_4=\frac{W_3^*}{W_4^*}=1.2$$

$$r_2r_3r_4=3.024,\ r_3r_4=2.16,\ r_4=1.2$$

$$r_2r_3r_4+r_3r_4+r_4=6.384$$

$$W_4^*=(1+6.384)^{-1}=0.1354$$

$$W_3^*=W_4^*r_4=0.1354\times1.2=0.1625$$

$$W_2^*=W_3^*r_3=0.1625\times1.8=0.2925$$

$$W_1^*=W_2^*r_2=0.2925\times1.4=0.4096$$

因此评价指标 $P_1P_2P_3P_4$ 的权重系数为：

$$W_1=W_2^*=0.2925$$

$$W_2=W_3^*=0.1625$$

$W_3 = W_4^* = 0.1354$

$W_4 = W_1^* = 0.4096$

依照以上原理，得出山西省临汾地区煤炭工业可持续发展评价指标权重（见表1-5）。

表1-5　临汾地区煤炭工业可持续发展评价指标权重

亚目标层权重		准则层权重		指标权重	
发展水平 D_1	0.6429	经济发展 P_1	0.2925	企业资金利税率 U_1	0.2567
				职工人均收入 U_2	0.2139
				工业增加值率 U_3	0.4106
				煤炭百万吨死亡率 U_4	0.1188
		社会进步 P_2	0.1625	职工平均受教育程度 U_5	0.2473
				职工子女入学率 U_6	0.2061
				职工家庭恩格尔系数 U_7	0.3462
				人均住宅面积 U_8	0.0716
				参加工伤保险人数增加率 U_9	0.1288
		环境保护 P_3	0.1354	森林覆盖率 U_{10}	0.1825
				市区空气污染综合指数 U_{11}	0.2920
				水源地水质达标率 U_{12}	0.5255
		资源增效 P_4	0.4096	煤炭回采率 U_{13}	0.4545
				煤炭储采比 U_{14}	0.5455
协调水平 D_2		0.3571		经济社会协调系数 U_{15}	0.2318
				经济环境协调系数 U_{16}	0.3708
				经济资源协调系数 U_{17}	0.2318
				环保投入占 GNP 比重 U_{18}	0.1656

2. 临汾煤炭工业可持续发展综合评价（见表1-6）

表1-6　临汾煤炭工业2008年各项指标及隶属度

指标	指标值	隶属度 R
企业资金利税率 U_1	11.44%	0.572
职工人均收入 U_2	32435元	0.478
工业增加值率 U_3	47.21%	1
煤炭百万吨死亡率 U_4	1.33人/百万吨	0.353

续表

指标	指标值	隶属度 R
职工平均受教育程度 U_5	8.4	0.600
职工子女入学率 U_6	100%	1
职工家庭恩格尔系数 U_7	34.3%	0.852
人均住宅面积 U_8	29.01 平方米	1
参加工伤保险人数增加率 U_9	11.11%	0.556
森林覆盖率 U_{10}	29.5%	0.300
市区空气污染综合指数 U_{11}	2.01	0.503
水源地水质达标率 U_{12}	100%	1
煤炭回采率 U_{13}	60%	0.333
煤炭储采比 U_{14}	90.52	0.307
经济社会协调系数 U_{15}	1.17	0.895
经济环境协调系数 U_{16}	0.98	0.670
经济资源协调系数 U_{17}	1.11	0.480
环保投入占 GNP 比重 U_{18}	0.576%	0.306

根据上述方法得到 2008 年临汾煤炭工业可持续发展的权重和隶属度，然后采用加权线性法对上述隶属度和权重进行逐层合成，得到各准则层指标，最后得到 2008 年可持续发展的总体评价结果（见表 1－7）。

表 1－7　临汾 2008 年煤炭工业可持续发展评价结果

准则	评价结果
经济发展 P_1	0.7016
社会发展 P_2	0.7927
环境保护 P_3	0.7271
资源增效 P_4	0.3188
发展水平 D_1	0.5631
协调水平 D_2	0.6178
可持续评价结果 D	0.5826

如：采用加权线性法对上述隶属度和权重进行合成得到的评价值，其步骤为：

经济发展 P_1：

$$GI = [0.572 \quad 0.478 \quad 1 \quad 0.353] \begin{bmatrix} 0.2567 \\ 0.2139 \\ 0.4106 \\ 0.1188 \end{bmatrix} = 0.7016$$

发展水平 D_1：

$$GI = [0.7016 \quad 0.7927 \quad 0.7271 \quad 0.3188] \begin{bmatrix} 0.2925 \\ 0.1625 \\ 0.1354 \\ 0.4096 \end{bmatrix} = 0.5631$$

可持续评价结果 D：

$$GI = [0.5631 \quad 0.6178] \begin{bmatrix} 0.6429 \\ 0.3571 \end{bmatrix} = 0.5826$$

按照可持续发展程度的评价值，临汾煤炭工业的发展处于由传统向可持续发展的过渡阶段，并且处于起步阶段。在协调程度上，协调水平为0.6178，大于发展水平0.5637，而可持续评价结果为0.5826，因此，可持续发展的程度更高些。

传统发展阶段是指按照传统的粗放型开采模式发展，通过上述分析可知，虽然煤炭工业一直以来是临汾市的主导产业，为临汾市的经济发展做出了重要贡献，但是远远没有达到可持续发展的水平，造成这种状况的原因主要有以下几点：

（1）长期以来形成了高投入、低产出、“粗放型”的发展模式，临汾虽有着丰富的资源，但产品技术含量低、附加值少，导致煤炭回采率偏低。

（2）环保投入评价值偏低，说明不太重视生态环境的保护，对生态环境的治理重视不够，污染治理力度不足。

（3）煤矿安全生产形势严峻，煤矿事故多发，百万吨死亡率评价值很高。

临汾市是一个依托于煤炭而发展的城市，煤炭工业的可持续发展直接关系到临汾市的经济发展。因此，只有采取必要的措施，加大人才和技术等方面的不断投入，走煤炭工业可持续发展的道路，才能带动整个临汾地区的可持续发展。

（三）临汾煤炭工业可持续发展的对策与建议

1. 加快产业结构调整

（1）推动企业改制，组建大型、特大型煤炭企业。2009年，山西省委、省政府借助金融危机冲击的倒逼机制，针对全省煤矿长期形成的“多、小、散、乱”、安全事故频发、资源回收率低和生态环境破坏严重的状况，做出对中小煤矿进行整合、兼并重组的决策部署。

通过整合重组，临汾煤炭工业进入了一个全新的发展阶段，产业水平显著提高，安全生产形式明显好转，煤炭产量显著提高。虽然煤炭企业兼并与重组取得阶段性成果，但是，转变发展方式、调整经济结构的任务才刚开始，煤炭工业还处在可持续发展的过渡阶段，临汾地区的煤炭工业要走上可持续发展道路，必须深化改革、提高煤炭企业兼并与重组的深度。

（2）深化企业内部改革。国有能源企业要加强内部改革和结构调整，继续实行和完善模拟法人运转，有条件的可成为独立法人。逐步把二线、三线的服务设施和人员同生产一线剥离开来，分离出去，自负盈亏，自我发展，进一步弱化企业办社会的职能。同时大刀阔斧地精简企业机关机构，做到精兵简政；要把减员增效和转岗分流工作有机地结合起来，采取鼓励措施，鼓励下岗职工开辟新的就业门路。

（3）完善社会保障体系。在实施能源可持续发展战略时，促进能源和社会发展协调运行，建立可持续发展的社会基础。主要措施是：建立稳定的社会结构，形成良好的社会秩序；提高职工文化技术素质，增强其社会适应能力，形成健康向上的社区文化；改善矿区社会基础设施，促进能源工业社区的发育完善，健全社会化服务网络；严格控制和综合治理环境污染，改善居民居住生活条件；完善社会保障制度，形成配套完善的职工就业、伤残、死亡、离退休、养老、医疗等社会保障体系，除建立正常的社会福利保障制度外，还应考虑设立职工职业病防治基金、职工安全形成一个较为协调和均衡发展的社会环境。

2. 提高技术创新能力

要从根本上提高煤炭工业的竞争力，必须大力推进“科教兴煤”战略，增强煤炭企业的技术创新能力，依靠科技进步提升煤炭工业的整体素质，增强技术自主创新能力。建设以企业为主体，以基础、高新技术研究为主要内容，产、学、研相结合的技术创新体系和以信息、咨询、技术服务为内容的科技服务体系。鼓励和支持大专院校和科研机构同煤炭企业合作，促进知识、科技成果的转化和应用。

与此同时，使用高科技的煤炭开采设备，提高煤炭生产效率，减少安全隐患，减少开采中的浪费。加大以实现煤矿生产机械化、集约化、高产高效为目标的矿井生产系统技术改造，优化生产和布局，在大中型煤矿大力发展综采综掘技术。加大以预防安全事故、改善安全生产条件为目标的安全技术改造，增强矿井防灾抗灾能力。通过利用高新技术、降低开发成本等措施，使经济可利用性差的资源加快转化为经济可利用性强的资源。

3. 加强资源的综合开发利用

困扰经济发展的人口、资源和环境诸多问题中，资源的承载力是人口问题的主要体现，过度消耗资源并且大量排放废弃物是环境问题的主要表现。因此，资源的有效利用和保护对经济持续发展有重要作用。

资源的综合开发利用就是实现物质效能的全面充分利用，指人们根据资源的成分、特性和赋存形式，对资源进行科学合理的综合开发、深度加工、循环使用和回收再利用，充分发挥资源的功能，使其转化为社会所需物料的生产经营活动。包括对矿产资源开采过程中的共生伴生物质的合理开发利用，对生产过程中产生的废渣、废水、废气、余热、余压进行循环加工利用，对产品使用过程中产生的废弃物进行回收再利用。

在资源综合开发利用方面，将重点进行清洁能源、特别是清洁煤的开发利用。今后不仅要推广高效、低污染炼焦技术，充分回收生产过程中的副产品，限制和改造土法炼焦、节约煤炭；还要充分利用矿区煤矸石、煤泥、中煤、油页岩等地热值燃料，建立坑口电站及用于生产水泥、砖瓦等建筑材料。研究开发和引进煤炭液化技术，逐步做到煤炭的清洁利用。在加强管制的同时努力减少二氧化硫和烟尘等污染物的排放。

能源的综合开发利用和节约并重。通过节能措施和发展能源利用新技术，努力降低能源消耗；火力发电要安装脱硫装置，降低二氧化硫的排放量，发展城市集中供热，逐步淘汰分散的锅炉；大力发展煤炭洗选，逐步调高煤炭转化成电力和煤气的比重；在城市地区普及民用型煤，积极推广煤炭脱硫、除尘技术；在农村大力推选省柴省煤灶，发展沼气，提高用能效率，并积极营造薪炭林，形成一种因地制宜、多能互补的能源结构。

4. 煤炭产业与生态环境协调发展

（1）制定规则，治理生态环境。要按照“统筹兼顾，突出重点”的原则，治理重点土地塌陷及重点煤矸石，加强水资源的保护和“三废”的综合利用，保护生物多样性和对损坏的植被进行恢复，结合当地经济和社会发展的实际，编制生态环境恢复治理规划。

（2）完善生态环境评价及监管制度。环保行政主管部门要加强环境影响评价工作，具体制定煤炭开发环境评价内容，标准规范，强化生态环境评价。严格实施煤炭开发规划的环境影响评价，高度重视水源地、人口密集村镇、重要河床下采煤问题。开采前必须进行生态破坏和经济损失专项评估。对可能造成严重生态破坏和巨额经济损失的，必须禁采、限采和采取有效的保护和防范措施。制定地方性法规，依法促使煤炭企业把环境保护和治理贯穿于煤炭资源开发、利用、加工、转化的全过程。

（3）建立煤炭综合利用补偿机制。各类煤炭生产企业要制定生态环境保护和综合治理方案，加快矿井废水、煤矸石、矿区面积沉陷和水土流失的治理。对废弃矿山和老矿山的生态环境恢复与治理，按照“谁投资，谁收益”的原则，积极探索通过市场机制多渠道融资，加快治理和恢复进程。

七、本章结论

本章通过对山西煤炭工业可持续发展的理论和实证研究，得出以下结论：

（1）在分析现有的指标体系理论和山西煤炭工业现状的基础上，提出了新的山西煤炭工业可持续发展的评价指标体系。

（2）探索使用主观赋权法在山西煤炭可持续发展领域做一些应用。

（3）随着政府、企业及个人对煤炭工业可持续发展越来越重视，投入也越来越多，通过使用模糊综合评判法对2008年临汾地区煤炭工业的可持续发展程度进行分析，其实证结果表明，所建立的山西煤炭工业可持续发展评价体系能够满足应用的要求，结果与临汾地区煤炭工业的实际情况基本一致，对山西煤炭工业可持续发展有重要的指导意义。

（4）临汾地区是山西省的一个主要产煤城市，通过对临汾地区煤炭工业发展的可持续性进行综合评价，来反映山西省煤炭工业的可持续发展程度。

第二章　中国煤炭开采综合效益评价研究

一、绪论

（一）研究背景及意义

煤炭是世界上最经济、分布最广的矿物燃料，从世界范围看，煤炭远景仍然看好。据世界石油输出国组织（OPEC）预测，到2020年煤的耗量要超过石油，煤炭将再次成为世界的主要能源。另外，中国经济高速增长的态势，势必刺激中国能源消费量的快速增长。据统计资料显示，2009年中国能源消费总量为30.67亿吨标准煤，为1978年的5.37倍，年均增长率为3.67%；煤炭消费总量为21.59亿吨，为1978年的4.34倍，2000年的1.14倍，年均增长率为8.24%。[①] 尽管国内一些专家和研究单位对未来中国原煤消费需求量估计可能偏高，但在近20年内中国以煤为主的能源结构不会改变。

虽然中国的煤炭资源储量丰富，但煤炭资源的人均探明储量只有147吨，是世界人均312.7吨的47%，并且中国煤炭资源存在高消耗和惊人的浪费现象。在煤炭资源的开采方面，中国煤矿资源回采率平均为32%，与国外矿井回采率最高为85%相比相差悬殊，也远低于世界产煤国家60%的平均水平。特别是近几年煤炭价格上涨，许多煤炭企业急功近利，采厚弃薄，采易弃难；一些小煤矿更是乱挖滥采，挑肥拣瘦，回采率仅为5%～7%，煤炭资源遭到极大的损失和浪费。煤炭资源的高消费和浪费，是造成煤炭的过度开采和超能力生产的主要原因之一，更进一步加速了人均剩余可采储量的下降。

煤炭资源的开采是造成矿区及周边地区地质灾害和环境污染的主要原因。采矿活动破坏和侵占大量的土地，造成水土流失。据不完全统计，全国矿山累计占

① 国家统计局：《中国统计年鉴》（2010），中国统计出版社。

压土地达586万公顷，耕地157万公顷，破坏森林约106万公顷，草地263万公顷，仅国有煤矿煤矸石山就有1500余座，占地约5000公顷。全国因采矿业造成的地面塌陷灾害已达33万～40万公顷。作为产煤第一大省的山西省，地下采空区已达13万公顷，塌陷土地5.20万公顷，且以每年2500公顷的速度递增。另据山西省卫生厅统计，近年来城乡肺癌发病率和死亡率比20世纪70年代上升了30%～50%，恶性肿瘤占厂矿职工死亡人数的30%，各种呼吸道疾病、职业病的发病率和死亡率也都明显增加。当前，因矿产的开采和消费导致的水土流失、耕地损坏、水系污染、地质灾害频发、生态环境恶化、地方病滋生、温室效应等一系列"地"祸"天"灾变得更加普遍。

煤炭行业在为国家经济建设做出重大贡献的同时，自身也面临着发展和环境保护的双重压力。煤炭行业是生态环境污染的源头，也是环境治理的重点对象。如果对煤炭行业的污染不进行治理，人类必然要受到环境与社会的惩罚。因此，煤炭行业要发展，必须走可持续发展的道路，加强环境保护工作。

综上所述，煤炭开采的高消耗、浪费及环境污染等问题，要求我们在煤炭资源开采过程中尽可能地做到煤炭开采综合效益的最大化。但是，已有的研究主要集中在煤炭开采经济效益、环境效益分析和开采顺序等单方面，对煤炭资源开采综合效益尚没有系统研究。进行煤炭资源开采综合效益研究，从社会、经济、环境和资源四个方面考虑煤炭资源开采的效益，使得煤炭资源利用效益最大化。煤炭开采综合效益研究能够有效地解决中国煤炭开采过程中的高消耗、浪费及环境污染问题，提高煤炭资源开发利用效率，能够更好地贯彻低碳经济、循环经济及可持续发展精神，为煤炭开采相关政策的制定提供指导。

（二）国内外研究现状

1. 国外研究现状

国外主要从经济学和耗竭性理论角度入手对煤炭资源开采中的社会经济效益最大化进行探索和研究。

（1）在煤炭资源经济学方面的研究。格雷（L. C. Gray）（1914）研究了矿山最佳产量问题及边际品位的最优化问题；卡莱尔（D. Carlisle）（1954）更详细地说明了将矿山参数最优化的理论方法，强调在寻找矿山开采最优化时，必须综合考虑回收速度和回收水平即资源产量与资源品位，目标函数是使矿山全寿命期净现值最大。约翰·狄克逊（John Dixon）和梅纳德·胡弗斯密特（Maynard M. Hufschmidt）（1983）编著的《环境、自然资源与开发：经济评价指南》和《环境的经济评价方法——实例研究手册》等著作，首次系统地介绍了环境影响经济评价的理论和方法，并对其进行了相关的案例研究。自从20世纪90年代以来，在英国伦敦大学全球环境社会经济研究中心的大卫·皮尔斯（David Pearce）教授和克里·特纳（Kerry Turner）教授等领导下，围绕可持续发展和全球性环境问题，进行了大量的经济问题研究，在环境价值计量及实现代际公平的途径等方面进行了重要探索，并出版了一些重要著作，其中最著名的有皮尔斯和特纳（1993）合著的《自然资源与环境经济学》。这些研究成果对以后的研究和探索指明了方向，具有极其重大的意义。Herfindahl（1967）分析了资源开采的顺序问题，在局部均衡框架下提出了资源应按开采成本的递增顺序进行开采的理论。Fischer（1998）考虑了任意合理的效用和成本函数，并将其结论一般化。Solow和Wan（1976）在考虑资源的不同品位的前提下，引入一个总模型来考虑不同品位资源的开采成本。Kemp和Long（1980）假设资源开采的边际成本为常数，不同成本的资源之间可以完全替代，并在此基础上提出同时开采不同成本资源的资源最优开采顺序。Lewis（1982）放宽了传统理论的假设条件，在K-L模型中，认为资源可变成资本，资本不仅可用于即时消费，也可储蓄起来用于未来消费，且资本在储蓄时会按一定比例增长，重新证实了Herfindahl法则。Cairns和Lasserre（1986）认为当边际开采成本随开采量提高或开采能力固定时就有可能同时开采不同品位的资源。Chappel和Dury（1994）认为当边际开采成本递增时，最优问题不一定满足，借助新的充分条件对问题进行求解。

（2）在耗竭性理论方面的研究。霍特林（H. Hotelling）（1931）在美国《政治经济学杂志》上发表《耗竭性资源经济学》。该文章提出了矿产资源耗竭理论，该理论认为矿产成本不仅包括劳务与资本成本，还包括资源使用成本（机会成本），这是与非矿产成本相比的特殊性所在。Peter Follett、Luis Bojorquez Tapia和Mariano Hemandez Narvaez（2001）提出煤炭资源最优耗竭是为使社会从煤炭资源存量中获得最大收益净现值，从净现值入手探讨了煤炭资源效益最大化。

2. 国内研究动态

目前，国内主要从煤炭资源经济评价、煤炭资源开采顺序、煤炭开采环境问题和煤炭开采政策建议等理论角度入手对煤炭资源开采中的社会经济效益最大化进行探索和研究。

（1）在煤炭资源经济评价方法方面的研究。王立杰（1996）为煤炭资源的勘查阶段和生产阶段构建了煤炭资源经济评价模型，该模型为煤炭资源开采的净收益评价提供了定量分析依据。李瑞峰（1996）对矿井煤炭成本的构成及煤质对级差收益的影响进行了分析，并对矿井（企业）各类级差收益的综合数学模型进行了评价。魏晓平（1999）对矿产资源价值最大化跨期配置模型进行了分析讨论，为矿产资源的最佳配置和矿产资源的定价提供了理论依据。汪云甲（2000）利用模糊数学、层次分析和神经元网络等理论和方法，提出了煤炭资源评价的一系列方法、模型及政策建议，并在矿区得到实践，取得较好的效果。赵国浩、李月长（2007）通过对资源补偿费政策、资源价格制定政策、资源开发布局政策等的研究，分析煤炭资源利用效益最大化政策建议，提出促进煤炭资源利用效益最大化的途径。

（2）在煤炭最优开采模型及顺序方面的研究。魏晓平、毛敏芳（2006）对资源的最优开采利用顺序进行了研究。张金锁、王喜莲（2007）对煤炭开采规模的影响因素进行了分析，引入了技术进步因素、生态环境因素等，并对前期的“矿产资源跨期优化模型”进行了扩展。葛世龙等人（2008）利用回采率提高的概率、调整次数及调整幅度描述回采率不确定，给出回采率的调整方法，利用最优控制理论建立了可耗竭资源最优开采模型，确定了资源最优开采路径。翟燕妮（2009）通过对影响煤炭资源开采因素的分析，给出了煤炭资源开采规模的理论模型。

（3）在煤炭开采存在问题方面的研究。丙素生（1994）对煤炭开采过程中产生的环境问题进行了系统阐述，为进一步的研究奠定了坚实的理论基础。尹国勋（2000）将煤矿区环境问题的主要发生源归结为煤矿环境地质灾害，并给出了煤矿环境地质灾害的一个具体分类，为矿区的环境保护和治理提供了思路。杨本志等人（2000）研究了中国东部矿区生态系统退化的主要原因，分析了地面塌陷引起的地面积水、土壤盐渍化、水土流失、矿井水排放、煤矸石及粉煤灰的影响问题，并有针对性地提出了一些生态重建技术。李堂军、杨选民等人（2000）认为西部煤炭开发主要生态环境问题是土地和植被破坏、水土流失及土地沙漠化、水资源匮乏等。

（4）在煤炭资源开采回采率方面的研究。任一鑫、李英德等人（2006）通过对回采率与费用关系的分析，给出了两者之间的规律性。李英德、谢芳等人（2008）建立了最佳回采率的分析模型，并分析了最佳回采率的经济含义，得出按最佳回采率开采可以取得最大的收益。任传鹏、丁日佳等人（2010）从煤炭行业结构、监管制度等方面，分析了中国煤炭回采率低下的原因；结合中国的实际国情给出了中国回采率落后的原因，并提出了相关应对策略。他们还通过对影响煤炭采出率的因素进行分析，根据地质等因素建立了新的煤炭采出率标准。

（5）在矿区环境评价方法方面的研究。卞正富（1998）提出了复垦土地生产力系统状态的熵流评价模型，为评价矿区开采沉陷对土地利用的影响提供参考。李堂军等人（2000）提出了一种具体的矿区环境质量的定量评价方法。吴志杰（2006）利用费用效益法建立起煤炭资源生产的环境成本评估模型，对煤炭资源开采前的环境价值进行定量评估。张云（2007）利用条件估值法，研究了陕北地区居民对当地生态环境价值的支付意愿，推出了陕北地区非再生资源开发的环境破坏损失价值，并得到了煤炭产地比油气产地的受访者对环境治理具有更强烈的支付意愿，证明了煤炭开采对环境造成的破坏要大于油气的开发。

（6）在改善矿区环境的路径及政策方面的研究。丙素生（1994）、顾和和等人（1997）为中国矿区生态环境保护的技术措施、行动步骤以及管理对策提出了具体思路。胡振琪（1995）提出的煤矸石山绿化造林的技术路线和实验结果，为干旱和半干旱地区煤矸石山的综合治理和利用提供了技术依据。王玉俊（1997）则阐述了目前可行和有可能今后采用的减少废弃物排放、减轻地表沉陷、煤炭地下气化等清洁开采技术。李锡林等人（1999）介绍了世界部分产煤国矿区环境保护的目标、法规和实践，对更深一步的研究提供了参考。秦建芝、郝庆军（2004）从法律角度对煤炭资源开发利用中出现的浪费严重、生态破坏、环境污染等问题，提出相应的对策，即完善立法，加强执法和法制宣传。

二、中国煤炭资源开采概况分析

煤炭资源分布广、储量多的经济特点，使得煤炭资源与其他能源相比，具有成本低、技术风险小的突出优势。根据《BP 世界能源统计》（2010）的数据，2008 年底探明的煤炭可采储量全球总计 8260.01 亿吨，储采比为 119 年。预计到 2030 年，煤炭占能源消费结构的比重将升到 28%，全球煤炭需求将增长 73%。[①] 中国能源资源结构的基本特点是“富煤、贫油、少气”，据 2010 年世界能源委员会公布的 2009 年底探明储量数据显示，美国、俄罗斯和中国仍是世界上煤炭探明储量最多的三个国家（见表 2－1）。与石油和天然气比较而言，中国煤炭的储量相对较丰富，这就决定了煤炭在中国一次能源中的重要地位（见表 2－2）。随着中国经济建设的快速发展，煤炭产量还将以较快速度增长。根据近 30 年中国能源生产和消费结构分析可知，在近 20 年内中国以煤为主的能源结构不会根本改变（见图 2－1）。

表 2－1　世界煤炭储量排名前五国家的储量及储产比

国家	总计（百万吨）	占总量比例（%）	储产比（年）
美国	238308	28.9	225
俄罗斯	157010	19.0	481
中国	114500	13.9	38

资料来源：《世界能源统计年鉴》（2009～2010）。

① 《2009 中国能源发展报告》，国际能源网。

表 2－2　中国 2008 年各能源探明储量、产量及其所占比重

能源	储量	占世界储量比重	储产比	世界储产比	产量	占世界产量比重
石油	2.1（万亿吨）	1.2%	11.1（年）	42.0（年）	189.7（百万吨）	4.8%
天然气	2460.0（万亿立方米）	1.3%	32.3（年）	60.4（年）	76100.0（百万立方米）	2.5%
煤炭	114.5（万亿吨）	13.9%	41.0（年）	122.0（年）	1414.5（百万吨）	42.5%

注：煤的探明储量通常是指：通过地质与工程信息以合理的肯定性表明，在现有的经济与作业条件下，将来可从已知储层采出的煤炭储量。石油和天然气探明储量与煤炭类似得出。储量/产量（R/P）比率为假设将来的产量继续保持在某年度的水平，那么用该年底的储量除以该年度的产量所得出的计算结果就是剩余储量的可开采年限。石油和天然气储产比与煤炭类似得出。

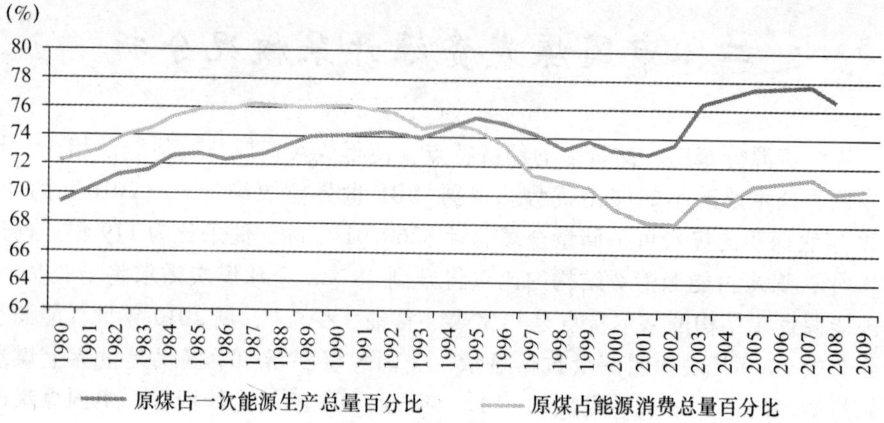

图 2－1　煤炭在能源总量的生产消费比重

（一）中国煤炭资源特点

1. 煤炭资源地理分布不均

昆仑山—秦岭—大别山一线以北地区的煤炭资源占全国的 90.3%，其中太行山—贺兰山之间的地区占北方地区的 65%；昆仑山—秦岭—大别山一线以南的地区只占全国的 9.7%；大兴安岭—太行山—雪峰山一线以西地区煤炭资源占全国的 89%，该线以东地区仅占全国的 11%。[①] 从全国 34 个省级行政区分布看，全国除上海、香港地区外均有不同质量和数量的煤炭资源赋存，在全国 63% 的县级行政区划里都分布有煤炭资源。在查明资源储量中，晋、陕、内蒙古、宁占

① 中国能源研究会、国家电力公司战略研究与规划部：《中国能源五十年》。

67%；新、甘、青、云、贵、川、渝占20%；其他地区仅占13%。

2. 中国煤炭资源分布与区域经济发展水平呈逆向分布

2009年中国煤炭资源基础储量在100×10^8吨以上的省（区）共有6个：山西（1055.5×10^8吨）、内蒙古（772.7×10^8吨）、陕西（268.7×10^8吨）、新疆（148.0×10^8吨）、贵州（128.1×10^8吨）、河南（114.7×10^8吨），占全国原煤生产量的65.5%，但这几个地区的煤炭资源消耗总量为10.41×10^8吨，仅占全国煤炭消耗总量的29.6%；辽宁、北京、天津、河北、山东、江苏、上海、浙江、福建和广东10个经济发达的东部省市，原煤产量为3.50×10^8吨，仅占全国原煤产量的14.8%，而煤炭资源消耗总量为14.45×10^8吨，占全国煤炭消耗总量的41.1%。① 中国煤炭资源与区域经济发展不一致的特点，使得煤炭的生产区域和消费区域相分离，从而形成了“北煤南运”和“西煤东调”的基本格局。

3. 煤炭资源丰富，人均占有量低

中国煤炭资源储量虽然很丰富，但是煤炭资源勘探程度低的现实，使得经济可采储量②较少。在经勘探证实的储量中，精查储量仅占30%，而且很大部分已经开发利用，煤炭后备储量相当紧张。中国人口众多，煤炭资源的人均占有量约为147吨，而世界人均的煤炭资源占有量为312.7吨，美国人均占有量更高达1045吨，远高于中国的人均水平。

4. 各地区煤炭品质相差较大，且分布也不理想

中国炼焦煤在地区上分布不平衡，四种主要炼焦煤中，瘦煤、焦煤、肥煤有一半左右集中在山西，而拥有大型钢铁企业的华东、中南、东北地区，炼焦煤很少。

5. 适于露天开采的储量少

煤炭资源露天开采具有投资小、效率高、建设周期短的优点，但中国适于露天开采的煤炭储量少，仅占总储量的7%左右，其中70%是褐煤，主要分布在内蒙古、新疆和云南。

6. 共伴生矿产种类多，资源丰富

中国含煤地层和煤层中除原煤以外，还有丰富的共伴生矿产品，其中，含煤地层中有硅藻土、高岭岩、硫铁矿、耐火黏土、铝土矿、油页岩和煤层等；煤层中除有煤层气外，还有丰富的镓、锗、铀、钒等微量和稀土金属元素。

（二）煤炭资源开采概况

从中国原煤产量看，1952～2009年，中国原煤产量绝大部分主要集中在产

① 国家统计局编：《中国能源统计年鉴》（2010）。

② 所谓经济开采储量是指经过勘探可供建井，并且扣除了回采损失及经济上无利和难以开采出来的储量后，实际上能开采并加以利用的储量。

量排名前10位的省区，其中原煤产量一直处在全国前10名以内的有山西、黑龙江、河南、山东、辽宁、河北和安徽7省份，虽然这7个主要的产煤省份在中国煤炭生产所处的地位发生了改变，但山西一直处于第一的位置，并且重要性不断增强，其原煤产量比重从1952年的16.35%提高到2009年的20.1%；辽宁省和河北省的原煤产量在全国煤炭产量中的比重则有所降低。其中，辽宁省在1952年的比重高达17.7%，1980年降到5.26%，到2009年其比重仅为2.2%；河北省原煤生产量的比重从1952年的15.19%下降到2009年的2.01%。黑龙江、山东、河南和安徽4省原煤产量在全国地位相对来说比较稳定，分别一直保持在3.0%、4.87%、7.8%和4.35%。除了上述7省份外，内蒙古、贵州和陕西的地位有所上升，内蒙古1952年在10名以外，2008年则占全国的17.9%，成为仅次于山西的煤炭生产大省；贵州和陕西的煤炭产量2008年分别为全国总量的4%和8.6%。① 北京、吉林、重庆、四川和湖南在全国煤炭生产中的地位不断下降，分地区原煤产量排名如表2-3所示。

表2-3　分地区原煤生产总量排名

产量排名	1991年	1995年	2000年	2004年	2005年	2006年	2007年	2008年	2009年
1	山西	山西	山西	山西	山西	山西	山西	山西	内蒙古
2	河南	河南	山东	内蒙古	内蒙古	内蒙古	内蒙古	内蒙古	山西
3	黑龙江	四川	河南	河南	河南	河南	陕西	陕西	陕西
4	四川	山东	内蒙古	山东	陕西	陕西	河南	河南	河南
5	河北	河北	河北	陕西	山东	山东	山东	山东	山东
6	山东	黑龙江	黑龙江	河北	贵州	贵州	贵州	安徽	贵州
7	辽宁	内蒙古	安徽	黑龙江	黑龙江	黑龙江	黑龙江	贵州	安徽
8	内蒙古	辽宁	辽宁	安徽	河北	四川	四川	黑龙江	四川
9	贵州	湖南	贵州	贵州	安徽	河北	安徽	四川	黑龙江
10	湖南	贵州	新疆	四川	四川	安徽	河北	河北	河北

注：本排名由《中国能源统计年鉴》（2009）分地区原煤生产量表整理得出；1991年数据由《中国能源统计年鉴》（1996）分地区原煤生产量表整理得出。

黑龙江、辽宁、山东、河北、山西、河南、安徽7省份自1952年以来一直是中国煤炭生产中心，加之后来发展起来的内蒙古、贵州和陕西3个省份共同构成中国最重要的煤炭供应区，其中，随着近两年的勘探资料显示，内蒙古的煤炭

① 国际煤炭网（http：//www.in-en.com/coal/html/coal-20072007010460953.html）。

储量已经超过山西跃居全国第一。统计资料显示，在 2009 年，晋、陕、内蒙古地区原煤产量占全国原煤总产量的比例高达 50.51%，远高于中国煤炭工业发展“十一五”规划的 48.46%；而东北地区、津京冀地区和中南地区煤炭产量分别占全国煤炭总产量的比例则进一步下降，中国煤炭资源开采呈现晋、陕、内蒙古地区越来越集中的趋势。

（三）中国煤炭资源开采存在问题分析

与国外主要采煤国家相比，中国煤炭资源开采条件属中等偏下水平，可供露天矿开采的资源极少，除晋、陕、新、宁和内蒙古等省区部分煤田开采条件较好外，其他煤田开采条件较复杂。

1. 回采率低

在煤炭资源的开采方面，自 2006 年 1 月 1 日施行的《煤炭工业矿井设计规范》中规定矿井采区的回采率，厚煤层不应小于 75%；中厚煤层不应小于 80%；薄煤层不应小于 85%；水力采煤的采区回采率，厚煤层、中厚煤层、薄煤层分别不应小于 70%、75% 和 80%。据中国《能源发展“十一五”规划》分析，2010 年，全国煤矿平均矿井回采率达到 50%，提高 4 个百分点；煤矸石、矿井水利用率均达到 70%，分别提高 27 和 26 个百分点；矿井水排放达标率 100%，提高 20 个百分点；洗煤废水闭路循环率提高到 90%，增加 5 个百分点。[①] 但是由于技术设备和采矿方法落后，中国煤矿的回采率长期在低水平徘徊，加上近几年煤炭价格上涨，许多煤炭企业急功近利，采厚弃薄，采易弃难，一些小煤矿乱挖滥采，挑肥拣瘦，造成了更为严重的资源损失和浪费。据统计，山西省的煤炭平均资源回采率只有 40% 左右，乡镇煤矿回采率仅为 10% ~20%，每挖 1 吨煤要消耗 5 ~20 吨资源。而美国、澳大利亚、德国、加拿大等发达国家，资源回收率能达到 80% 左右，每挖 1 吨仅需消耗 1.2 ~1.3 吨煤炭资源。[②] 按此推算，中国在 1980 ~2000 年的 20 年间，就浪费了 280 亿吨煤炭资源。

从文献资料分析中可知导致中国煤炭回采率较低的主要原因概括如下：一是采煤方法落后，土法采煤直接导致了资源的回采率低；二是矿主为了获取更多的自身利益，采厚弃薄，采易弃难，以大量消耗资源、缩短矿山服务年限为代价，使资源受到严重损失；三是乡镇煤矿煤炭资源浪费非常严重，回采率只有 10% ~15%。

2. 伴生资源浪费严重

由于矿产资源的共生性，所以在煤炭资源较丰富的地区，煤炭资源的伴生矿

① 国家发改委：《能源发展“十一五”规划》。

② 赵国浩、闫世春：《煤炭工业可持续发展研究》，经济管理出版社，2008 年。

产很多，其中绝大多数由于认识、开采设备、采掘技术等一系列条件的限制，而没有得到有效的综合利用。

（1）煤矸石，是指煤炭开采、洗选加工过程中产生的固体废弃物，也是可利用的资源，具有双重性。到“十五”末期全国国有煤矿拥有的矸石山已经达到1500余座，堆积量在30亿吨以上。煤矸石的大量堆放不仅压占土地，影响生态环境，矸石淋溶水将污染周围土壤和地下水，而且煤矸石中含有一定的可燃物，在适宜的条件下发生自燃，排放二氧化硫、氮氧化物、碳氧化物和烟尘等有害气体污染大气环境，影响矿区居民的身体健康，如辽宁本溪矿区曾发生过因矸石自燃造成人员中毒死亡的事故。①

（2）煤层气，是指赋存在煤层中以甲烷为主要成分，以吸附在煤基质颗粒表面为主，部分游离于煤孔隙中或溶解于煤层水中的烃类气体的总称。是煤的伴生矿产资源，属非常规天然气；是近一二十年在国际上崛起的洁净、优质能源和化工原料。

当煤层气空气浓度达到5%～16%时，只要遇明火就会发生爆炸，这是煤矿瓦斯爆炸事故的根源。在煤炭开采前和开采中抽放瓦斯气是保证煤矿生产安全的重要措施。如果在采煤之前先开采煤层气，煤矿瓦斯爆炸率将会降低70%～85%。煤层气的开发利用具有一举多得的功效：提高瓦斯事故防范水平，具有安全效应；有效减排温室气体，产生良好的环保效应；作为一种高效、洁净能源，煤层气的商业化能产生巨大的经济效益。但将煤层气排空不仅浪费了宝贵的能源资源，而且导致全球气候变化与大气污染，因为瓦斯中所含甲烷的温室效应比二氧化碳大20倍，对臭氧层的破坏是二氧化碳的7倍。资料表明，中国因采煤每年向大气排放的甲烷气体达70亿～90亿立方米，居世界第一位；另外，煤矿在生产过程中，井下巷道每秒钟都需要数十万乃至数百万立方米的空气，它们主要是通过矿井通风来完成，矿井通风同样含有瓦斯，并且还有大量粉尘，而煤层气利用将会大大减少甲烷等温室气体的排放，改善大气环境。

煤矿瓦斯抽采利用率也仅有31%，造成资源浪费，环境污染。以山西省为例，山西每年因采煤排放的煤层气约60亿立方米，接近“西气东输”工程年输气量的一半。在山西省开展环境空气监测的15个城镇的年均综合污染指数目前全部超过国家二级标准的城市中，临汾、阳泉和大同三个城市在全国131个重点城市中环境空气质量状况排倒数前三名。以煤为主的能源结构和能源利用的低效是造成大气环境污染的重要因素，开发利用煤层气必将有利于改善能源结构，有

① 中国投资咨询网：《2009～2012年中国煤矸石工业投资分析及前景预测报告》。

助于改善城市大气环境状况，进一步提高人民群众的生活质量和生活水平①。

3. 环境问题

环境问题有广义和狭义之分。广义的环境问题包括由人为引起的环境问题和由自然引起的环境问题两类。由自然原因所引起的环境问题称为原生环境问题或第一环境问题。由人为引起的环境问题称为次生环境问题或第二环境问题。本章研究的主要对象是狭义的环境问题，即第二环境问题。第二环境问题又可以分为资源破坏和环境污染。

资源破坏是指由于不合理开发利用资源，而导致资源遭到破坏，并由此引起的一系列环境问题，如滑坡、泥石流和土地沙化等；环境污染主要是指资源在开采过程中将废固、废气和废液（三废）排到环境中，导致环境的质量降低，人类身体的健康受到威胁，生物资源的多样性遭到破坏，工农业生产受到影响。但是资源破坏和环境污染又有密切联系，二者具有复合效应：资源破坏增加了环境自净的负担，降低环境的自净能力；而环境污染又会降低生产量，加剧环境破坏。

依照煤炭资源开采引起的环境问题性质的不同，将环境问题归纳为资源破坏、地质灾害和环境污染三种类型（见表2－4）。

表2－4　煤炭资源开采引起的环境问题的三种类型

主要类型	主要表现形式
资源破坏	煤炭资源破坏与浪费、土地植被的破坏与压占、疏干排水破坏地下水均衡系统及地表水水量减少、地质遗迹破坏、地形地貌改观、风景景观及人文景观破坏
地质灾害	崩塌、滑坡、泥石流、地面塌陷、地裂缝、煤层自燃、煤矸石自燃、水土流失、土地沙化、尾矿库溃坝、瓦斯爆炸、矿井突水等
环境污染	“三废”污染地表水和地下水、土壤、植被、大气环境等，遗迹由此引发的生态环境病

煤炭资源开发活动的环境影响主要体现在自然地理、地貌、大气、水和生态及社会经济环境几个方面。本章将主要从以下几个方面介绍煤炭资源开发过程中引起的环境问题。

（1）水土流失严重。中国的煤炭资源主要集中在半干旱气候区域，半干旱气候区域年降雨量低、周围植被稀少，是水土流失的严重区域，而矿区煤炭资源的开采会导致地面表层的土壤疏松、地表植被破坏，使古沙翻新、沙丘活动增

① 山西省发展和改革委员会：《山西省煤层气（天然气）产业“十一五”发展规划》（2006～2010），http：//www.shanxigov.cn/n16/n1398/n2108/n5685/n29264/780610.html。

强，为风沙的侵袭提供了更加便利的条件，从而引起矿区的土地沙化和荒漠化。

（2）破坏地貌环境。地表塌陷是井工采煤对矿区土地资源造成的主要灾害问题之一。据统计，目前中国95%的原煤都来自井工开采，而且中国国有重点煤矿主要是长臂式开采、全部垮落顶板管理的采煤方法，据测定这种方法引起的地表塌陷最大深度一般为每层开采总厚度的0.7倍，塌陷面积是每层开采的1.2倍左右。据不完全统计，中国因煤炭开采引起的地表塌陷面积达40万公顷，平均每开采万吨煤炭地表塌陷0.2公顷。

另外，煤炭资源开采造成的滑坡问题也是一个很大的灾害。如陕西铜川60年代的王石凹矿风井滑坡、70年代的金华山风井滑坡和90年代的金华山望西村滑坡等。包头石拐煤矿区红旗山山体开裂形成多组南北向的0.1~2米的裂缝，南北长300余米，东西宽100余米，严重威胁着其山坡下677户1947人的生命财产安全。

（3）破坏大气环境。

1）煤矸石自燃。煤矸石是采煤和洗煤过程中排放的固体废弃物，也是可以利用的资源。煤矸石中含有极易发热的硫铁矿二硫化亚铁和一些炭质可燃物，这是煤矸石可以自燃的主要原因。在自燃过程中释放出大量的一氧化碳、二氧化碳、氮氧化物、氢硫酸和二氧化硫等有害气体，对矿区周围的环境质量产生严重的影响。长期在矿区周围极易导致支气管炎、肺气肿、尘肺甚至癌症的发生。如陕西铜川矿务局中有6个煤矸石山周围的二氧化硫、苯并芘和总悬浮颗粒物（TSP）都严重超标，职工一般5年就患有肺气肿；陕西韩城桑树坪矿的二氧化硫和二氧化碳分别是正常水平的16倍和20倍，工人昏倒的事件时有发生。

煤矸石的自燃还可能造成自燃爆炸事故。2005年河南平煤四矿的矸石山发生了自燃爆炸，爆炸崩出的矸石达3万多吨，致使煤矸石山以南100米外的居民区平房受到不同程度损坏，摧毁房屋18间，8人遇难，并导致百余名抢险人员受伤，酿成了煤矿历史上罕见的悲剧。

2）煤层自燃。中国煤层自燃最严重的地区是位于西北地区的新疆、宁夏及内蒙古。煤层的自燃在烧掉大量煤炭资源的同时，产生的二氧化硫、氢硫酸等有毒有害气体严重地污染了周围的大气环境。其中，新疆煤田自燃现象在中国最为严重。新疆共有煤田燃烧火区42处，面积135平方千米，累计损失煤炭达31亿吨，每年损失煤炭1003万吨。近200年来，新疆已经白白烧掉21亿吨煤炭。

3）粉尘污染。煤炭开采过程中产生的粉尘使矿区及周边空气的质量降低，严重影响了周围居民的生活质量。

（4）破坏水资源。煤炭资源的开采需要大量的用水，因而煤矿会排出大量的污水和废水。如果对这些污水和废水不加处理的话，就会造成严重的水污染。

目前，因采矿产生的废水和废液的排放总量占全国工业废水量的10%以上，处理率仅为4.23%，污染十分严重。

另外，煤炭的开采会导致地下水在一定时期内水位下降，其动态平衡相对发生变化。煤炭资源的开采不仅会破坏含水层位，还会导致地下水的水质和水量发生变化，影响矿区周围人民的生活饮水和农牧等活动的用水。

（5）破坏生态（物）环境。

1）破坏植被。煤炭资源的露天开采使得矿区地表的植被被移除，不但破坏动物的栖息环境，还破坏了植被的生存环境。煤炭资源的井工开采，对地表植被的破坏虽然不及露天开采，但是其导致的地下及地表水的短缺，也间接地破坏了矿区的植被。

2）农作物减产。煤炭资源开采过程中排放的地下水含有的矿物质及酸碱值超标，严重污染了矿区周围的农作物生长。

3）破坏社会经济环境。煤矸石的自燃崩塌、瓦斯爆炸、煤尘爆炸、煤与瓦斯突出、矿井突水等，不仅严重地威胁着人民的生命财产，而且造成了极坏的社会影响。

4. 煤矿安全问题

煤炭开采是一个生产作业条件复杂，时刻面临瓦斯、水、火、煤尘等多种自然灾害的事故高发行业，一旦发生重大安全事故，将对从业人员的人身安全和企业的正常运营造成极大威胁。随着煤炭开采时间的延长和开采难度的增大，煤矿事故发生的可能性随之增加。虽然近年来国家有关部门出台了许多煤炭行业的管理政策，对煤炭行业进行安全管理的力度不断加大，但安全风险仍未得到有效控制。由于利润丰厚、有利可图，一些煤矿在开采技术、安全条件等均达不到要求的情况下，不顾煤矿工人的生命安全，超强度组织工人乱挖乱采，使矿难事故频发，社会影响极为恶劣。

20世纪80年代以来，世界主要产煤国的安全状况有了很大改善。以1998年为例，美国产煤10亿吨，百万吨死亡率为0.03；俄罗斯产煤2.6亿吨，百万吨死亡率为0.66；南非产煤2.1亿吨，百万吨死亡率为0.23；中国1988～1997年的10年间，乡镇煤矿平均百万吨死亡率高达10.79，是国有重点煤矿的10倍。

据有关统计，2007年中国煤矿发生安全事故2421起，因矿难事故死亡人数高达3786人。其中，重大事故（一次死亡10～29人的事故）25起、死亡402人，特别重大事故（一次死亡30人以上）3起、死亡171人，造成了严重的经济损失和恶劣的社会影响。[①] 在煤矿生产事故中，除了会造成大量人员伤亡外，

---

① 《新经济形势下中国煤炭行业：在全球经济中不可或缺》，中国网（http://www.china.com.cn/news/txt/2009-09/09/content_18495225_7.htm）。

还会造成大量的伤残人员。此外，井下职工的身体健康还受到煤尘、岩尘的威胁。

在2010年1~9月，河南、陕西、内蒙古三地的煤矿死亡人数，已超全年控制指标，具体如表2-5所示。由此可知，煤矿安全形势值得煤炭企业和政府高度重视。

表2-5 超安全指标三省详情

省份	1~9月煤矿死亡数（人）	占全年控制指标（%）
河南	198	154.7
陕西	70	116.7
内蒙古	44	104.8

三、煤炭开采综合效益评价模型研究基础

（一）煤炭开采综合效益评价研究基础

1. 基于净现值法的煤炭开采经济评价方法

煤炭资源开采效益可以转换为煤矿的经济效益。煤炭产量越大和售价越高，成本越低、投资相对越少，则煤矿企业的效益越好。在王建设等人的研究中，将影响煤矿经济效益的主要因素分为产量、售价、成本和投资，并用经济净现值法（*ENPV*）和经济内部收益率（*EIRR*）对煤炭资源开采系统的效益进行了评价。其计算方法公式为：

$$ENPV=\sum_{t=1}^{n}(E-B)_t\times(1+i)^{-t}$$

$$\sum_{t=1}^{n}(E-B)_t\times(1+EIRR)^{-t}=0$$

式中：E为国民经济效益流量；B为国民经济费用流量；$(E-B)_t$为第t年的国民经济净效益流量；i为社会折现率；n为矿井的服务年限。

假设第t矿井的产量为Q，并假设全部销售出去，煤炭的影子售价为P，煤炭资源本身价值的经营成本为C_t，建设投资为B_t，流动资金为F_t，不考虑期末回收固定资产余值和流动资金，则：

$$ENPV=\sum_{t=1}^{n}[Q_t\times P_t-(I_t+F_t+C_t)]\times(1+i)^{-t}$$

$$E=Q_t\times P_t$$

$B = I_t + F_t + C_t$

$(E - B)_t = Q_t \times P_t - (I_t + F_t + C_t)$

由于 ENPV 和 EIRR 对方案的评价结果是一致的，所以确定经济净现值作为各方案评价指标，于是煤炭资源开采系统效益方案优劣评价的数学模型为：

目标函数：

$$\max ENPV = \sum_{t=1}^{n} [Q_t \times P_t - (I_t + F_t + C_t)] \times (1+i)^{-t}$$

约束条件：

$$\sum_{t=1}^{n} Q_t = Q \times K$$

$$K \geqslant K_S$$

$$\sum_{t=1}^{n} I_t \leqslant I_m$$

$$I_e \geqslant a \times \sum_{t=1}^{n} I_t$$

对同一矿井来说，经过技术论证后可行方案一般只有 2 ~ 3 个，因此工作实践中对此数学模型的求解，只需将满足约束条件的所有方案的参数求出，然后应用项目评价软件计算 ENPV 和 EIRR，进行比较，则 ENPV 和 EIRR 最大者为最优开采方案。

2. 基于最佳回采率的效益最大化模型

假设条件：

(1) 井田煤炭可采储量 Y 一定。

(2) 回采率的提高需要付出一定的成本 $A(k)$，这个成本包括技术上的科研费、增加支付的井下井上措施费、人工成本和资源税等。

(3) 煤炭单位时间开采量 Q，回采率 k 可在一定范围内人为控制，则 $Q = k * Y$。

(4) 假设煤炭企业开采的外部环境成本 $F(Q)$、$A(k)$ 与回采率 k 成近似指数分布关系。假设其函数为：

$$F(Q) = \sum_{i=1}^{n} F_i(k) = \frac{1}{2}ak^2 + b$$

$$A(k) = \frac{1}{2}ck^2 + d$$

式中：$F(Q)$ 为煤炭企业开采的外部环境成本；$F_i(k)$ 为第 i 项环境损失，是回采率的函数，表明不同的开采强度对环境的损害是不同的；$A(k)$ 为回采率提高付出的成本。

其中，a、b、c、d 为大于 0 的常数。$F' > 0$ 且 $F'' > 0$，表明随着回采率的提

高，企业需要支付的外部环境成本逐渐升高，且增幅越来越大；$A'>0$，$A''>0$ 表明随着回采率的提高，企业为提高回采率而发生的成本和边际成本越来越大。

煤炭企业开采的外部环境成本和回采率提高成本之和 C_2 为：

$$C_2 = F(Q) + A(k) = \sum_{i=1}^{n} F_i(k) + A(k)$$
$$= \frac{1}{2}ak^2 + b + \frac{1}{2}ck^2 + d = \frac{1}{2}nk^2 + m$$

式中：n、m 均为大于零的常数。$C'>0$ 且 $C''>0$，表明煤炭企业外部环境成本和回采率提高成本之和随着回采率的升高逐渐上升，且增幅逐渐增大。

以煤炭企业总收益最大为目标函数建立经济学决策模型如下：

$$Z = P \times Q - C_1 * Q - C_2 = (P - C_1) * k * Y - \frac{1}{2}nk^2 - m$$

式中：P 为煤炭的价格；C_1 为不考虑外部环境成本和回采率提高成本时的吨煤成本。

对等式两边求导得：

$Z' = (P - C_1) * Y - nk$

令 $Z'=0$ 可以得出最佳回采率 k^*，$k^* = (P - C_1)/n$。

当 $k<k^*$ 时，$Z'>0$，总收益函数 Z 为增函数。又因 $Z'' = -n<0$，故当 $k=k^*$ 时煤炭企业总收益取得最大值，当 $k>k^*$ 时，$Z<0$，总收益函数 Z 为减函数。$k=k^*$ 时为企业收益函数的拐点，此点对应的回采率定义为最佳回采率 k^*。当回采率提高到 k_1 时，总收益 $Z=0$，这时企业不能获得任何收益（见图 2-2）。

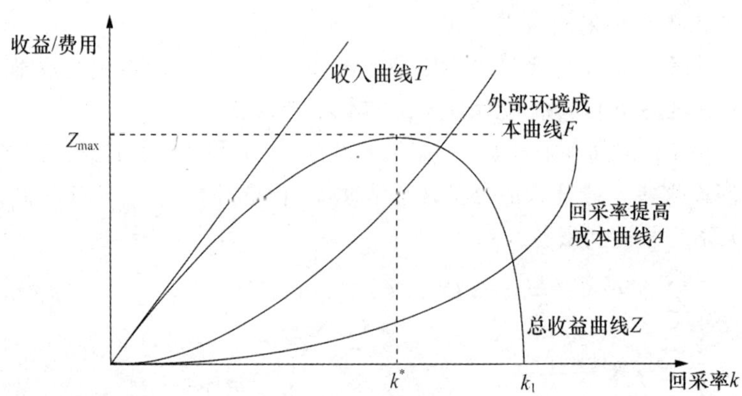

图 2-2 煤炭企业收益/费用与回采率关系示意

在分析环境及回采率提高成本的基础上，此方法从经济学角度对煤炭企业总效益进行评价比较客观直接，但是，在回采率与回采率提高成本和环境成本之间函数的建立，经过实际验证并不能有效地分析出最佳回采率，所以该方法对最佳回采率进行计算的实际意义有待探讨。

3. 回采率计算及制定方法

（1）回采率计算方法。《生产矿井煤炭资源回采率暂行管理办法》第8条中规定，采区回采率的计算公式为：

$$K=\frac{Q_1}{Q}\times 100\%$$

式中：K 为采区回采率；Q_1 为采区采出煤量（t）；Q 为采区动用储量（t）。

采区采出煤量是指采区内所有工作面采出煤量与掘进煤量之和；采区动用储量指采区采出煤量与损失煤量之和。

（2）回采率的制定方法。有因素系数法和年度指标对比法两种，其方法如下：

1）因素系数法。各因素对科学研究的系数如表2-6所示。

表2-6 影响煤炭回采率的因素

影响因素	地质条件 Q_1		安全程度 Q_2		水文条件 Q_3		开采技术条件 Q_4		管理及装备条件 Q_5		
	简单	复杂	较好	较差	单一	复杂	较好	较差	生产管理	技术管理	技术装备
系数（%）	2~3	4~5	1~2	3~4	1~2	3~4	1~2	3~4	1~2	1~2	1~2

年度回采率 $K=100\%-(Q_1+Q_2+Q_3+Q_4+Q_5)$

因素系数法在制定煤炭资源回采率的过程中，计算最低回采率应为77%，但是实际中煤矿企业为了自身利益，忽视回采率的提高，能达到77%及以上的煤矿企业实为少数。因素系数法制定回采率的主观性较强，缺乏一定的实践性，所以此方法对煤炭资源回采率制定仅能提供参考作用。

2）年度指标对比法。这是利用企业前三年的实际回采率指标，采出矿量与回采率加权平均求得：

$$K=\frac{Q_1K_1+Q_2K_2+Q_3K_3}{Q_1+Q_2+Q_3}\times 100\%$$

式中：Q_1、Q_2、Q_3 为前三年中每年采出矿量+损失量（吨）；K_1、K_2、K_3 为前三年中每年实际回采率指标（%）。

年度指标对比法是结合以往实际情况的一种科学制定煤炭回采率的方法，但是，随着煤炭资源的减少、科技水平的提高和科学发展观的贯彻，年度指标对比法也只能是为煤炭资源回采率的制定提供一个参考，不能实现煤矿的综合效益最大化。

煤炭资源开采综合效益在考虑经济和社会效益的同时，还需要考虑环境成本和资源成本。但是，环境成本的制定还需要很大程度的完善。如美国最高法院2007年4月就已经将甲烷、二氧化碳、氧化亚氮、六氟化硫、氢氟碳化物和全氟化碳6种气体列为污染气体，但至今为止，对相关气体的收费仍没有统一的标准。所以，在环境成本分析中，环境成本以《煤炭的真实成本》中的相关规定为依据进行计算。对综合效益部分仍采用经济评价方法，回采率的制定采用二次多项式回归分析求最佳回采率，并求出影响回采率主要因素的最优组合，进而实现综合效益的最大化。

（二）回归分析理论研究基础

1. 逐步回归分析

在实际研究中，影响因变量 Y 的因素很多，但并不是所有的自变量与因变量都有显著关系，有时有些自变量的作用是可以忽略的。为了得到一个有效的多元回归模型，就需要从大量可能有关的自变量中挑选出对因变量作用显著的自变量（即对 Y 贡献大的变量），在它们和 Y 的观测数据基础上建立"最优"的回归方程。

逐步回归的基本思想：在引入变量的条件是偏回归平方和经检验显著的情况下，将自变量逐个引入，并且在每次引入新变量后，都要对已选入的变量进行逐个检验，将不显著变量剔除，从而得出一个对 Y 有显著影响的变量但不包含对 Y 影响不显著的变量的"最优"回归方程，即有进有出的回归分析。逐步回归是在多元线性回归基础上派生出来的一种算法技巧。

逐步回归分析是按照自变量与因变量作用的显著程度，从大到小地依次将自变量逐个引入回归方程。当引入的自变量由于其后引入的变量而变得不显著时，则要将其剔除掉。引入一个自变量或从回归方程中剔除一个自变量，为逐步回归的一个步骤。为了确保每次引入新的显著性变量前回归方程中只包含对 Y 作用显著的变量，需要在逐步回归的每一步都对其进行 F 值检验。上述过程反复进行，直至既无不显著的变量从回归方程中剔除，又无显著变量可引入回归方程时为止。

2. 二次多项式回归分析

目前，构建多元二次回归模型几乎都是运用二次（旋转）回归设计来实现的，当然也可对某些符合要求的历史资料作同样的分析，建立类似的多元二次多项式模型，即：

$$y = a_0 + \sum_{i=1}^{n} a_i x_i + \sum_{i=1}^{n} a_{ii} x_i^2 + \sum_{i=1}^{i<j} a_{ij} x_x x_j$$

对这类回归分析模型，进行逐步回归分析，只保留显著的项，剔除不显著的项。DPS（统计软件）系统提供的二次多项式回归功能模块的操作和使用方法可参考单因素变量逐步回归分析，不同之处只是在处理数据矩阵时，除原始数据外还自动生成包括数据的二次多项式。

（三）影响煤炭开采综合效益因素分析

本小节对煤炭开采从经济子系统、环境子系统、社会子系统和资源子系统四个子系统综合考虑对煤炭资源开采的综合效益进行分析。

1. 经济子系统

煤炭资源开采对经济子系统的主要影响因素有：煤炭产量、煤炭价格、开采成本。

（1）煤炭产量。是指经过一段时间的开采，符合国家规定并具有一定的工业利用价值的煤炭资源量。随着煤炭开采技术的不断提高，开采设备的不断改进，煤炭产量得以大幅度提高。

（2）煤炭价格。是煤炭生产供给的核心问题。价格的一路上扬，使得煤矿企业的生产和销售利润得到极大改善，这将刺激煤炭生产企业加大煤炭开采的力度。本小节中煤炭价格采用的是煤炭的出厂价格。

（3）开采成本。除煤炭价格以外，煤炭企业最关注的就是煤炭开采成本。煤炭开采成本是煤炭企业为开采煤炭所支出的相关费用，由于煤炭开采存在着严重的外部性，所以煤炭开采成本应为经济成本。但是，目前的煤炭开采成本仅对发生直接费用支出的部分进行了核算，并没有反映出生态环境成本和社会成本，这直接导致了煤炭成本失真，带来的一个突出问题就是煤炭开采过程中的浪费严重，以及煤炭使用过程中的浪费。

2. 环境子系统

开采煤炭资源可以给煤炭企业带来经济收益，这是由煤炭资源的自身价值和环境价值所决定的。在市场经济体制下，煤炭资源的开发利用既要考虑其自身价值（经济效益），也要考虑其环境价值。合理地开发和保护环境能够给人们带来更加可观的收益。

（1）土地资源补偿费。煤矿占用土地资源，要支付一定的土地资源占用费，并对煤炭资源开采所造成的土地资源经济损失进行补偿。

（2）水资源补偿费。煤炭资源的开采破坏地下水的径流和地表水的地表基流，使得地表水急剧减少；另外，煤炭资源开采排出的大量污水和废水使得矿区周围的水质遭到污染，严重影响人畜饮水安全和农作物及林草植被正常生长。所以，煤炭开采应为这部分破坏和污染承担责任。

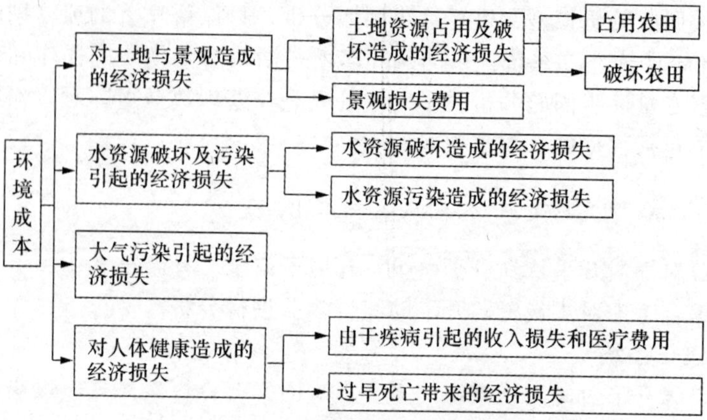

图 2－3　环境成本的构成要素

（3）大气污染补偿费。煤炭资源开采过程中排放的氮氧化物、一氧化碳和二氧化硫等气体对矿工及矿区周围的居民的身体健康造成很大危害。

3. 社会子系统

煤炭资源开采为社会发展做出贡献的同时，社会对煤炭资源开采也付出了一定的成本。对煤炭资源开采影响的社会系统主要因素有：劳动力、科技教育、医疗卫生和政治法律等。

（1）劳动力投入。本小节中的劳动力投入，指的是煤炭资源开采行业的劳动力成本。

（2）科技教育投入。科技教育投入指的是煤炭资源开采整个过程中的安全知识、设备和技术的培训教育、科研开发等方面的投入。

（3）技术投入。技术因素是影响煤炭资源开采数量和质量最重要的因素之一。传统的煤炭开采技术投入导致了煤炭资源的浪费、矿区环境污染和煤矿安全事故，使社会承担了更多的资源成本、环境成本和安全成本。这里所提到的技术投入不仅指开采方法和开采工艺的投入，还包含环保技术和安全技术方面的投入。这个技术投入可以用“技术水平”来表示，较高的技术水平势必需要较大的投资，从短期看，较高的技术水平使得总成本增加，但是从长远看，技术投入部分的费用间接地降低了成本。

4. 资源子系统

（1）煤炭资源储量。是指经过一定的地质勘探，确定符合国家规定的储量计算标准，并具有一定的工业开发利用价值的煤炭资源量。地下埋藏的煤炭资源量是不可再生的，但是随着煤田地质理论和探测技术水平的提高、勘察资料的积累和对成煤条件认识的不断深化，煤炭资源储量是逐年有所增加的。

（2）回采率。回采率的高低是影响煤炭产量的主要因素。基于对分析煤矿生产过程中的各种煤炭损失，将影响煤炭采出率的因素分为三类：煤层赋存及地质条件因素、采煤方法因素、管理因素。

采出率影响因素通常可归纳为表 2－7 所示。

表 2－7　煤炭回采率影响因素汇总

一级分类	二级分类	具体指标
煤层赋存及条件因素	地质水文构造	断层
		褶皱 岩浆侵入
		冲刷带
		水文
	顶底板条件	顶板条件
		底板条件
	煤层赋存条件	煤层厚度
		煤层倾角
		煤层稳定性
		煤质含矸率
		采深
		煤炭块度
采煤方法因素	采煤工艺因素	炮采 普采（高档普采）
		综采
		水力采煤
	采煤方法因素	长壁采煤法
		放顶煤采煤法
		房柱式采煤法 露天开采
管理因素	制度因素	专业组织建设情况
		回采率核算制度
		回采率奖惩制度
	人员素质因素	员工专业技能熟练程度
		考核合格率

煤炭资源开采量与消耗的资源储量之间的关系为：

$$K_t = \frac{E_t}{R'_t}$$

式中：E_t 为第 t 年的煤炭资源开采量；K_t 为第 t 年的煤炭资源回采率；R'_t 为第 t 年所消耗的资源储量。

由上式可知，在煤炭资源消耗储量固定的情况下，回采率越低，煤炭资源开采量越小，煤炭的损失量就越大。所以，在现有开采技术及设备固定的情况下，应尽可能地提高煤炭资源的回采率，才能降低煤炭资源的损失。

5. 各个子系统之间的关系

在煤炭资源开采的进程中，虽然煤炭资源开采由原来的只注重经济效益，转到了“先污染，后治理”的生产模式，但是对矿区环境的改善并不大。借鉴煤炭资源开采发达的国家，中国煤炭资源开采应该从四个子系统进行考虑。四个子系统不是独立的，而是互相联系的一个整体，彼此之间有着密切的联系。

（1）社会与经济子系统之间的关系。社会的发展离不开经济的支持，相反的，经济也不可能独立于社会发展。煤炭资源开采取得的经济效益，使得煤炭行业为社会提供了大量的就业机会，缓解了就业压力；同时经济的发展给科技教育提供了大量的资金支持，有助于科技进步和教育事业的发展，极大地推进了社会的进步。社会能够给煤炭开采提供一定数量、质量的劳动力、先进科技技术和良好的教育水平，这些又对经济有着极大的促进作用。

（2）经济与环境子系统之间的关系。经济与环境之间的关系，首先表现在经济活动对环境的改变，当这种改变达到一定程度，就构成了对环境的破坏。但是，经济又是解决环境问题的根本手段：煤炭资源开采获得的经济效益能够为矿区环境的改善、治理提供必要的资金和技术支持，给人类提供保护环境的能力。煤炭资源开采所导致的环境问题对于经济发展来说，又是一个制约因素，被破坏的环境将提高煤炭资源开采经济活动过程中的经济成本。

（3）资源与经济子系统之间的关系。自然资源是经济发展的基础，对中国而言，煤炭资源又是经济发展所需动力的首要选择，合理的开发和利用煤炭资源是经济发展的前提条件，但是先前的粗放型经济对煤炭资源的掠夺性开采，造成了大量煤炭资源的浪费，使煤炭资源的基础遭到极大地削弱，使得煤炭资源成为矿区经济发展的制约因素。

（4）社会、资源和环境子系统之间的关系。矿区的环境质量是矿区人们生活质量的组成部分，也是影响人们疾病和寿命的重要因素。所以，矿区的社会发展要和煤炭资源的开发环境和谐发展。

（5）资源、经济和环境子系统之间的关系。资源的开发是为了经济的发展，但是经济的粗放型发展在对矿区的环境构成污染（见图2－4），使得三者不能协调发展。

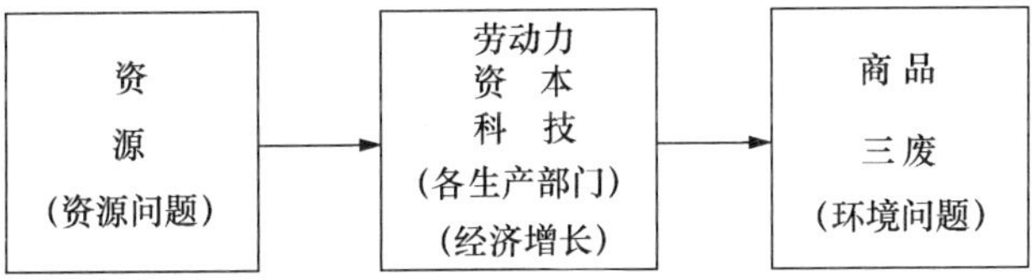

图2－4　资源与经济增长、环境之间的关系

四、煤炭资源开采综合效益模型构建及应用

由生产效益函数可知，煤矿企业要想获得更多的经济效益，就需要开采更多的煤炭资源，但是，在可持续发展理论指导下，仅提高煤炭产量是远远不够的，还需要提高煤炭资源的回采率，即尽可能地降低煤炭资源损失量。

（一）煤炭开采综合效益模型

1. 煤炭资源开采综合效益模型的建立

煤炭资源开采将会对矿区周围的环境造成损害，开采煤炭资源需要支付外部环境损失。开采程度越大，对外部环境损失越大。煤炭企业的总收益 Z 应该是开采煤炭所获得的收益减去对环境的损失（即开采的外部环境成本），企业的目标是使总收益 Z 最大。

以煤炭企业总收益最大为目标函数建立的决策模型如下：

$$Z_t = EC_t + EN_t + S_t + R_t$$

式中：Z_t 为第 t 年煤炭企业总收益（万元）；EC_t 为第 t 年煤炭企业经济子系统总收益（万元）；EN_t 为第 t 年煤炭企业环境子系统总成本（万元）；S_t 为第 t 年煤炭企业社会子系统总成本（万元）；R_t 为第 t 年煤炭企业资源子系统总成本（万元）。

2. 实证分析

本小节以河南省焦作市位村矿为例，所有计算以表2－8～表2－10为依据进行。

位村矿基本情况如表2－11所示。从位村矿的地质水文构造、顶底板条件、煤层赋存条件、采煤工艺、采煤方法、制度和人员素质等主要影响煤炭回采率的因素看，这些因素都有利于煤炭开采，提高回采率的难度相对较小。

表 2-8 各年份位村煤矿基本概况 1

年份	煤炭储量（万吨）	新增储量（万吨）	年产量（万吨）	品质煤价格（元/吨）	回采率（%）	占用农田或森林的总面积（平方千米）
2010	430	—	60	1500	0.801	2.65
2009	490	—	45	1245	0.794	2.78
2008	535	—	46	1132	0.790	2.89
2007	581	—	43	998	0.782	3.02
2006	623	—	30	993	0.780	3.14

表 2-9 各年份位村煤矿基本概况 2

年份	矿区面积（平方千米）	技术投入（万元）	培训投入（万元）	设备投入（万元）	劳动力人数（个）	劳动力投入（万元）
2010	6.02	300	150	4500	1800	630
2009	6.02	280	100	3800	1756	562
2008	6.02	290	62	3600	1820	540
2007	6.02	240	32	3200	1725	489
2006	6.02		50	3216	1892	502

表 2-10 各年份位村煤矿基本概况 3

年份	消耗水量（万吨）	瓦斯排放率（%）	瓦斯利用率（%）	矿区瓦斯绝对涌出量（立方米/吨）	瓦斯的相对涌出量（立方米/吨）	瓦斯利用效益（万元）
2010	6.00	63	56	23.20	34.31	438
2009	4.50	64	53	24.02	30.28	400
2008	4.32	67	52	27.42	30.21	356
2007	4.21	65	50	28.41	28.95	345
2006	3.89	69	43	25.62	30.12	323

表 2-11 矿井概况

<table>
<tr><th>一级分类</th><th>二级分类</th><th>具体指标</th><th>指标表述</th></tr>
<tr><td rowspan="5">地质赋存因素</td><td rowspan="3">地质水文构造</td><td>断层</td><td>正断层较发育</td></tr>
<tr><td>褶皱</td><td>较少</td></tr>
<tr><td>水文</td><td>L8 灰岩</td></tr>
<tr><td rowspan="2">顶底板条件</td><td>顶板条件</td><td>大部分地区较好</td></tr>
<tr><td>底板条件</td><td>较好</td></tr>
</table>

续表

一级分类	二级分类	具体指标	指标表述
地质赋存因素	煤层赋存条件	煤层厚度	1.88～7.57 米
		煤层倾角	10°～17°
		煤层稳定性	稳定
		煤质含研率	3%
		采深	500 米
		煤炭块度	35%
采煤方法因素	采煤工艺因素	炮采	有
		综采	无
		普采（高档普采）	有
	采煤方法因素	长壁采煤法	长壁采煤法
管理因素	制度因素	专业组织建设情况	有
		采出率核算制度	有
		采出率奖惩制度	有
	人员素质因素	员工专业技能熟练程度	熟练
		考核合格率	95%

（1）经济子系统效益值 EC_t（见表 2－12）。

表 2－12 位村矿各年经济系统效益值

年份	P（元）	Q（万吨）	效益值（万元）
2010	1500	60	90000
2009	1245	45	56025
2008	1132	46	52072
2007	998	43	42914
2006	993	30	29790

（2）环境子系统成本 EN_t。根据《河南省财政厅国土资源厅环境保护厅关于印发〈河南省矿山环境治理恢复保证金管理暂行办法实施细则〉的通知》，矿山环境治理恢复保证金提取标准按照《河南省矿山环境治理恢复保证金管理暂行办法实施细则》提取（5 元/吨）。环境外部成本的数据主要是指“直接外部损失”，煤炭的环境外部成本对价格的影响约为 5.96%。

河南省焦作市位村矿的环境成本、社会成本和资源成本数据见表 2－13～表 2－15。

表 2-13　位村矿各年份环境成本

年份	矿山环境治理恢复保证金（元/吨）	土地资源补偿费（元/吨）	水资源补偿费（元/吨）	大气污染补偿费（元/吨）	人体健康补偿费（元/吨）	单位成本（元/吨）
2010	5	19.26	37.67	1.02	6.23	69.18
2009	5	19.19	37.53	1.02	6.20	68.95
2008	5	19.33	37.80	1.02	6.25	69.40
2007	5	19.35	37.84	1.03	6.25	69.46
2006	5	19.21	37.56	1.02	6.21	69.00

1）社会子系统成本 S_t。

表 2-14　位村矿各年份社会成本

年份	技术投入（万元）	培训投入（万元）	设备投入（万元）	劳动力投入（万元）	总成本（万元）
2010	300	150	4500	630	5580
2009	280	100	3800	562	4742
2008	290	62	3600	540	4492
2007	240	32	3200	489	3961
2006	232	50	3216	502	4000

2）资源子系统成本 R_t。本小节中所运用到的资源税是2005年调整后的河南焦作煤矿的税额（3元/吨）。

表 2-15　位村矿各年份资源成本

年份	资源税（元/吨）	Q（万吨）	总成本（万元）
2010	3	60	180
2009	3	45	135
2008	3	46	138
2007	3	43	129
2006	3	30	90

煤炭企业总收益为：

$Z_t = EC_t + EN_t + S_t + R_t$

$Z_{2010} = 80089.34$；$Z_{2009} = 48045.47$；$Z_{2008} = 44249.70$；$Z_{2007} = 35837.06$；

$Z_{2006}=23629.95$。

（二）基于DPS的最佳回采率分析

上述四个子系统中，在消耗储量 Y 一定的情况下，效益和成本值都与产量 Q 有关，当 Q 上升时，环境总成本 EN_t，社会总成本 S_t 和资源总成本 R_t 都会增长，但是由于价格因素 P 的影响，EN_t、S_t 和 R_t 的增长速度将远远慢于 EC_t 的增长速度。所以，在 Q 增大时，总效益 Z 也是增大的。在 Y 一定的情况下，产量 $Q=K$ Y，即回采率 K 的大小将直接影响总效益 Z 的增减。

1. DPS v7.5.5 软件运行结果

在回采率的众多影响因素中，技术投入、培训投入、设备投入和劳动力投入等因素对位村矿回采率的影响最大。表 2-16 给出了在 2006～2010 年回采率与技术投入、培训投入、设备投入和劳动力投入等因素的相关数据。

表 2-16　回采率与其影响因素相关数据

年份	回采率（%）Y	技术投入（百万元）X1	培训投入（百万元）X2	设备投入（百万元）X3	劳动力投入（百万元）X4
2010	0.801	3.00	1.50	45	6.30
2009	0.794	2.80	1.00	38	5.62
2008	0.790	2.90	0.62	36	5.40
2007	0.782	2.40	0.32	32	4.89
2006	0.780	2.32	0.50	32	5.02

用 DPS v7.55 软件对表 2-16 中数据进行二次多项式逐步回归分析。数据分析处理如图 2-5～图 2-7 所示。

回归模型优化表达式为：

$Y=0.755196+0.000343961812*X1*X3$

$(X1-2.32)*(X1-3)/3<0$

$(X2-0.32)*(X2-1.5)/1.5<0$

$(X3-32)*(X3-45)/45<0$

$(X4-4.89)*(X4-6.3)/6.3<0$

式中：Y 为煤炭资源回采率；$X1$ 为技术投入；$X2$ 为培训投入；$X3$ 为设备投入；$X4$ 为劳动力投入。

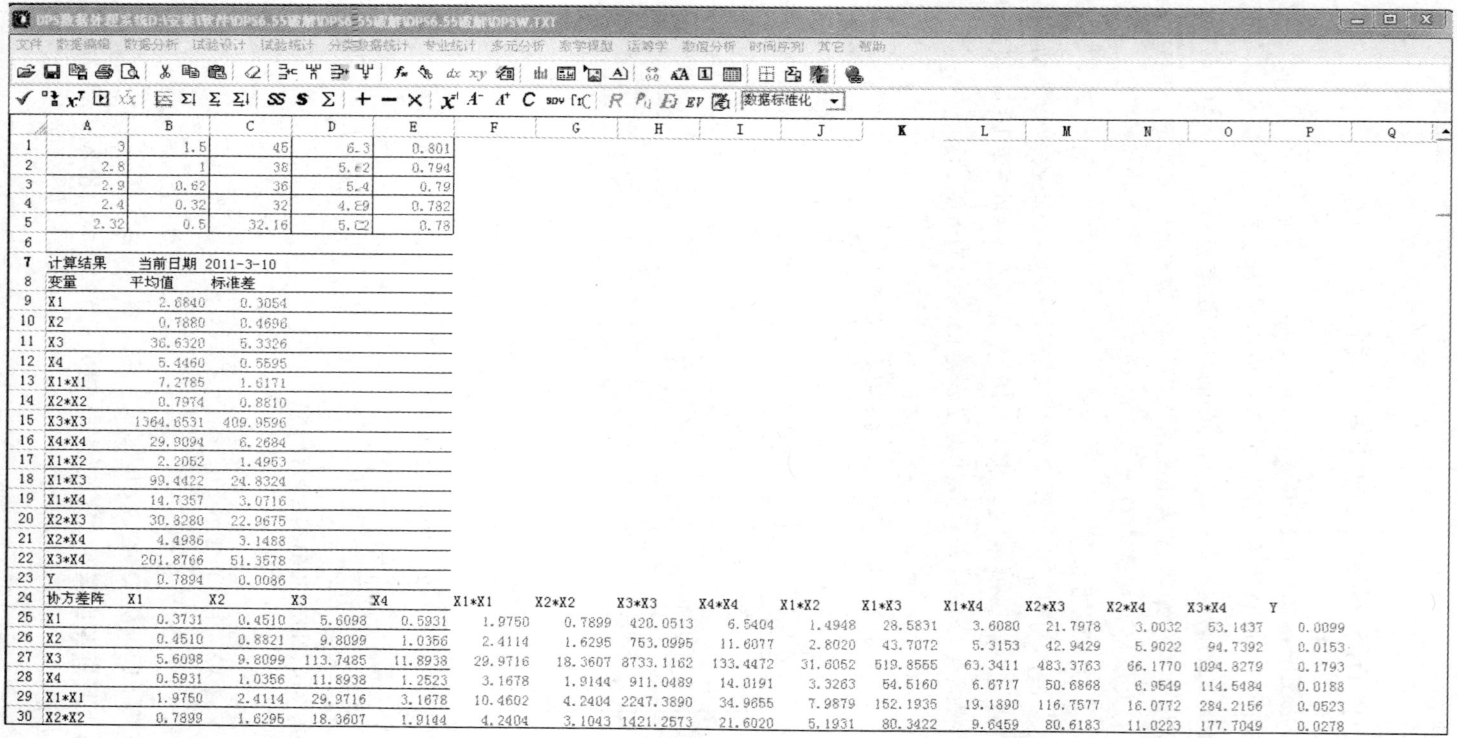

DPS数据处理系统D:\安装\软件\DPS6.55破解\DPS6.55破解\DPS6.55破解\DPSW.TXT

文件 数据编辑 数据分析 试验设计 试验统计 分类数据统计 专业统计 多元分析 数学模型 运筹学 数值分析 时间序列 其它 帮助

	A	B	C	D	E	F	G	H	I	J	K	L	M	N	O	P	Q
1	3	1.5	45	6.3	0.801												
2	2.8	1	38	5.62	0.794												
3	2.9	0.62	36	5.4	0.79												
4	2.4	0.32	32	4.89	0.782												
5	2.32	0.5	32.16	5.02	0.78												
6																	
7	计算结果	当前日期	2011-3-10														
8	变量	平均值	标准差														
9	X1	2.6840	0.3054														
10	X2	0.7880	0.4696														
11	X3	36.6320	5.3326														
12	X4	5.4460	0.5595														
13	X1*X1	7.2785	1.6171														
14	X2*X2	0.7974	0.8810														
15	X3*X3	1364.6531	409.9596														
16	X4*X4	29.9094	6.2684														
17	X1*X2	2.2052	1.4963														
18	X1*X3	99.4422	24.8324														
19	X1*X4	14.7357	3.0716														
20	X2*X3	30.8280	22.9675														
21	X2*X4	4.4986	3.1488														
22	X3*X4	201.8766	51.3578														
23	Y	0.7894	0.0086														
24	协方差阵	X1	X2	X3	X4	X1*X1	X2*X2	X3*X3	X4*X4	X1*X2	X1*X3	X1*X4	X2*X3	X2*X4	X3*X4	Y	
25	X1	0.3731	0.4510	5.6098	0.5931	1.9750	0.7899	420.0513	6.5404	1.4948	28.5831	3.6080	21.7978	3.0032	53.1437	0.0099	
26	X2	0.4510	0.8821	9.8099	1.0356	2.4114	1.6295	753.0995	11.6077	2.8020	43.7072	5.3153	42.9429	5.9022	94.7392	0.0153	
27	X3	5.6098	9.8099	113.7485	11.8938	29.9716	18.3607	8733.1162	133.4472	31.6052	519.8555	63.3411	483.3763	66.1770	1094.8279	0.1793	
28	X4	0.5931	1.0356	11.8938	1.2523	3.1678	1.9144	911.0489	14.0191	3.3263	54.5160	6.6717	50.6868	6.9549	114.5484	0.0188	
29	X1*X1	1.9750	2.4114	29.9716	3.1678	10.4602	4.2404	2247.3890	34.9655	7.9879	152.1935	19.1890	116.7577	16.0772	284.2156	0.0523	
30	X2*X2	0.7899	1.6295	18.3607	1.9144	4.2404	3.1043	1421.2573	21.6020	5.1931	80.3422	9.6459	80.6183	11.0223	177.7049	0.0278	

图 2－5　DPS 数据处理结果

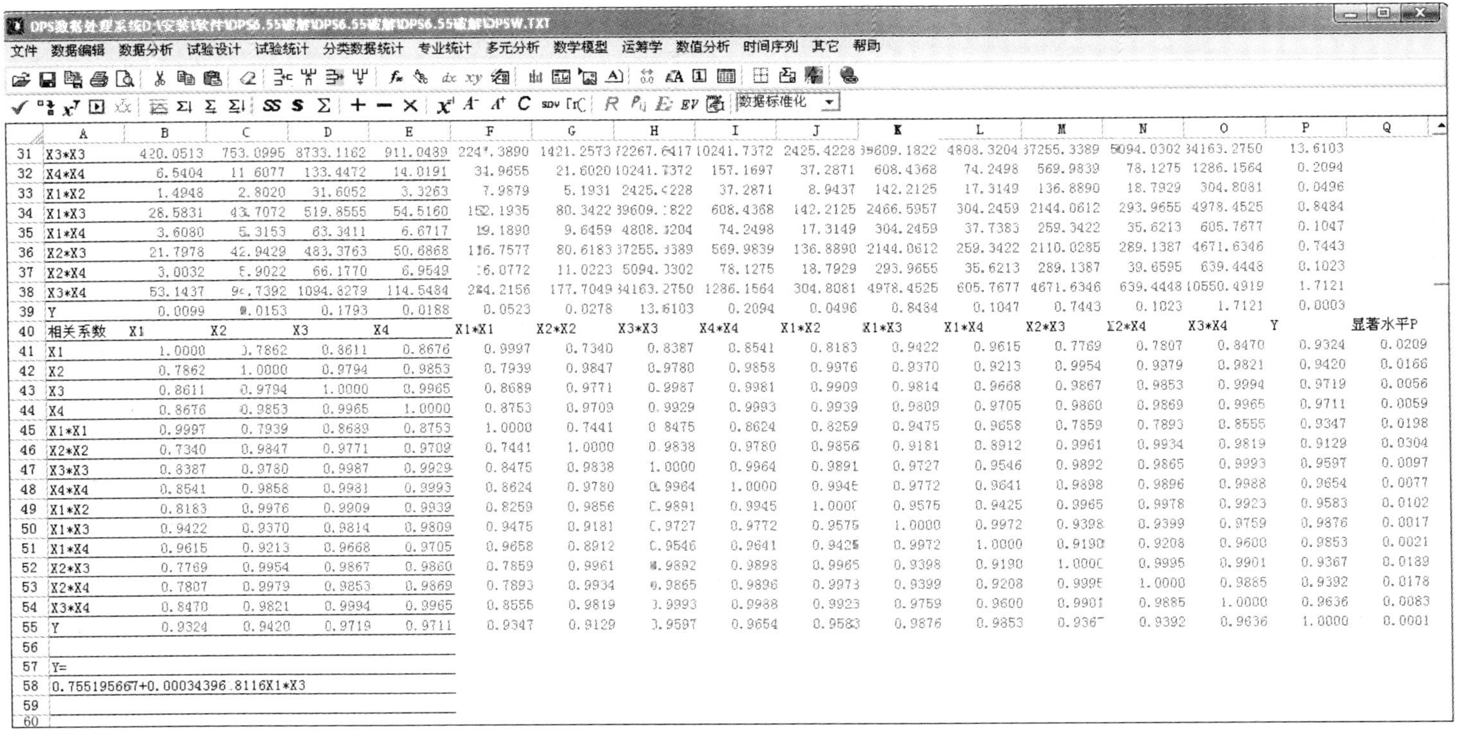

	A	B	C	D	E	F	G	H	I	J	K	L	M	N	O	P	Q
31	X3*X3	420.0513	753.0995	8733.1162	911.0489	2247.3890	1421.2573	72267.6417	10241.7372	2425.4228	39609.1822	4808.3204	37255.3389	5094.0302	34163.2750	13.6103	
32	X4*X4	6.5404	11.6077	133.4472	14.0191	31.9655	21.6020	10241.7372	157.1697	37.2871	608.4368	74.2498	569.9839	78.1275	1286.1564	0.2094	
33	X1*X2	1.4948	2.8020	31.6052	3.3263	7.9879	5.1931	2425.4228	37.2871	8.9437	142.2125	17.3149	136.8890	18.7929	304.8081	0.0496	
34	X1*X3	28.5831	43.7072	519.8555	54.5160	152.1935	80.3422	39609.1822	608.4368	142.2125	2466.5957	304.2459	2144.0612	293.9655	4978.4525	0.8484	
35	X1*X4	3.6080	5.3153	63.3411	6.6717	19.1890	9.6459	4808.3204	74.2498	17.3149	304.2459	37.7383	259.3422	35.6213	605.7677	0.1047	
36	X2*X3	21.7978	42.9429	483.3763	50.6868	116.7577	80.6183	37255.3389	569.9839	136.8890	2144.0612	259.3422	2110.0285	289.1387	4671.6346	0.7443	
37	X2*X4	3.0032	5.9022	66.1770	6.9549	16.0772	11.0223	5094.0302	78.1275	18.7929	293.9655	35.6213	289.1387	39.6595	639.4448	0.1023	
38	X3*X4	53.1437	94.7392	1094.8279	114.5484	284.2156	177.7049	34163.2750	1286.1564	304.8081	4978.4525	605.7677	4671.6346	639.4448	10550.4919	1.7121	
39	Y	0.0099	0.0153	0.1793	0.0188	0.0523	0.0278	13.6103	0.2094	0.0496	0.8484	0.1047	0.7443	0.1023	1.7121	0.0003	
40	相关系数	X1	X2	X3	X4	X1*X1	X2*X2	X3*X3	X4*X4	X1*X2	X1*X3	X1*X4	X2*X3	X2*X4	X3*X4	Y	显著水平P
41	X1	1.0000	0.7862	0.8611	0.8676	0.9997	0.7340	0.8387	0.8541	0.8183	0.9422	0.9615	0.7769	0.7807	0.8470	0.9324	0.0209
42	X2	0.7862	1.0000	0.9794	0.9853	0.7939	0.9847	0.9780	0.9858	0.9976	0.9370	0.9213	0.9954	0.9979	0.9821	0.9420	0.0166
43	X3	0.8611	0.9794	1.0000	0.9965	0.8689	0.9771	0.9987	0.9981	0.9909	0.9814	0.9668	0.9867	0.9853	0.9994	0.9719	0.0056
44	X4	0.8676	0.9853	0.9965	1.0000	0.8753	0.9709	0.9929	0.9993	0.9939	0.9809	0.9705	0.9860	0.9869	0.9965	0.9711	0.0059
45	X1*X1	0.9997	0.7939	0.8689	0.8753	1.0000	0.7441	0.8475	0.8624	0.8259	0.9475	0.9658	0.7859	0.7893	0.8555	0.9347	0.0198
46	X2*X2	0.7340	0.9847	0.9771	0.9709	0.7441	1.0000	0.9838	0.9780	0.9856	0.9181	0.8912	0.9961	0.9934	0.9819	0.9129	0.0304
47	X3*X3	0.8387	0.9780	0.9987	0.9929	0.8475	0.9838	1.0000	0.9964	0.9891	0.9727	0.9546	0.9892	0.9865	0.9993	0.9597	0.0097
48	X4*X4	0.8541	0.9858	0.9981	0.9993	0.8624	0.9780	0.9964	1.0000	0.9945	0.9772	0.9641	0.9898	0.9896	0.9988	0.9654	0.0077
49	X1*X2	0.8183	0.9976	0.9909	0.9939	0.8259	0.9856	0.9891	0.9945	1.0000	0.9575	0.9425	0.9965	0.9978	0.9923	0.9583	0.0102
50	X1*X3	0.9422	0.9370	0.9814	0.9809	0.9475	0.9181	0.9727	0.9772	0.9575	1.0000	0.9972	0.9398	0.9399	0.9759	0.9876	0.0017
51	X1*X4	0.9615	0.9213	0.9668	0.9705	0.9658	0.8912	0.9546	0.9641	0.9425	0.9972	1.0000	0.9190	0.9208	0.9600	0.9853	0.0021
52	X2*X3	0.7769	0.9954	0.9867	0.9860	0.7859	0.9961	0.9892	0.9898	0.9965	0.9398	0.9190	1.0000	0.9995	0.9901	0.9367	0.0189
53	X2*X4	0.7807	0.9979	0.9853	0.9869	0.7893	0.9934	0.9865	0.9896	0.9973	0.9399	0.9208	0.9995	1.0000	0.9885	0.9392	0.0178
54	X3*X4	0.8470	0.9821	0.9994	0.9965	0.8555	0.9819	0.9993	0.9988	0.9923	0.9759	0.9600	0.9901	0.9885	1.0000	0.9636	0.0083
55	Y	0.9324	0.9420	0.9719	0.9711	0.9347	0.9129	0.9597	0.9654	0.9583	0.9876	0.9853	0.9367	0.9392	0.9636	1.0000	0.0001
56																	
57	Y=																
58	0.755195667+0.00034396 8116X1*X3																
59																	
60																	

图 2-6 DPS 数据处理结果

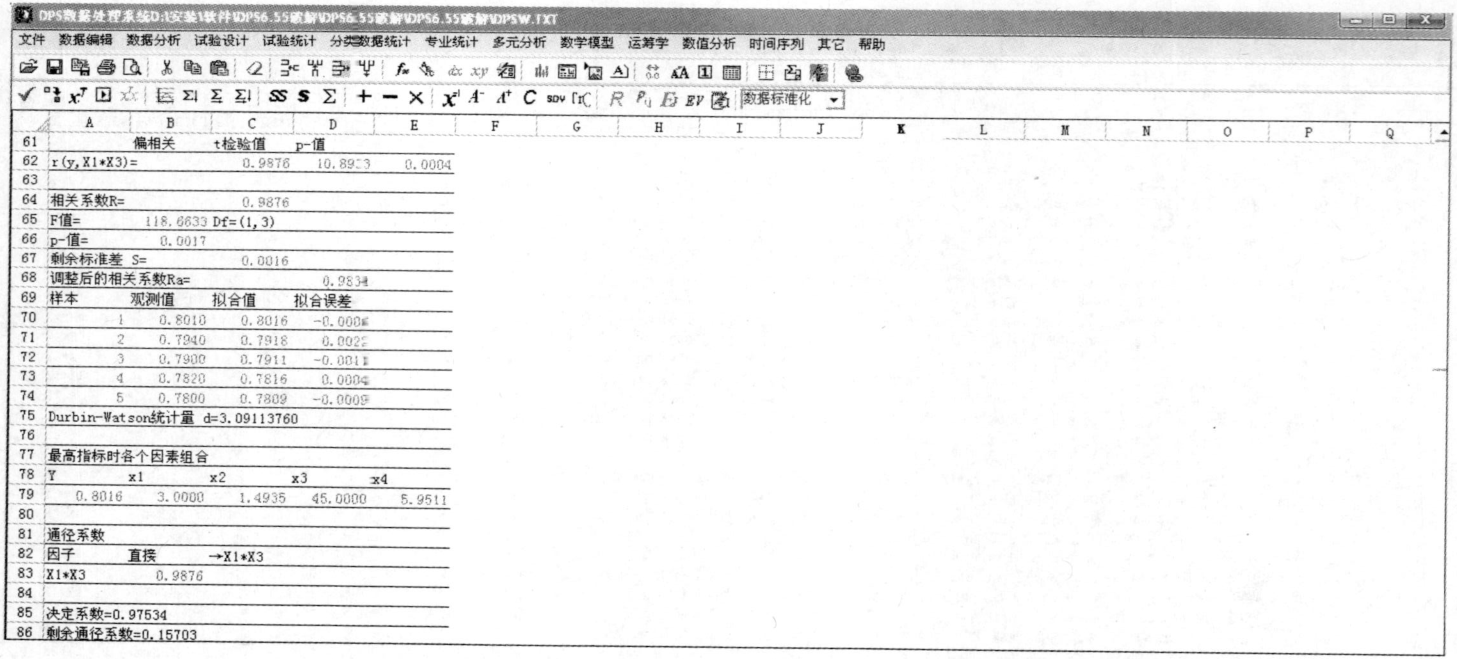

图 2-7 DPS 数据处理结果

2. 主要分析结果解释

（1）回归模型诊断：①方程的方差分析 F 值的显著性水平 P 要小于等于 0.05，否则所建立的回归方程不能使用；②各个回归系数的偏相关系数的显著性水平最好也小于等于 0.05；③Durbin – Watson 统计量 d 是否接近于 2。

在图 2 – 7 中，F 值的显著性水平 $P=0.0017$，小于 0.05，所以通过二次多项式逐步回归分析得出的回归方程是可用的；在各个回归系数的偏相关系数的显著性水平 $P=0.0004$；Durbin – Watson 统计量 $d=3.09$ 接近于 2。由此可见，所建立的回归方程是正确的。

（2）通径分析：DPS 中对进入回归方程的因子，在建立回归方程的同时还作了通径分析；根据通径系数的大小和正负，可以推断各个因子对因变量的直接影响和间接影响。

通径系数 =0.9876，说明因子 $X1$（技术投入）、$X3$（设备投入）对因变量 Y（回采率）有直接影响；$X2$（培训投入）、$X4$（劳动力投入）对 Y 有间接影响。

（三）实证分析

通过 DPS v7.55 软件，对位村矿历年数据进行二次多项式逐步回归，分析结果可知，该回归方程的观测值与拟合值之间拟合误差小于 0.1%，所以该回归方程在实际和预测方面相当吻合，可信度很高，可在实际中运用。通过软件对 2010 年位村矿数据进行最优化，得出在现有投入资金可接受的情况下，各因子的最高指标最优组合（见图 2 – 7）优化后的最佳回采率 $Y=0.8016$。在回采率提高到 80.16% 的情况下，将相关数据带入煤炭开采综合效益评价模型中，可得位村矿 2010 年的综合总效益为 80189.05 万元，较 2010 年实际总收益 80089.34 万元，增长 99.71 万元，并且最优组合下的四个要素投入比 2010 年位村矿的实际投入要节省 35.54 万元。所以，在 2010 年煤炭消耗储量不变，技术投入、培训投入、设备投入和劳动力投入等因素降低的情况下，位村矿的煤炭资源回采率仍有较大的提高空间。

五、提高煤炭资源开采综合效益对策建议

（一）国外主要产煤国家现有煤炭开采政策分析

根据《世界能源统计年鉴》（2009）显示，世界排名前四的主要采煤国家有美国、俄罗斯、中国和澳大利亚，所以，接下来的煤炭开采政策以分析美国、俄

罗斯和澳大利亚三个国家为主。

1. 美国

煤炭资源是美国最主要的能源资源，据《世界能源统计年鉴》（2009）统计，2008 年美国的煤炭资源产量占世界煤炭资源总产量的 18.0%，在世界煤炭资源方面占有重要的一席之地。2008 年规模排位前 8 家的美国煤炭企业煤炭产量比重占全国煤炭总产量的 60.72%，虽然如此，美国政府对中小型煤炭企业并没有任何歧视，而是实行依法执政，一视同仁的态度。

（1）煤炭开采相关法律法规。美国与煤炭生产有关的法律主要有：《矿产土地租赁法》（1920）、《人力开发与培训法》（1962）、《煤矿安全法》（1952）、《能源政策和保护法》（1975）、《矿山卫生和安全法》（1969、1977）、《煤炭业退休者健康利益法》、《联邦煤炭租借法修正案》（1976）、《采矿安全与保健法》（1977）和《露天开采控制与复田法》（1977）、《大气净化修正案》（1990）、《能源政策法》（2005）。另外，《联邦法规法典》也对煤炭资源管理等相关内容进行了规定：第 43 编《公共土地》的《煤炭管理》一章，对一般规定、勘查许可、竞争租约、非竞争租约、开采许可、现有租约管理、环境要求、煤炭管理规定和限制、煤炭勘查和采矿操作条例进行了描述；第 30 编《矿产资源》中对权利金管理进行了规范。此外，美国内政部还制定了一系列的各类标准、指南、操作手册等帮助履行管理职能。

（2）煤炭开采的优惠政策。美国能源部信息署能够为煤炭企业的生存和发展提供至关重要的信息和服务。这些信息和服务包括煤炭资源的生产、需求、技术和经济等信息服务；煤炭供需情况、价格动态以及中长期的相关预测信息。这些信息对煤矿企业投资决策起到了至关重要的作用，同时也是世界其他采煤国家无法企及的。

（3）严格的开采监管和高额赔偿制度。美国 1981 年颁布了第一部有关矿山安全的法律，对煤炭开采依法实行监管，对违法的企业、责任人或矿主从重处罚，并对相关活动进行高额的赔偿。其中，在 1977 年颁布的《采矿安全与保健法》对相关处罚及赔偿制度进行了详细说明。该法规定对存心违法的矿主处 5 万美元以下处罚或一年以下监禁；对严重违法或导致伤亡事故的责任人和公司，则分别处以 25 万美元和 50 万美元罚款。这种高额的赔偿制度使得煤炭企业及矿主依法开采，尽量避免违法事件的发生。

（4）有效的强制培训制度。美国煤炭安全事故大部分都是由中小煤炭企业中的工人违规操作造成的，所以法律规定要对矿工进行强制性的安全培训。在《采矿安全与保健法》中制定了联邦政府每年拨款 1000 万美元，资助小煤矿安全培训的规定。所以，美国中小煤炭企业矿工的培训是完全免费的，安全培训增加了矿工的安全和自我保护意识，也就在很大程度上降低了煤矿安全事故的发生，即降低了煤炭企业的安全成本。

（5）高度的机械化生产。联邦政府每年拨款 6000 万美元，用于采矿安全技术研究开发（《采矿安全与保健法》）。截至到目前，井下环境多功能计算机监测系统在美国的煤矿已被广泛采用，小煤矿的采煤机械化可达 95% 以上，机械化的提高导致了用人的相对减少，进而煤矿的事故伤亡几率也大大降低，这都从一定程度上降低了煤炭的安全成本。

（6）复田保证金制度。在 1977 年颁布的《露天开采控制与复田法》中规定，对由于露天矿和矿井开采破坏的地表必须恢复原貌，并复田种植。为了确保复田计划的有效实施，所有煤矿企业必须在矿产开采前缴纳复田保证金，保证金的总金额由州环保局确定，其中复田保证金不得少于 1 万美元/英亩；复田责任的期限由煤矿经营者承担，至少要到复田工作最后一年以后的 5 年，才能退还保证金。

美国的煤炭企业在煤炭开采过程中，充分考虑了煤炭的经济效益、矿区的环境效益、煤炭资源效益和社会效益，使得煤炭开采的综合效益取得了很大的成果。

2. 俄罗斯

俄罗斯的煤炭行业属于垄断性经营，2008 年俄罗斯十大煤炭企业的开采量占全俄煤炭开采总量的 77%。

为了有效、合理地开发煤炭资源，俄罗斯对矿产资源采用勘探和采矿许可证管理，并对矿产收取资源税的制度。据有关规定，矿产资源的勘探许可证有效期为 5 年，采矿许可证为 20 年。征收的资源税主要有：矿物原料基地再生产税、地下资源使用税和自然环境污染税。矿物开采者是实施矿物原料基地再生产税的纳税人。其中该税的课税是建立在实际开采矿藏所取得并销售的经过初步加工的初级商品的价值基础之上；根据 1995 年《矿物原料基地再生产提成税率法》的规定，该税的税率是按实际开采矿产所取得并销售的初级商品的价值的百分比确定，煤炭为 5%。地下资源使用税属于联邦税，按俄罗斯《地下资源法》规定，地下资源使用税是针对矿床探查和鉴定、矿床勘探、矿床开采、采矿和加工生产的废料使用、与采矿无关的地下设施的建设与开发而征收的。自然环境污染税是根据 1991 年《自然环境保护法》的相关规定进行征收，征收的税款缴入国家生态基金，用于自然保护措施。

在煤炭安全生产方面：①俄罗斯建立了专门负责安全生产的监督管理机构，即俄联邦工业和矿山监察局，该机构的任务是监督有关工业安全立法的执行情况和提出完善措施；②俄罗斯对煤炭开采业通过颁发许可证制度来对煤炭的生产安全进行管理和监督，并制定防范煤炭安全生产事故的措施；③俄罗斯在2002年新出台的行政法中加大了对生产安全违规者的处罚力度；④大量关闭严重亏损和开采条件极差的煤矿；⑤加大对煤矿安全的投入。

俄罗斯严格的勘探和采矿许可证制度有效地避免了在以后煤炭开采过程中产权不清晰的问题；资源税的征收促使煤炭企业在现有科学技术水平下最大限度地对煤炭资源进行开采；在煤炭安全生产方面的各种投入和相关制度的制定，使得俄罗斯煤炭企业的安全程度大大地提高，在很大程度上降低了煤炭开采的安全成本，即提高了煤炭开采的综合效益。

3. 澳大利亚

据澳大利亚国家宪法，每个州都有权根据自身情况制定单独的矿业法规。

澳大利亚在矿山环境保护与复垦管理方面制定了相当严格的法律法规制度。澳大利亚联邦政府依据《环境和生物多样性保护法》（1999）的有关规定，对那些可能造成重大环境影响的活动进行环境评估和审批；对海洋环境、受保护的世界遗产、国家遗产、加入《拉姆萨尔国际公约》的湿地、国家濒危物种和迁徙物种等产生影响的，就必须经过澳大利亚联邦政府环境部长批准后才能开展矿业活动。另外，在澳大利亚，矿业企业均要依法编制矿山环境保护和关闭规划，将环境保护和生态恢复放在重要位置。

与《矿业法》配套的是2003年《矿业法规》，是根据澳大利亚1989年《从属立法》的规定，废除了1992年《矿业（补偿和暂行）规范》（1992）、1997年《矿业一般规范》及《矿业（管理委员会）规范》（2000）后制定的。另一部配套法规是1992年的《裁决所条例》。与煤炭开采相关的法律制定则是由各州对相应的煤炭开采过程中的矿山安全、环境、健康、征缴权利金和税费等进行规范。

澳大利亚与煤炭相关的法律和政策较重视矿山环境的保护和复垦管理，在保护生态环境的同时发展经济，提高了煤炭资源开采的综合效益，这从可持续发展和循环经济理论看，是符合社会经济发展趋势的。

（二）提高中国煤炭资源开采综合效益思路

1. 完善煤炭资源开发监管体系

（1）加强对煤炭资源的规划管理。实现煤炭资源管理由粗放开发型管理向科学合理开发、保护节约型管理的转变，依法科学划定煤炭资源矿区、有序开发煤炭资源；逐步完善煤炭资源战略储备制度，对稀缺煤种实行保护性开发。

（2）完善煤炭资源管理与生产开发的管理制度。煤炭行业主管部门应结合煤炭发展规划、煤炭产业政策和相关法律法规等手段，加强对煤炭资源开发和生产的监督管理。各级主管部门要严格落实煤炭行业的管理部门职能，不断加强煤炭资源的管理能力，健全煤炭资源行业管理制度。

（3）加大煤炭资源勘探力度。在煤炭资源勘探过程中，一是要对地质勘查人员和单位严格把关，把培育具有精干高效、装备精良的煤田地质勘探队伍作为重要目标；二是要严格执行勘查技术规程，进一步完善储量评估制度，依靠科技进步，提高地质勘探精度，保障地质勘查质量，为合理规划和开发煤炭资源奠定基础。

（4）合理有序开发煤炭资源。确保矿区井田的科学划分和合理开发，形成有利于保护和节约资源的煤炭开发秩序，对煤炭资源开采顺序、开采方法和开采强度严格管理，避免私挖乱采现象的发生，并鼓励采用先进的煤炭资源开采技术，开采难采煤层和极薄煤层。

（5）保护节约和合理利用煤炭资源。制定更加科学合理的煤炭生产矿井资源回采率标准和管理办法，对煤炭资源回采率实行年度核查、动态监管的制度，对达不到回采率标准的煤矿应责令其限期整改；对逾期仍达不到相关回采率标准的，依法予以处罚，直至吊销采矿许可证和煤炭生产许可证。

（6）严格依法行政，加强煤炭的行业管理。无论煤矿大小，一视同仁，尤其加强对失控的小煤矿的监管，并将煤炭资源开采过程中存在的回采率低下问题，列为办矿、开采资格审核、复核的一个必要条件，对达不到规定的回采率者，取消资格，不准开采。

2. 建立煤炭绿色开采体系

煤炭资源的绿色开采技术是一种煤炭资源与矿区环境相互协调的技术。绿色开采技术从更加广义的角度来认识和对待煤炭、煤炭伴生品及水和土地等一切可以利用的资源。它是一种努力实现“低开采、高利用、低排放”的现代化开采模式，即煤炭开采对矿区环境的扰动量小于区域环境容量；它实现了矿区煤炭资源开发利用最大化和生态环境影响最小化，从而取得最佳的经济效益、环境效益和社会效益。

煤炭资源的绿色开采可以保护矿区的生态环境，改善人类的生存质量，节约煤炭资源，有利于煤炭资源可持续利用，促进经济社会可持续发展；煤炭资源的绿色开采是经济社会可持续发展的重要组成部分，也是建设资源节约型、环境友好型社会的必然要求。

绿色开采的实施需要投入相应的设备和大量的资金，而相应绿色开采技术开发所需的大量资金通过市场机制很难得到补偿，所以煤炭资源的绿色开采不仅需要依靠市场的力量，也需要政府对其进行干预，扶持煤炭资源绿色开采的发展。一方面，政府要通过经济和政策手段，引导煤炭企业参与绿色开采技术的开发；

另一方面，政府和相关部门还要领导完成部分基础性的研究工作，将绿色开采技术以公共产品的形式提供给相关企业。

3. 形成合理的煤炭价格体系

煤炭价格的合理与否，对煤炭资源的开发影响极大。煤炭资源定价过低，会鼓励煤炭资源的消费，加剧煤炭资源的短缺，进而导致煤炭资源的浪费；相反，如果煤炭资源定价过高，会抑制煤炭资源的消费，而导致煤炭资源得不到应有的应用。原煤价格构成不合理导致煤炭价格不健全，完整的煤炭价格应考虑煤炭资源成本、环境、社会等外部成本，煤炭企业的退出成本和煤矿的安全生产成本等，在中国煤矿矿难的接连发生，重大矿难死亡事故不能得到有效遏制与煤矿安全投入不足和不实有密切关系；另外无论是资源价款还是环境治理费用，在中国目前的煤炭成本构成中都没有得到客观的反映。

所以，政府和企业应从以下三个方面做好煤炭资源的价格形成机制工作：一是完善煤炭成本核算制度；二是对煤炭资源价值进行充分补偿；三是加强企业对煤炭资源价格的调控力度，改善相关调控方式。

4. 强化煤炭安全生产保障体系

总体上看，中国煤矿生产沿着一条高投入、低产出的粗放型的经济增长道路发展，煤矿的安全生产问题十分严重，矿难事故时有发生。要保证煤矿的安全生产就需要投入安全设备和技术，这无疑增大了煤炭企业的生产成本，煤炭企业为选择自身经济利益的最大化就会选择安全不达标，减少生产成本的生产方式；同样，煤矿雇员也会违章操作以减少自己的劳动量，获得更多的闲暇，这就构成了政府、企业和雇员之间的三方博弈。

所以，为了保证煤矿的生产安全，相关部门应做好以下工作：一是建立具有立法层次高、权威性强，体系严密、完整性强，条款明确、操作性的煤矿安全监管法律法规体系和权威、高效的煤矿安全监管监察体系；二是实行“政府监察、非政府协助、业主负责”的监管监察体系，通过立法规范监管监察机构和监察人员的行为；三是对煤炭安全生产进行量化评价，对不合格的煤矿企业进行罚款或整改，对整改后仍不合格的煤矿进行关闭；四是建立和完善煤矿安全生产自律机制和激励机制。

5. 加强煤炭开采技术方面的国际合作和交流

一方面，应在引进国外主要采煤国家的煤炭开采技术和设备；另一方面，应在煤炭开采、投资和培训等方面开展广泛合作，如开展与煤炭开采先进国家进行煤炭行业发展课题研究，全面了解各国煤炭行业情况及未来发展趋势。在煤炭开采、机械设备、科技等领域应开展合作，将煤炭开采的新技术、新设备等早日运用到中国的煤炭开采过程中，实现煤炭资源的可持续开发利用。

六、本章结论

煤炭资源是非再生资源，世界上的煤炭资源储量是有限的，伴随着社会经济的发展，世界各国对煤炭资源的需求与日俱增，人类面临煤炭资源枯竭的挑战越来越大。但是，与煤炭将要枯竭现实相反的是煤炭资源的不合理开采利用。煤炭资源的不合理开采不仅浪费了大量宝贵的煤炭资源，也带来了严重的生态、环境和社会问题。本章的研究遵循了煤炭工业发展规律，从系统分析的四个子系统出发，建立了煤炭资源开采的综合效益评价模型，并对影响综合效益的主要因素即回采率进行了重点分析，为指导煤炭政策制定，促进社会经济又好又快发展提供了参考。

本章首先综述了国内外煤炭资源开采综合效益的研究现状，结合煤炭工业可持续发展理论、循环经济理论和可耗竭理论的相关主要观点，从不同角度阐述了建立煤炭资源开采综合效益评价模型的必要性，为进一步研究提供了理论准备。其次结合中国煤炭资源开采现状分析了中国煤炭开采存在的问题。再次，分析了影响煤炭资源开采综合效益的因素，基于管理科学、经济学和可持续发展理论，对河南省焦作市马村区的位村煤矿的煤炭资源开采的综合效益进行分析。综合效益应包括经济、环境、社会和资源四个子系统的效益，而非单一的经济效益。之后对影响煤炭资源开采综合效益的影响因素从四个子系统进行了研究，影响因素很多，既有煤炭工业内部的资源条件、地质条件、开采技术条件，又有周围环境和社会等外部因素约束，并在此基础上建立煤炭资源开采综合效益的评价模型，在评价模型下分析了影响综合效益的主要因素，然后对其进行分析，得出在煤炭资源消耗储量一定，现有科技、设备、劳动力投入等情况下的最佳回采率。最后，在分析国外主要产煤国家现有的煤炭开采政策的基础上，提出了有效提高中国煤炭资源开采综合效益的对策建议。煤炭企业和政府进行煤炭资源开采综合效益评价具有重要性和迫切性，本章系统地阐述有关煤炭资源开采综合效益的科学理论和方法，可为政府和企业进行煤炭资源的科学管理提供理论依据和实践指导。

第三章　中国煤炭资源价格形成机制研究

一、绪论

（一）研究背景及意义

煤炭是中国的主要能源，煤炭工业是关系能源安全和国民经济命脉的重要基础产业，在国民经济中占有重要的战略地位。《国家能源发展战略规划纲要》进一步明确提出中国能源发展格局是“以煤炭为主体，以电力为中心”，将煤炭列入国家能源规划的重要位置。中国能源禀赋的特点是富煤、贫油、少气。在未来相当长的时期内，煤炭在中国一次能源生产和消费结构中的主体地位不会改变，仍将保持在50%以上，具有不可替代性。煤炭行业已经成为国民经济发展的支柱产业，煤炭在中国能源消费中具有不可替代的地位。《中华人民共和国国民经济和社会发展第十一个五年（2006～2010年）规划纲要》中，明确提出把单位国内生产总值能源消耗降低20%左右作为今后五年经济社会发展的主要目标之一，表明在两型社会构建的进程中，资源节约已经成为社会经济建设中的一个重要主题。因此，从管理科学的角度研究煤炭资源市场价格形成机制，并提出相应政策建议，对推动煤炭工业的可持续发展和资源节约型社会建设有着极其重要的意义。

中国从19世纪70年代末期开始，经过30多年的不断探索，煤炭价格改革逐步走向市场化，虽然中国确立了市场调节在资源配置中的基础地位，但从现阶段煤炭行业运行情况看，煤炭资源配置市场化改革和煤炭价格形成机制改革严重滞后，问题主要表现在以下几个方面：

（1）煤炭资源配置市场化改革仍然是以政府为主导的计划经济手段，存在行政手段与市场手段“双轨制”。

（2）煤炭市场价格形成机制不健全：①煤炭价格构成不完整，安全成本、环境治理成本、煤矿发展成本、转产成本以及煤炭获取成本在煤炭价格中没有反映出来；②流通领域形成的价格成分太高；③缺乏对煤炭价格的统计。

（3）中国煤炭管理体制混乱：①煤炭市场目前尚未形成一个完善的规范体系；②煤炭交易制度不完善；③中国煤炭运输瓶颈制约问题依然严重。

由于煤炭资源对中国经济的重大战略意义，牵一发而动全身，煤炭政策尤其是煤炭价格政策是否完善，不仅直接影响着煤炭工业可持续发展，而且还关系到能否建设节约型社会、实现经济全面协调可持续发展。因此，深入研究中国煤炭价格形成机制问题，探索建立能够反映资源稀缺程度和市场供求状况的煤炭价格形成机制，对国家制定经济政策和企业进行资源配置及生产经营决策提供理论基础具有重要意义。

（二）煤炭价格形成机制研究综述

学术界目前对价格形成机制的定义未能全面反映概念的本质，只是分别从定价主体、主要内容和作用等角度突出强调机制的某一方面。如《新帕尔格雷夫经济学大辞典》中定义，价格形成机制是指在一定的价格管理体制下，价格形成与变动的内在过程。周传爱（2007）对价格形成机制的理解为价格形成各要素的性质、结构及相互关系，提出成本、税收和利润是煤炭价格形成机制中煤炭价格所涉及的内部因素，而煤炭进出口状况、下游行业承受能力、产品供需和煤炭政策体制等是煤炭价格所涉及的外部因素。张华新（2008）提出："价格形成机制是指价格形成的基础因素的构成、功能及运行方式，主要包括初始价格决定机制和基础设施接入价格形成机制。"

1. 国外研究综述

国外一些学者对煤炭价格形成机制做了很多有益的研究和探索。

在市场价格机制方面，Oldroyd（1987）认为煤炭产业在煤炭市场供给大于需求的情形下必须寻找降低成本费用的途径来面对低价和微弱的需求；Atkinson Richards（1989）认为英国应该降低煤炭的价格以改进在能源市场中的竞争地位来应对目前困难的经济环境。

在煤炭价格预测方面，国外大量学者对能源价格进行了分析与预测研究，对中国煤炭价格预测有一定的借鉴价值。Paul（1995）建立基于供求框架的数学模型。此外，Bruce（1995）和 Claudio（2001）也引进石油存货水平、经济增长率等新的影响因素，构造了一些新的模型。David（2003）改进了标准的 SH 方法对 VAR 的估计，利用 VAR 的历史模拟（SH）方法与 ARMA 预测模型相结合的 SHAF 方法对国际原油价格风险进行了研究。Mirm Iranis（2004）对 BP（Back – Propagation）神经网络与遗传算法结合的模型同 VAR 模型比较，发现前者的预测精度要好于后者。Zhang（2008）改进了经验模式分解（EMD）法，该方法对非线性、非平稳时间序列数据有很强的适应性。Yu（2008）进一步将EMD与BP神经网络结合，提出了基于BP神经网络的EMD模型，在国际原油价格预测中取得了较好的效果。

2. 国内研究综述

国内许多学者也对煤炭价格形成机制做了相关的研究。

在市场价格机制方面，主要集中在煤炭价格市场化改革的问题上：段治平（2002）结合山西省的实际情况认为政府的主要职责是定规则，要放开煤炭价格就必须逐步减少政府对市场的干预程度，加强煤炭市场价格的宏观调控，而现在的当务之急是如何确立煤炭市场运行的主体地位。潘伟尔（2004、2005）论述了煤炭价格机制市场化改革，认为加速煤炭价格机制市场化改革应该清除改革路上的各种障碍，并提出了煤炭市场价格改革的基本思路，以创造公平竞争的环境，达到煤炭价格机制市场化改革的目的。张华明和赵国浩（2010）探索由煤炭全成本内涵、煤炭期货交易机制、煤炭价格有效性评价等环节组成的煤炭价格形成机制过程。

对于煤炭行业价格机制存在的缺陷，国内众多学者对其进行了研究。总的来看中国煤炭价格构成不合理，不能反映煤炭真实价值等诸多问题。苏立功（2006）指出现行煤炭成本是制度性不完全成本，煤炭成本形成机制不合理，煤炭成本要反映资源成本、环境治理成本以及煤矿转产成本等；田华（2006）和李艳舫（2007）认为煤炭产品绝对价格水平低，与其他能源产品比价不合理，上涨程度低于生产资料的上涨程度等。周传爱（2007）认为目前煤炭价格不能反映煤炭资源的价值和稀缺程度，成本不能反映煤炭生产消费的外部成本和劳动力工作低等问题。

对此，国内学者提出了各种建议：段治平、周传爱（2007）建议借鉴西方发达国家成熟经验完善成本核算；刘新民、段治平（2007）和姜爱萍、周传爱（2007）指出目前价格形成机制改革中要解决煤炭价格的平稳运行问题，应该建立煤炭价格调控基金；马海琨、刘传哲（2006），邵汝军、黄佐钘（2006），安亚林、王元月等人（2006），王锋、刘传哲（2007），杨庆舟（2008）认为应加快推进中国煤炭市场交易体系的建设，提出了对煤炭期货市场和煤炭期货合约构建的一些设想；张华明、赵国浩（2010）建议将矿产资源费和矿产资源税统一合并为矿产资源税，并设立矿业土地使用费，开征碳税、硫税、能源税等。

煤炭资源定价是煤炭资源市场价格形成机制中必须考虑的部分。对煤炭资源定价的研究国内学者主要从煤炭资源全成本定价及矿产资源价值定价两方面来探讨。

在全成本定价方面，近年来中国许多学者提出应用全成本定价方法建立煤炭价格核算体系来确定煤炭价格：2006 年全国重点煤炭产运需衔接会正式提出煤炭生产经营完全成本的新概念，指出煤炭生产的成本应该包括传统的直接生产成本、环境保护成本、可持续发展成本、安全治理成本、资源购买成本、行业退出成本等；刘采英（2004）提出基于可持续发展的三重煤炭价格理论，认为煤炭价格主要由资源成本、生产成本和环境成本，再加上利润和税收三部分构成。王正喜（2005）认为，完全生产成本应在原来生产成本的基础上再包括五方面的外部成本，即环境成本、退出成本、安全成本、资源成本、发展成本，在成本基础上加上不低于社会平均水平的利润率和税金形成煤炭价格。中国煤炭工业协会（2005）在《完善煤炭成本核算框架研究报告》中通过梳理煤炭成本核算变迁的四个阶段，认为目前的核算框架不完善，并提出了完善煤炭成本核算框架的基本构思、主要思路。杨秋媛（2009）指出，现行煤炭价格仅包括煤炭直接开采成本，没有包含反映生产消耗的外部成本，资源耗竭补偿成本也游离在成本构成之外。张华明、赵国浩（2010）提出从煤炭资源定价、煤炭生产成本、煤炭物流成本、煤炭战略储备等进行煤炭资源全成本分析，探索煤炭全成本内涵。郑龙等人（2010）提出中国煤炭完全成本应该包括基本生产成本、环境成本、安全成本、资源成本、煤炭生命成本和煤炭价格调控基金。

在矿产资源价值定价方面，学者主要是以矿产资源价值理论作为研究基础，研究如何确定矿产资源的价格以及确定方法的原理。主要研究成果包括：王立杰、陶树人（1994）提出了矿产资源价格的三个构成要素，并依据最优化原理推导并建立了矿产资源计价的基本模型。杨玉凤、魏晓平（2001）根据资源的最佳利用问题和供求关系，建立了动态模型研究矿产资源的最优价格策略。沈洪、张燃、任培民（2001）首先得出对煤炭资源价值的估计与欧式买权的估价相似的结论，根据欧式期权定价模型推导出煤炭价值的 Black - Scholes 模型，并逐一解析各个参数变量，然后用煤炭价值的 Black - Scholes 模型对煤炭资源的价值进行评估。张士运、刘好（2009）认为在矿产资源开发的不同阶段矿产资源的价值不同，并用模型对矿产资源的自然价值和开采前的劳动价值进行评估，得出矿产资源开采前的价值计量模型。王翔宇（2010）新定义了矿产资源潜在价值，归纳综合了对矿产资源潜在价值具有比较重要的影响因素，对矿产资源潜在价格计算方法进行了修正。李远、姬长生（2010）运用系统动力学方法使用 Vensim 软件对子系统建模，建立了矿产资源构成的数学模型。颉茂华（2010）将矿产资源资产分为原始价格、矿业权价值和环境成本三个部分，并构建了基于环境管理视角的矿产资源资产价值计量模型。

运用数理模型进行煤炭市场价格预测研究是目前这一研究领域的热点。董继学（2005）应用灰色系统理论建立了煤炭市场价格灰色动态预测数学模型，计算结果表明，模型的建立是合理的。汪小寒等人（2006）将核覆盖算法引入煤炭价格的预测中，克服了传统的预测方法中存在的局限性，取得了比其他方法更好的结果。郝家龙、宁云才（2007）运用 Box - Jenkins 法，以秦皇岛煤炭市场山西优混煤周价格的时间序列为研究对象，建立了短期的煤炭价格 ARMA（1，2，1）模型，预测结果合乎价格风险管理的要求。张欢、蒋佐斌（2007）以中国煤炭出厂价格指数作为原数据运用 SAS 软件系统中的时间序列建模方法建立了 ARIMA（1，1，1）模型。刘硕等人（2009）建立了基于 ARMA、灰色预测和 BP 神经网络三种单项预测模型的最优加权组合预测模型，预测结果表明了模型的有效性。秦丽娟、邓峰（2009）将基于贝叶斯框架的最小二乘支持向量机模型应用于秦皇岛港每周大同优混煤价格的预测，取得了与 BP 神经网络方法相比更好的预测效果，显示了其在不断波动的煤炭市场价格预测中具有明显优势。高文静、赵国浩（2010）利用投入产出分析法，建立了煤炭相关产业价格影响模型，找出 6 条煤炭相关产业价格影响路径，对中国煤炭相关产业价格影响机制进行了研究。

二、煤炭价格形成机制理论基础

（一）价格形成理论

当代经济学中影响最大的价格理论包括马克思主义劳动价值理论和新古典主义供需均衡价格理论。这两大理论都脱胎于古典经济理论，都把人假设成理性经济人，并假设市场结构是完全竞争的市场。完全竞争的市场具有完整的市场体系、信息对称、不存在寡头垄断和交易时不会发生成本等特点，在完全竞争市场中生产要素可以自由流动。随着西方经济学的发展，在两大价格理论的基础上提出了如边际机会成本理论、垄断价格论和效用价格论等其他一些理论。

1. 供需均衡价格论

根据微观经济学理论，供求决定论是指理性经济人以追求最大利益为目标，以成本效益原则为基础，对成本与收益进行边际分析，以形成需求及供给曲线，再通过市场供给和需求曲线图中的供给需求曲线的交点推出市场均衡价格。

在市场经济的背景下，供求决定论主要通过动态供需均衡模型（又称蛛网理论）来分析商品价格的形成过程。早在 1930 年，美国的舒尔茨、荷兰的丁伯根和意大利的里西分别提出了动态供需均衡模型，之后英国的卡尔多和美国的伊齐基尔通过进一步的分析和研究扩展了动态供需均衡理论。运用动态供需均衡理论可以有效解释商品价格、市场供给与市场需求的变动关系。根据基础理论，产品的供给和需求数量会随着价格的变化而变化，动态供需均衡模型以此作为研究的出发点，即把供给与需求变量定义为被解释变量，把价格变量定义为解释变量，产品的供给和需求会根据价格的变化而变化，并最终通过市场机制的影响使市场供给和市场需求达到平衡状态，从而得到均衡价格。

2. 马克思的劳动价值论

马克思的劳动价值论认为：商品的价值不是由商品本身包含的必要劳动时间决定，而是由生产商品的社会必要劳动时间决定的，商品的价值量大小决定了商品的价格，商品的价格围绕着商品的价值量上下波动。马克思认为：商品的价格和供给需求之间并不存在决定关系，而是价格和供给需求之间的相互影响。

3. 边际机会成本理论

机会成本又称为替代性成本，是指在其他相同条件下，决策面临多方案选择时，被舍弃选项中的最高价值者是本次决策的机会成本。马克思主义劳动价值理论和新古典主义供需均衡价格理论都是假设市场结构是完全竞争市场，而在非完全竞争市场条件下，边际机会成本理论就可以用来解释商品价格的形成。

4. 效用价格理论

根据效用价值理论，无论物质是否凝结了人类的劳动，只要物质有效用就决定了自然资源具有价值。效用是价格的前提，是形成价值的必要条件，衡量价值量的尺度是边际效用，即满足人类最小欲望的那一个单位产品或者商品的效用，而供给和需求之间的关系决定边际效用。

5. 垄断价格理论

马克思主义劳动价值理论和新古典主义供需均衡价格理论都是假设市场结构是完全竞争市场，假设市场结构具有垄断的市场特征时，便产生了商品的垄断价格理论。明确的资源产权是垄断出现的前提和资源具有价值的基础，矿产资源的所有权和使用权都由明确的产权主体所垄断，产权人凭借垄断拥有获得未来收益的权利。

（二）煤炭价格形成理论

由于在煤炭价格的形成过程中煤炭生产成本构成的不完全，中国现在的煤炭价格并不能反映煤炭的真实价值。下面以矿产资源价值理论为理论基础，对煤炭价格的形成进行理论探讨。

1. 矿产资源资产价值构成

矿产资源资产的价值应包含四个层次的内容：

（1）资源耗竭理论。矿产资源本身价值，主要是对资源耗竭理论的直接补偿。

（2）资源地租理论。矿产资源资产的生息资本价值，表现为资源所有权对矿产资源的租金。

以上两项构成了矿产资源资产的自然价值。

（3）矿产资源的勘探和开采投入所产生的价值。

（4）外部性理论。在开采过程中对生态环境产生不同程度的破坏而形成的环境补偿价值。

2. 现行的煤炭成本构成

目前，中国煤炭价格是煤炭直接开采成本加上运输、仓储和销售等各环节产生的费用所形成的，当前煤炭价格中的成本部分只考虑了直接开采成本，没有完全反映资源成本、环境治理成本、安全成本、煤矿发展成本和转产成本，而这些成本的考虑将有助于煤炭企业的长远发展，为中国经济可持续发展提供必须的能源。

由于当前煤炭价格构成不合理，导致中国煤炭价格总体偏低。煤炭价格不仅低于煤炭本身的价值，而且以一次能源的相对价格比来说也偏低。煤炭价格偏低既导致了煤炭的过度开采和使用中的大量浪费，同时也使中国一次能源消费结构长期无法得到改善和调整。

三、中国煤炭价格形成机理

煤炭价格形成机制，是指以市场配置资源为基础，以完善有效的政府宏观调控为手段，通过完善煤炭产业政策、行业法律法规和价格管理体制改革，建立合理的价格指数、科学的煤炭成本核算体系和规范的煤炭交易体制，加快推进煤炭相关领域体制改革，引导煤炭安全生产、有效流通与消费的定价与调价制度安排。

价格形成机制从世界各国的实践和理论研究看，包括三种模式：计划机制、市场机制和混合机制。完全由政府决定的价格机制称为计划机制，完全的计划经济有利于实现经济健康有序的发展，但是也可能因为腐败或者官僚机制的运作效率低等原因出现“政府失灵”现象，价格信号对资源配置不能起到合理的作用；市场机制就是在市场经济的运行过程中，价格、供求及竞争相互制约、相互作用、自动协调，它们之间的内在联系和制约的方式能实现资源配置的基础性作用，理论上可以实现帕累托最优；然而市场也有不容忽视的缺陷，因为在一定程度下会出现“市场失灵”，所以大多数国家对大多数商品采用计划与市场相结合的价格形成机制即所谓的混合机制，由政府规定一些条件，如最低保护价、价格的上下限，浮动范围等，由企业根据市场情况自发调整。从以上分析，在中国特色社会主义市场经济背景下，构建有效、务实的煤炭价格形成机制，需要市场机制这只“看不见的手”和政府宏观调控这只“看得见的手”相结合，共同发挥作用。

（一）煤炭价格形成机制概述

中国煤炭价格的形成历程可以分为计划经济时代和市场经济时代，1985 年以前，中国煤炭价格一直由国家计划控制，从 1985 年开始煤炭计划定价制度有所放开，政府从 1993 年开始逐步实行市场化改革，2002 年初完全放开国家管制的发电用煤炭价格（以下简称电煤价格），中国煤炭价格形成机制改革历程如表 3－1 所示。

表 3　1　煤炭价格形成机制改革历程

时间	中国主管部门	调控内容	备注
1993 年以前	中国煤炭工业部、国家物价局	对煤炭价格实行政府定价	
1993～2002 年	国家计划经济委员会	放开煤炭市场实行价格“双轨”，对电煤进行价格指导	
2002～2006 年	国家计划经济委员会	电煤价格市场化，但仍干预和控制动力煤价格的异常波动	合约和现货价差
2006 年 12 月至今	国家发展与改革委员会	放开动力煤价格，保留对出口配额和争议性问题的干预	

1. 煤炭价格形成机制改革历程

（1）改革前中国煤炭价格形成机制。中国从新中国成立后一直到 20 世纪 70 年代末，由于国民经济亟待恢复，煤炭的供给、需求主要限于本地区范围。煤炭作为生产资料被定为国家的一级统配物资，实行统购、统销政策，而其价格的惟一功能是用于煤炭企业内部结算和核算。煤炭价格由当时的中央政府管理，实行中央统一的计划价（内部调拨价），煤炭实行长期低价。

（2）煤炭价格市场化改革阶段。政府从 1993 年开始逐步放开煤价，让煤价走向市场，实行价格双轨；电煤价格处于“计划煤”与“市场煤”的双重价格体系之下，国家计划经济委员会（后为国家发展与改革委员会）对电煤进行价格指导；从 2002 年 1 月 1 日起，取消了“政府指导价”，电煤价格实现市场化，但是为控制动力煤价格的异常波动，政府仍然对动力煤价格进行干预；2004 年，国家提出“煤电价格联动”方案，原则上完全按照市场机制由供需双方自主协商决定，但许多地方仍然存在计划和市场两个手段的双轨制，通过行政手段搞行政行为的“煤电价格联动”等；2007年年底，“煤炭供需见面会”代替了“煤炭订货会”，煤炭订货会彻底退出中国的煤炭价格形成机制，在“煤炭供需见面会”上，煤炭交易价格将完全由煤炭供需双方自主协商来确定，这意味着中国煤炭价格市场化改革的框架基本完成。

虽然从2007年开始，中国煤炭价格已基本实现市场化。但是，由于电网销售电价（以下简称电价）上调进程相对缓慢，电煤价格市场化进展并不顺利。2008年，这一现象尤为明显。国家发展与改革委员会于6月和7月连续出台了对电煤价格临时干预的措施，电煤价格上涨进程才有所放缓。虽然从表面上看，两次限价行动仅仅是对煤炭价格进行的临时性干预，但是由于电力行业市场化进程滞后于煤炭行业，在电力价格尚未完全放开的背景下，为了减少煤炭价格上涨过快给电力企业带来急剧上升的成本压力，国家会倾向于电力行业，也就是不会使电煤价格持续上涨。就今后一段时期来讲，国家虽然出台的是临时性干预措施，但是这表明国家已经认可煤炭价格目前确实已经处于一个高位。国家在今后不会完全放开对电煤价格的行政性干预，电煤价格市场化在电力价格没有实行完全市场化之前很难取得实质性的进展。

2009年煤炭产运需衔接政策，彻底取消往年的煤炭订货模式。煤炭价格在市场经济条件下由市场供需双方企业协商来确定价格，国家只有在煤炭市场价格出现特殊异常状况时，国家才会进行必要的宏观政策调控。

2010年国家发展与改革委员会通知神华、中煤、山西同煤、焦煤等大型煤炭企业，要求煤炭企业遵循当年年度合同煤价，已涨价的煤炭企业要在6月底前退回；国有煤炭企业、行业龙头企业要带头保持市场煤价基本稳定，不能带头涨价。

2010年，在投资和内需的强力带动下，煤炭需求稳步增长，市场供需基本平衡略有偏紧。年内陆续会有系列稳定煤价的政策出台，但对2010年尤其上半年煤价影响较小。

总体来说，中国煤炭价格形成机制改革历程是先改革电煤以外的化工用煤、建材用煤和炼焦煤等煤炭的价格形成机制，然后再改革最困难、影响最大的电煤价格形成机制，并且在电煤价格形成机制改革中，政策时有反复。

2. 煤炭价格形成机制现状

（1）仍然存在计划和市场两个手段的双轨制。中国从1992年开始煤炭价格市场化改革以及自1998年煤炭管理体制改革至今，改革已进入一个新阶段，中国宏观政策层面已经确定构建煤炭价格市场化形成机制，基本内容就是发现科学合理的市场化煤炭价格；虽然国家适时适度的调控和干预是市场化机制不可或缺的部分，但是，许多地方仍存在通过行政手段搞行政行为的“煤电价格联动”等，仍然存在计划和市场两个手段的双轨制。

（2）引入国际煤炭市场力量。2008 年前国内煤炭价格博弈仅仅在国内煤炭生产、消费企业和国家行政力量这两大力量和主体之间进行，2008 年以来，中国国内动力煤市场价格显著高于国际价格，由此导致中国大规模进口动力煤，影响了中国国内煤炭市场价格的形成，这种影响有利于中国煤炭市场价格水平的确立和煤炭价格市场化机制的形成逐步与国际市场一致。今后，中国国内煤炭市场的运行、煤炭市场价格的形成和波动将在以国内、国外煤炭生产、消费企业为主的力量和起宏观调控作用为主的政府力量三方之间的博弈中进行。

（3）出现四大煤炭价格定位区。在中国煤炭供求关系的空间格局中，出现了四大煤炭价格定位区域，即以覆盖华北、华东、华中和华南区域的山西、陕北、蒙中煤炭基地价格定位区域；以覆盖东北地区的蒙东煤炭基地价格定位区域；以覆盖大西部区域的新疆煤炭基地价格定位区域；以覆盖大西南区域的云贵煤炭基地价格定位区域。这四大定位区域形成了中国国内市场煤炭基本价格，基本价格加上向消费区域辐射产生的费用又形成了中国煤炭市场终端价格。

煤炭产业是中国能源基础产业，煤炭价格不仅影响整个国民经济价格体系，而且还会影响中国社会主义市场经济体制的建立。煤炭价格问题所带来的影响是深远的、广泛的，而改革和完善煤炭价格形成机制的关键是借鉴国外煤炭价格形成机制的理论与实践经验，结合中国实际，深入挖掘中国煤炭价格形成过程中存在的问题，从而有针对性地提出解决问题的措施。

（二）国外主要产煤国家煤炭价格机制分析及经验

在煤价支持制度方面：大多数国家（如加拿大、南非、澳大利亚、俄罗斯等）都采取了煤价支持制度，有的制度规定煤价不能低于国际市场价格和政府公布的指导价格；英国、德国等国家规定煤价按双方签订的合同进行价格支付，政府补贴国产煤价低于进口煤价之间的差价。

在保护煤炭工业持续、健康发展方面：德国、南非、英国等许多国家实行了稳定供应制度或销售保证制度，各国都实行煤炭供销合同制度，保证煤炭供应和销售顺畅，以合理地衔接供需双方，为了确保合同能够兑现，或者政府出面协调签订，或者政府进行市场调查和备案。这些政策的实施都有助于维护市场煤炭价格的基本稳定。在一些典型的市场经济产煤国（美国、加拿大、澳大利亚等）通过确认和完善煤炭销售管理制度，如实行销售主体资格认证制度、供销合同制度、经营许可证制度等，有序地对煤炭的销售、加工、使用等经营活动加强管理。国外实践证明，市场经济中搞好煤炭运销，必须要先立法。以美国为例，政府主要通过税收对煤炭企业进行宏观调控而不是进行直接管理，美国税收实行联邦政府、州政府、地方政府三级分税制，对煤矿企业征收的税可分为两类：一是社会各类企业都需交纳的企业税；二是对煤炭企业的特殊税。煤价由煤矿企业和使用者协商定价，政府不进行干预，定价时既要考虑煤炭的全面成本以及煤炭质量，又要考虑企业赚取的正常利润，还要考虑市场供求关系。

在煤炭价格定价方面：美国煤炭价格完全由供求关系决定，价格中包括必要的税收费用，主要通过市场的力量保持价格的稳定，供需双方一般会签订长期合同，类似于期货合约，能保持平稳的煤炭供应和稳定的价格；南非大多数煤电由垄断性国营公司 Eskom 所垄断，Eskom 建立了在成本核算基础上的价格变动机制，并通过参与煤炭开发和签订长期合同来保证煤炭价格的稳定；英国煤炭的价格也是由市场调节，政府开放竞争的能源市场，不规定能源结构或电力供应中的能源比例，以市场化保证公平竞争。

在能源管理体制方面：国外一些主要产煤国家都设有煤炭开采招标和煤炭资源管理机构或协调组，而中国在煤炭开采招标和确定、拍卖、转让矿业权等过程没有具体的规则，也没有具体的行政部门来约束管制，如果中国同样设立能源部，包括煤、电价格机制市场化、煤电利益分配和煤电联合等在内的许多能源系统内的问题就会以极低的成本高效解决。

在煤电价格管理体制方面：国外五个国家中，如表 3－2 所示，可以看出，煤炭和电力价格的确定以市场化定价机制为主，以政府的宏观调控为辅。

表 3－2　国外煤炭价格管理体制汇总

国别	市场状态		政府措施		企业策略		
	煤炭市场	电力市场	煤炭市场	电力市场			
美国	引入竞争机制	引入竞争机制	税收调节电煤价格	监管电价	长期合同	降低成本提高效率	加强风险管理
英国	引入竞争机制（私有化）	引入竞争机制	电煤市场价格化	发电和供电侧引入竞争机制输配电价实施价格上限管制	长期合同	降低成本提高效率	
俄罗斯	引入竞争机制	引入竞争机制	电煤价格完全放开	竞价上网，控制输配电价			
澳大利亚	引入竞争机制	引入竞争机制	不直接干预电煤价格，但进行监督和指导	建立国家电力市场，电价由市场竞争决定			
南非	政府保证电煤供应，对煤炭企业提供补贴	电力市场国营垄断	政府补贴煤炭企业，稳定煤炭价格	审批煤电价格联动	长期合同	电力企业参与煤炭开发	

从国外煤炭资源价格形成机制的比较中，我们可以得到以下启示：一是全面实现煤炭价格形成市场化机制，让供需双方根据市场法则和自身力量确定煤炭价格，形成相当程度上的市场均衡价格，国家和各级政府可以适时适度介入调控和干预，在宏观调控、立法及相关税费制度的改革与完善等方面做出举措；二是研究建立科学的煤炭成本核算体系，合理确定煤炭成本费用核算框架，完整准确地核算煤炭成本与价值。

（三）煤炭价格影响因素分析

煤炭价格的波动受多方面、多种因素共同作用的结果，首先从供需两方面分析：在供给方面，煤炭是一次性能源，具有不可再生性，这就决定了其供给总量是固定的；在需求方面，针对中国富煤、贫油、少气的资源禀赋和经济高速发展的国情，在很长的一段时间内，煤炭在能源生产和消费的主体地位不可改变。一方面是煤炭总的可供给量或储存量是一定数量的；另一方面是工业和经济的高速发展决定了中国庞大的源源不断的煤炭需求，而正是这种需求和供给的反差形成了煤价上升的最根本原因。所以最根本的影响因素是煤炭价值和供求关系，其他方面都是通过影响价值及供求关系来作用于价格变化的。

下面分别讨论其他影响煤炭价格的相关因素。

1. 供求关系是煤炭价格波动主因

过去几年煤炭行业由于需求增长过快，处于需求膨胀主导的供给趋紧状态。从长远看，今后几年需求增长将逐步稳定，煤炭将处于由资源持续紧张和铁路运输能力不足导致的供给趋紧。

（1）煤炭需求对价格的影响。煤炭需求变化主要取决于国民经济的增长速度和煤炭消费最集中的 4 个行业（电力、建材、冶金和化工）的消费需求变化，此外季节性的需求变化也会影响煤价。

1）经济增长。从全球和任何一个国家看，煤炭行业的发展和煤炭的需求量会与国家的经济发展成正比例关系；煤炭行业发展受经济周期的影响主要表现在：经济增长速度通过直接影响煤炭的需求量，进而影响到煤炭价格；当一个国家的经济处于周期中增长阶段时，煤炭需求增加，市场价格上涨；当处于周期中低迷阶段时，需求减缩，市场价格随之下跌。

2）上下游产品价格。当上游产品价格或者成本上升，煤炭生产成本也上升，煤炭价格也随之上涨；下游产品主要是指耗煤的行业（特别是煤炭消费最集中的 4 个行业：电力、建材、冶金、化工），这些行业产品的价格将影响到产品的供求，其供求关系通过影响煤炭的需求来影响煤炭价格的走势。

（2）煤炭供给对价格的影响。

1）运销成本。2009 年，受资源整合的影响，每年煤炭调出量占全国煤炭省际调出量 70% 以上的山西原煤产量持续下降。而陕西、内蒙古、宁夏、新疆、四川、重庆、贵州 7 个西部省、市、自治区原煤产量快速增长，煤炭生产的重心加速西移。但是西部地区铁路运输条件较为落后，尤其是陕西、内蒙古、宁夏煤炭铁路外运难度依然较大。铁路煤炭外运量只能增加 5000 万吨左右。随着煤炭需求的逐步恢复，需要更多的陕西、内蒙古甚至宁夏煤炭来满足沿海地区需求，铁路运输瓶颈的再次暴露导致运销成本上涨。

2）煤炭库存。消费者会因为煤炭价格的变动而不断调整库存，消费者主要根据煤炭价格变动趋势的预测和自身的库存能力来调整其库存，而库存的调整将通过影响供求关系最终影响煤炭价格。

2. 全面成本是煤炭价格价值基础

所谓“全面成本”，是在资源价值理论支持下，实现生产外部成本内在化、使资源的使用和消耗得到全面补偿的一种比较完善的煤炭成本核算方式。

根据煤炭资源自身的价值分析，煤炭“全面成本”应包括四个部分：即直接生产成本、使用者成本、安全成本和环境成本，如图 3－1 所示。

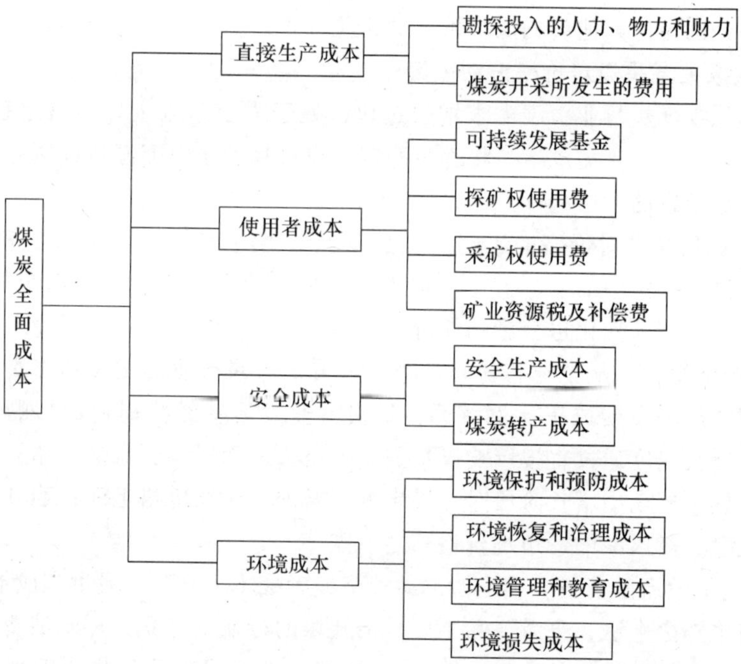

图 3－1 煤炭全面成本构成

（1）直接生产成本。该成本是在勘探、开采和生产煤炭资源中所花费和支付的各种成本和费用的总和。直接生产成本由两部分组成，即勘探煤炭资源所消耗的人力、物力和财力（如煤炭生产企业工资性成本）以及开采和生产煤炭资源时所需要花费和支付的费用（如煤炭资源勘探费等）。

（2）煤炭使用者成本。又称资源耗竭补偿成本，主要表现在：征收矿产资源税费（包括资源税、矿产资源补偿费、探矿权使用费、采矿权使用费以及可持续发展基金）。中国由于在矿业权取得上“双轨制”的存在，煤炭成本中不包括煤炭的矿业权价款。

（3）安全成本。包括煤炭转产成本和安全生产成本，即煤矿开采过程中保证煤矿资产、煤矿职工和社会安全而进行安全生产目标所支付的必要支出，以及煤炭企业在资源枯竭之前必须积累的退出或转产资金。

（4）环境成本。包括环境保护与预防成本、环境恢复与治理成本、环境管理与教育成本以及环境损失成本。环境保护与预防成本是一种投资性支出，是在煤炭生产之前或过程中为实现环境保护目标制定并实施环境保护措施发生的成本；环境保护与预防成本是为避免环境污染和环境事故，保护和预防环境不受损害所发生的成本费用；环境恢复与治理成本是为恢复和治理被污染、破坏的生态环境资源而发生的成本费用，该项环境成本主要由治理费用和弥补破坏、污染所造成损失的补偿两部分组成；环境管理与教育成本是煤炭企业进行环境管理、体系认证、环境监测向各类环境管理机构支付的费用，以及对职工进行环境教育、培训而发生的成本费用；环境损失成本是指因环境污染、生态破坏而产生的企业内外部损失。

3. 其他外部因素的影响

（1）国际市场价格。

1）国际煤炭市场价格。该价格通过国际贸易实现价格的地区传导，从而影响国内煤炭价格。2008 年第四季度起至今，国内煤炭价格的市场化形成机制中除了原有的供与需的力量和国家行政调控与干预力量，又出现了第三种力量——以国际生产商和消费商为主体的国际力量。从 2009 年中国大规模进口煤炭以来，国际力量通过不同范围、不同程度地影响国内四大定位区域的煤炭市场价格，进而对国内煤炭市场价格的总体水平产生影响，而且以国际生产商和消费商为主体的国际力量将长期存在并且会受到 WTO（国际贸易组织）贸易规则的认定和保护。

2）国际石油市场价格。资源禀赋决定了中国的能源消费结构以煤炭为主，石油、天然气为次要的状况。2009 年世界一次能源消费构成中，煤炭占 29.4%，石油占 34.8%，天然气占 23.8%，核能、水电占 12.1%；中国的一次能源消费构成则为：煤炭占 70.6%，石油占 18.6%，天然气占 3.7%，核能、水电占 7.1%。同世界相比，中国的石油、天然气在能源消费中所占比例较低，2009 年中国消费的煤炭占世界煤炭消费总量的 46.89%，在未来，中国的能源消费结构不会发生太大的变化，仍然将以煤炭为主导。[①] 鉴于此，国际上的高油价对中国的影响要比其他国家小，但作为石油的首选替代品，在未来完全市场化的环境中，煤炭价格在一定程度上也会与国际石油价格变化产生联动效应。

（2）中央政府的政策取向。

1）政策性成本增加。近年来，国家完善煤炭产业政策，政策性成本上升，煤炭生产成本随之大幅上升。政策性成本的体现是影响煤价走势的一个重要原因。针对中国煤炭成本体现不全面，安全、环境和转产成本没有算入煤炭正常成本，中国开始推行矿产资源有偿使用制度，煤炭行业作为试点率先进行改革。2006 年 9 月，国务院选择山西、内蒙古、安徽、山东、陕西等 8 个煤炭主产省（区）作为进行煤炭资源有偿使用制度的改革试点。目前，中国已开始征收多项税费，这些税费的征收无疑将直接或间接地反映在煤炭的价格上。在生态环境保护方面，为了补偿煤炭开采利用中造成的损失，使煤炭生产的部分外部成本内部化，对煤炭企业征收多项生态环境补偿的相关税费（见表 3-3）。

表 3-3　中国对生态环境补偿征收的主要税费

排污费	一氧化硫排污费，自 2005 年 7 月 1 日起，每 1 污染当量征收标准为 0.6 元。氮氧化物在 2004 年 7 月 1 日前不收费，2004 年 7 月 1 日起按每 1 污染当量 0.6 元收费。粉煤灰、煤矸石、尾矿，如果没有专用储存或处置设施，或者专用储存或处置设施达不到环境保护标准（即无防渗漏、防扬散、防流失设施），一次性征收固体废物排污费，每吨征收标准为粉煤灰 30 元、煤矸石 5 元、尾矿 15 元。矿井水排污费按矿井口排出量计征，征收标准为每 1 污染当量征收 0.7 元 一般污染物的污染当量 = 该污染物的排放量（千克）/该污染物的污染当量值（千克） 二氧化硫和二氧化氮的污染当量值为 0.95 千克，烟尘的污染当量为 2.18 千克
水土流失补偿费	水土流失补偿费应依据生产建设占地面积和破坏面积，每千方米一次性交纳 0.2～0.4 元。工矿企业和从事采矿、冶炼、烧制砖瓦和石灰的个人造成的水土流失应积极治理，不能或不便自行治理的，应按下列标准交纳水土流失治理费：采矿、筑路及其他有破坏地貌、植被行为的，按采挖面积和倾倒占地面积，每千方米一次性交纳 0.3～0.5 元的水土流失治理费；弃土弃渣按实际排放量每立方米一次性交纳 2～5 元的水土流失治理费，为方便起见，也可按照弃渣量折算的产品产量计收，煤炭为 0.5～0.8 元/吨

① 《BP Statistical Review of World Energy》，2010 年 6 月。

续表

林业建设基金	《山西省林业建设基金代征办法》（晋政办发［1995］35 号）中规定，林业建设基金由地方税务部门代征，代征标准为国家统配煤矿按原煤开采量每吨 0.05 元征收；地方国有煤矿，集体、个体开办的煤矿以及以各种形式投资开办的煤矿，均按原煤开采量每吨 0.1 元征收。林业建设基金是林业部门用以发展林业的专项基金，按预算外资金管理，统一安排使用。此外，山西省 2006 年开始决定从每吨煤的销售收入中提取 0.15 元育林基金进行生态补偿，用于矿区造林绿化
矿山环境治理恢复保证金	截至 2008 年，全国已经有 21 个省份实行矿山环境治理恢复保证金制度，具体征收标准各地有所不同。其中，山西省矿山环境治理恢复保证金按 10 元/吨提取
煤炭可持续发展基金	山西省于 2007 年 4 月起征收煤炭可持续发展基金，其中，动力煤 5 ~ 15 元/吨、无烟煤 10 ~ 20 元/吨、焦煤 15 ~ 20 元/吨

2008 年 11 月 11 日财政部发布《关于全面清理整顿涉及煤炭生产和销售收费基金的通知》，要求地方各级财政部门对煤炭生产、销售过程中强制征收的费用和基金进行登记，并于 11 月 30 日前报财政部，以进行全面清理整顿。本次整顿主要包括行政事业性收费，范围涵盖国家、地方两级，包括国务院或财政部、国家发展与改革委员会以及地方相关部门批准设立的行政事业性收费项目、基金项目以及省以下政府设立的各项收费等。

2009 年 1 月 1 日开始实施增值税改革，煤炭企业增值税将由 13% 提高到 17%，由此，煤炭企业生产成本会提高 4 个百分点。

2009 年 12 月，主管部门酝酿一系列税制改革，其中就包括加快推进资源税改革，主要方向是扩大资源税的征收范围，提高税率，征收方式则由目前的从量计征改为从价计征。煤炭资源税的征收将会提高煤炭及其下游产品的生产成本，对高耗能产业影响较大。

这些政策将在一定程度上影响煤炭企业的成本，从整体上看，未来几年，中国煤炭行业的政策成本存在上升的刚性需求。

2）节能政策导向。目前，以低排放、低能耗、低污染为特征的新经济发展模式——“低碳经济”，正成为国际经济发展的新趋势，并逐渐成为中国以及世界各国各级决策者的共识。中国现有的煤炭利用方式和节能减排措施远远不能满足低碳经济发展的需求，随着低碳经济的发展、节能减排措施的实行，将促进用煤行业结构调整与节能技术进步，这些都将对煤炭价格产生很大影响。

3）电价管制。电价管制从两个方面对煤炭价格产生影响：

一方面，由于煤炭市场是相对竞争性的市场，下游可以利用其在电力市场中的垄断地位来压低电煤价格；另一方面，国家对电价进行控制的直接后果就是电的需求增多、供给减少，致使电力供应出现短缺。2007 年以来江苏、广东、湖南、海南、山东等地出现了“电荒”现象。由于电力供给的减少意味着对电煤的需求增速的减缓，而电煤占有中国煤炭需求总量的50%以上，所以对煤炭的总需求增速也会减少，在其他条件不变的情况下，最终会减缓煤炭的市场价格增长。当然，在其他市场需求也急剧增加的前提下，这种煤炭价格下降的趋势将会被抵消，整个煤炭市场的价格都处于上升的趋势。

这些就是2002年以来煤炭价格逐步放开以后电煤价格增长率始终未能超过煤炭平均价格增长率的主要原因，发电用煤价格占煤炭平均价格比也一直趋于下降，这在2006年表现更为明显，发电用煤价格占煤炭平均价格的比例比往年平均低约10%。由于电煤消费量平均占煤炭总消费量的48%，因此可以大致认为，煤炭平均价格因此被低估约4.8%。

（3）煤炭资源整合对煤炭价格的影响。资源整合的直接结果就是煤炭企业数量的减少。山西煤炭企业数量从2200多家减少到130家，新一轮的整合还将在此基础上减少20家。河南省近期也公布了整合方案，目标当然离不开减少市场竞争主体，提高产业集中度。市场竞争的结果必然是优胜劣汰，少数具有优势的企业能够留在市场中，让生产更有效率，降低成本，下游用户也能得到更多的实惠。由政府主导和推动的煤企重组，最终减少了市场竞争者的数量，结果可能使煤价上涨更快。

首先，煤炭资源整合后，煤炭产业生产集中度显著提高，政府可以有效地对国有煤矿或者乡镇小煤矿实施关停整顿，产量控制容易实施，实施限产保价的能力将更强。其次，随着一些大型煤炭企业的兼并重组，以及煤炭上下游产业链深化发展，对煤炭的开采和深度加工利用一体化成为可能，产业结构的变化将促使煤炭价格在未来重拾升势。最后，对煤炭行业资源整合会影响煤炭供给，在目前煤炭供给不紧张的时候，政府在全国范围内推进煤炭行业资源整合，将对煤炭价格上涨形成有效支撑。

四、煤炭价格时间序列预测模型的构建与应用

（一）时间序列 ARMA 预测模型

自回归滑动平均 ARMA 模型是一种典型的时间序列预测模型，是自回归 AR（Autoregressive）模型和滑动平均 MA（Moving Average）模型的结合，即时间序列当前值 x_t 是现在和过去的误差序列 ε_t 以及先前的序列值的线性组合，其数学表达式为

$$x_t = \varphi_1 x_{t-1} + \varphi_2 x_{t-2} + \cdots + \varphi_p x_{t-p} + \varepsilon_t - \theta_1 \varepsilon_{t-1} - \theta_2 \varepsilon_{t-2} - \cdots - \theta_q \varepsilon_{t-q} \quad (3-1)$$

式中：p、q 分别表示 AR 和 MA 的阶数；φ_1，φ_2，…，φ_p，θ_1，θ_2，…，θ_q 分别表示 AR 和 MA 的系数。

我们称式（3-1）为 p 阶自回归 q 阶滑动平均混合模型，记作 ARMA（p，q）。

预测对象的时间序列运用 ARMA 建立模型时，要求该随机序列必须是零均值的、平稳的，但作为预测对象的随机序列在时间推移的情况下，经常会表现出不平稳的趋势（上升或下降），由此构成一个非平稳时间序列。因此，应用模型之前，先要对时间序列进行零均值和差分平稳化处理。

目前，该模型已广泛应用于各种类型的时间序列数据预测中，并达到了较为理想的效果。因此，本节结合中国煤炭价格形成机制的改革历程，利用时间序列模型通过历史数据揭示时间数据随时间变化规律的特性，对中国煤炭价格变动趋势进行分析并建立预测模型。

（二）模型的构建

由于秦皇岛煤炭交易中心是中国目前最大的煤炭交易市场，山西每年生产的数亿吨煤主要运送至秦皇岛港，然后销售到北方和南方沿海各主要城市。近年来，其市场交易信息公布及时、准确，能较真实地反映中国煤炭市场价格的变化形势，也更能充分反映资源的供求变化状况。因此，在目前中国煤炭市场总体发育还不完全成熟的情况下，选择秦皇岛煤炭交易市场的煤炭价格作为代表，运用时间序列方法对其变动趋势进行分析预测，对研究分析煤炭工业运行态势有着重要的意义。

数据选取：根据前文对煤炭价格形成机制改革历程的研究，2002 年初完全放开国家管制的发电用煤炭价格，而大同优混（>25.12MJ）是秦皇岛煤炭交易市场的主要交易产品，因此本节选取秦皇岛大同优混煤（>25.12MJ）2002.1.7～2009.12.28 的平仓价，数据来源于太原煤炭交易中心，其变化趋势如图 3-2 所示。

图 3-2 显示出：从长期看，中国煤炭价格总体波动趋势呈上升态势，因此，用随机过程理论刻画中国煤炭价格变动趋势是合理的。

运用 B-J 方法建立 ARMA（p，q）模型时，要求作为预测对象的时间序列是零均值的平稳随机序列，所以在建模之前，首先应分析序列是否为平稳序列，如果序列是非平稳数列，则需要进行平稳化处理，为后面的建模做好准备。

观察秦皇岛煤炭价格变动趋势图（见图 3-2），易知序列具有明显的上升趋势，并根据 ADF 单位根检验（见表 3-4），可判断样本序列为非平稳的时间序列。

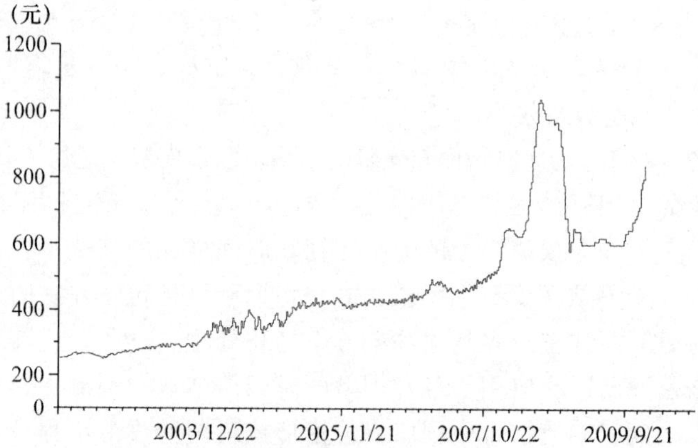

图 3-2 秦皇岛煤炭价格变动趋势图

表 3-4 样本序列 ADF 检验结果

		T 统计量	P 值
ADF 检验统计量		0.019645	0.9587
测试临界值	1% 的水平	-3.451283	
	5% 的水平	-2.870651	
	10% 的水平	-2.571695	

由表 3-4 得知，该样本序列存在异方差，是非平稳序列，一般来说，对非平稳序列采用差分法可以进行序列的平稳化，因此对序列进行对数变换和一阶差分，通过单位根检验（ADF）检验一阶差分序列是否平稳。检验结果如表 3-5 所示，处理后的序列 Z_t 能显著地拒绝差分序列非平稳性的假设，可以建立 ARMA 模型。

表 3-5 一阶差分后 ADF 检验结果

		T 统计量	P 值
ADF 检验统计量		-16.65363	0.0000
测试临界值	1% 的水平	-3.451283	
	5% 的水平	-2.870651	
	10% 的水平	-2.571695	

序列达到平稳后，还需要进行模型识别，模型识别通常利用样本的自相关和偏相关函数判断选择合适的模型进行相对平稳时间序列的估计。若 Z_t 的 ACF 拖尾，PACF 截尾，则可以采用 AR（p）模型进行拟合；若 Z_t 的 ACF 截尾，PACF 拖尾，则可以采用 MA（q）模型拟合；若 Z_t 的 ACF 和 PACF 均不截尾，则可以采用 ARMA（p，q）模型拟合。图 3－3 为一阶差分后平稳序列 Z_t 的自相关和偏相关分析图。

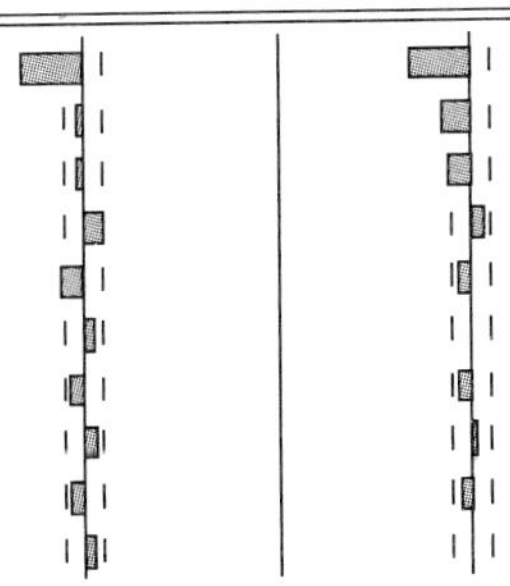

Autocorrelation	Partial Correlation		AC	PAC	Q-Stat	Prob
		1	-0.326	-0.326	33.395	0.000
		2	-0.036	-0.159	33.810	0.000
		3	-0.035	-0.115	34.192	0.000
		4	0.112	0.062	38.197	0.000
		5	-0.120	-0.077	42.810	0.000
		6	0.051	-0.001	43.649	0.000
		7	-0.070	-0.076	45.237	0.000
		8	0.079	0.021	47.232	0.000
		9	-0.082	-0.052	49.392	0.000
		10	0.050	-0.000	50.190	0.000

图 3－3　一阶差分后序列 Z_t 的 ACF 和 PACF 图

注：图的左侧给出序列的相关图和偏相关图，右侧给出相对于每一个滞后期的自相关系数和偏自相关系数值。Q－Stat 所对应的列是相应自由度的 Q 统计量的值。最右侧 Prob 列中的数字表示相应自由度条件下统计量取值大于相应 Q 值的概率。

从图 3－3 可以看出，在自相关部分，滞后一期的 ACF 明显不为 0，以后的 ACF 拖尾。在偏自相关部分，滞后三期的 PACF 明显不为 0，以后的 PACF 拖尾。考虑到高阶的 AR（p）模型很难估计，所以实际建模过程中希望用低阶的 ARMA（p，q）模型替换相应的高阶 AR（p）模型和 MA（q）模型。因此经过综合考虑，可供选择的模型有：ARMA（1，1），ARMA（2，1），ARMA（3，1），AR（3）。表 3－6 为四种候选模型的检验结果。

表 3－6　各模型检验结果

模型	调整后的决定系数 R^2_{adj}	信息量准则检验 AIC
ARMA（1，1）	0.986205	7.307538
ARMA（2，1）	0.986085	7.315448
ARMA（3，1）	0.985941	7.325031
AR（3）	0.973786	7.938440

根据表 3 - 6 的数据，通过比较我们可以看出：ARMA（1，1）的 R^2_{adj} 的值 0.986205 最大，大于 ARMA（2，1）的 0.986085、ARMA（3，1）的 0.985941、AR（3）的 0.973786，而且 ARMA（1，1）的信息量准则检验 AIC 的值 7.307538 最小，小于 ARMA（2，1）的 7.315448、ARMA（3，1）的 7.325031、AR（3）的 7.938440。根据信息量准则函数 AIC 最小准则，我们选择 ARMA（1，1）模型。表 3 - 7 为选定模型 ARMA（1，1）的参数估计与检验结果。

表 3 - 7　模型 ARMA（1，1）的参数估计与检验结果

变量	系数	标准误差	T 统计量	P 值
AR（1）	1.002331	0.000824	1215.742	0.0000
MA（1）	-0.410935	0.052004	-7.902034	0.0000
离差平方和	0.986249	因变量均值		370.4825
调整后的离差平方和	0.986205	因变量标准差		79.30839
回归标准差	9.315089	AIC 准则		7.307538
残差平方和	26898.97	Schwarz 准则		7.331531
对数似然统计量	-1137.976	DW 统计量		1.960505

所以，平稳序列 Z_t 的模型为（B 为滞后算子）：

$$(1-1.002331B)\ Z_t = (1+0.410935)\ \varepsilon_t \tag{3-2}$$

被一阶差分的序列 Z_t 的模型为（p，d，q）阶求和自回归滑动平均模型 ARIMA（1，1，1），括号中的 d 为差分次数，此处 d = 1。

$$(1-1.002331B)\ (1-B)\ Z_t = (1+0.410935)\ \varepsilon_t \tag{3-3}$$

将 $Z_t = \log(y_t)$ 带入式（3 - 3），得到原序列 y_t 的模型如下：

$$(1-1.002331B)\ (1-B)\ \log(y_t) = (1+0.410935)\ \varepsilon_t \tag{3-4}$$

（三）预测分析

运用本节所给的预测模型对交易价格进行预报，并且和历史数据进行比较，通过图 3 - 4 可以看出，残差值较小，且残差通过 ADF 检验；另外时间序列的预测值与实际值基本一致，都落入了置信区间范围内。模拟结果表明：模型 ARMA（1，1）很好地拟合了秦皇岛港大同优混煤价格，可以利用 ARMA（1，1）模型预测分析中国煤炭价格。同样我们也可以运用该模型对其他交易市场及其他煤种的交易价格进行价格预测。

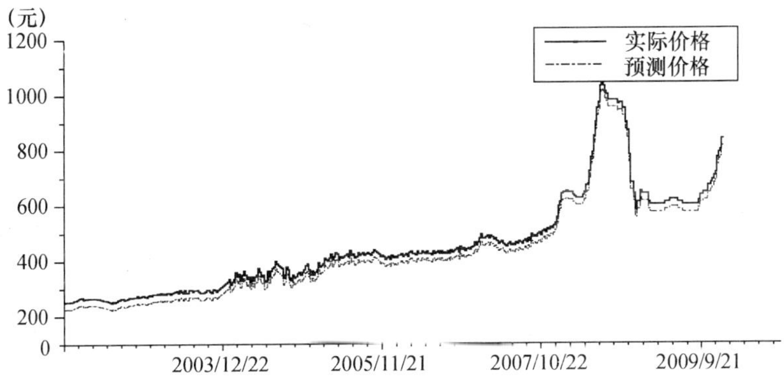

图 3－4　预测价格和实际价格的比较

运用 Eviews 5.0 软件对 2010 年和 2011 年中国秦皇岛港山西大同优混煤炭价格做出了预测，如图 3－5 所示。

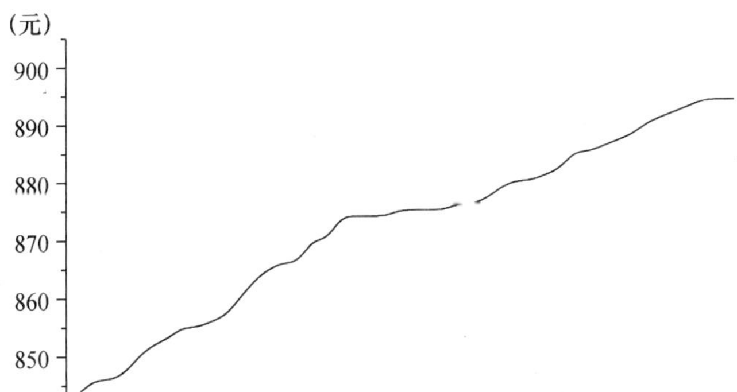

图 3－5　秦皇岛煤炭价格预测图

从图 3－5 可以看出，2010 年、2011 年中国煤炭价格仍会保持持续上涨的趋势，这可以为相关单位和部门提供一定的借鉴。

五、中国煤炭价格监测预警定量指标研究

进入 21 世纪后，由于多方面综合因素的影响，煤炭价格经常发生异常波动，

这主要在于中国目前缺乏对煤炭行业市场价格的监测，而实现煤炭市场价格监测和预警的前提是建立科学合理的监测预警指标，因此，应逐步研究建立煤炭市场价格监测预警指标体系，以便能评价当前煤炭市场价格的状态，并能及早发现煤炭价格市场异动方向和异动原因，预测异动幅度，以便及时向管理决策部门报告，为煤炭价格的宏观调控提供理论支撑和实践指导。

（一）煤炭价格监测预警内容和方式

发现警情是煤炭市场价格监测预警的前提，其主要功能在于明确监测预警的内容和方式。煤炭价格监测预警包括市场价格监测、价格分析预测、价格信息发布三个基本方式。其中市场价格监测包括常规监测、应急监测、预警监测和市场调查等监测类别，价格分析预测包括价格动态分析、价格专题分析、价格形势分析、价格预测分析和价格预警分析等监测类别；价格信息发布包括价格监测信息和价格预测信息等类别（见表 3 –8）。

表 3 –8　煤炭价格监测基本方式

基本方式	监测类别	适用条件
市场价格监测	常规监测	常规价格监测报告制度要求
	应急监测	价格明显波动，临时性监测
	预警监测	国内外发生重大事件、价格异常
	市场调查	重大经济问题和价格热点问题
价格分析预测	价格动态分析	反映煤炭市场价格基本情况
	价格专题分析	重大、特殊事件
	价格形势分析	整体价格情况
	价格预测分析	价格趋势判断
	价格预警分析	价格异常波动
价格信息发布	价格监测信息	价格现状
	价格预测信息	价格趋势

（二）煤炭价格预警指标体系

煤炭市场价格监测预警是指对煤炭资源市场价格进行监测、分析、评价、预测，根据涨幅程度事先发出预警信息，提示煤炭经营决策者警惕市场风险，从而为中国煤炭市场的正常运行提供正确指导。现在国际上用于预警研究的方法主要有三种：预测调查方法、模型方法和指标方法，其中指标方法是前两种方法的基础。根据中国的实际情况，本节采用具有实用快速特点的指标方法对煤炭价格监测预警进行研究，为中国煤炭价格预警指标体系的研究提供参考。一般来说，煤炭价格预警指标有两种：警兆指标、警情指标。

1. 警兆指标的选择

根据本章第三节我们对煤炭价格影响因素的分析可知，煤炭价格与全面成本、供给、需求、突发因素、国际市场价格以及中央政府的政策导向等有着密切的联系。

（1）成本警兆。成本变动是影响煤炭价格波动的基础因素。成本包括全面成本以及运输过程中产生的运输成本等。全面成本包括直接生产成本、煤炭使用者成本、安全成本、环境成本。随着煤炭需求的逐步恢复，需要更多的陕西、内蒙古甚至宁夏煤炭来满足沿海地区需求，铁路运输瓶颈的再次暴露导致运销成本上涨。

（2）供给警兆。由于2008年第四季度起国际煤炭市场力量的参与，使得国内煤炭的生产开采量和国外煤炭进口数量决定了国内煤炭的供给，而从长远看，影响煤炭供给的因素包括煤炭的潜在储量和实际可开采量。

消费者会因为煤炭价格的变动而不断调整库存，消费者主要根据煤炭价格变动趋势的预测和自身的库存能力来调整其库存，而库存的调整将通过影响供求关系最终影响煤炭价格。

（3）需求警兆。主要有国民经济的增长速度和煤炭消费最集中的四个行业（电力、建材、冶金和化工）的消费需求变化；此外，季节性的需求变化也会影响煤价。

（4）政策警兆。即中央政府的政策取向，包括政策性成本、节能政策导向、电价管制、资源整合等政策。

（5）国际市场价格警兆。包括国际煤炭市场价格和国际石油市场价格。

（6）其他警兆。如突发因素：煤炭价格也受天气灾害等突发因素的影响；国内外经济发展状况和经济结构、宏观经济情况、消费企业的结构、数量和地区分布等。

2. 警情指标的选择

由于中国煤炭价格最近几年都是呈波动上涨趋势，所以本书一级指标只研究“价格上涨幅度”，而不考虑价格下降的情况。本节确定煤炭价格监测预警警情指标一级指标为三个，分别是“价格上涨幅度”、“价格波动范围”以及“价格波动时间”。同时分别设定了子指标和指标说明，如表3－9所示。

表 3－9　煤炭价格监测预警警情指标

一级指标	子指标	指标说明
价格上涨幅度	绿灯区、黄灯区、单红灯区和双红灯区	价格上涨幅度 1% ~4% 为绿灯区；5% ~9% 为黄灯区；10% ~19% 为单红灯区；大于 20% 为双红灯区
价格波动范围	全国个别省区、产区或销区、个别市、县、产区或销区	产区或销区是指煤炭主要生产区或销售区
价格波动时间	短期、近期、中期和长期	短期指 1 月以内，近期指 1 季以内，中期指 1 年以内；长期指 1 年以上

3. 监测预警指标体系的构建

煤炭价格监测预警指标体系如表 3－10 所示。

表 3－10　煤炭价格监测预警指标体系

警情	警兆	警源
煤炭市场价格波动情况	全面成本 运输成本 政策性成本	成本
	国内煤炭的生产开采量 国外煤炭进口数量 煤炭的潜在储量 实际可开采量 年生产量、年进口量 库存总量、库存产品分类、库存地区分类	供给
	国民经济的增长速度 工业用煤炭消费 居民消费用量 出口煤炭消费 季节性的需求变化	需求
	节能政策导向 电价管制 资源整合	政策
	国际煤炭市场价格 国际石油市场价格	国际市场价格
	天气灾害等突发因素 国内外经济发展状况 消费企业的结构、数量和地区分布	其他

4. 预警识别及调控机制

结合本章的内容，中国煤炭价格在最近几年都是呈波动上升趋势，因此本节选择煤炭市场价格上升方向作为煤炭价格预警对象。根据表 3－9，将预警周期设定为短期（1 个月以内，即价格波动时间选择短期），根据煤炭价格上涨幅度情况将预警状态识别设置为一级双红灯区、二级单红灯区、三级黄灯区和四级绿灯区情四级。具体分级设置如表 3－11 所示。

表 3－11　预警识别

状态识别	判定标准	风险范围	现象
一级双红灯区	全国范围或部分省价格剧烈波动，价格涨幅超过 20%，严重影响 GDP 和 CPI，国务院、省分别实行价格紧急措施、价格干预措施	高度风险范围	出现流言传播、市场价格混乱、难以购买；多数热电厂停止供气、供暖，部分电厂停机
二级单红灯区	全国、全省、全市范围或部分地区价格明显波动，价格涨幅 10% ～19%，明显影响 GDP 和 CPI，国务院、省、自治区、直辖市实行限价措施	进入风险范围	出现煤荒、电荒、油荒、拉闸限电、争购、抢购；少数热电厂停止供气、供暖
三级黄灯区	全国、全省、全市范围或部分地区价格明显波动，价格涨幅 5% ～9%，可能影响 GDP 和 CPI	风险关注范围	对社会生产生活有轻微影响
四级绿灯区	全国、全省、全市范围没有出现价格明显波动状况，纵向对比，价格涨幅 1% ～4%	价格正常范围	对社会生产生活没有影响

由于本节采用的是指标预警法，因此需要注意预警指标偶然性问题，即有时一次性的波动也会导致警报发生，可能产生“虚警”。当煤炭价格波动涨幅进入绿灯区时认为非预警状态，不需要进行调控。当煤炭价格波动涨幅进入黄灯区、单红灯区、双红灯区时，认为系统预警，需要进行调控。若进入双红灯区预警，应先持续观察一段时间；若某一时刻进入双红灯区，又很快恢复正常，且在正常范围持续稳定一定时间，则断定有偶然因素发生，此时不予考虑预警；若进入双红灯区维持一段时间，则借助宏观调控使得煤炭价格波动涨幅相对减弱，之后可能会进入单红灯区和黄灯区，此时再次系统预警，再次进行调控，多次循环，进入绿灯区非预警状态，调控结束。该预警调控方法不是一次性完成的，而是多次缓步进行。根据本章前面的内容我们应该及时准确把握煤炭的供给、需求、库存、运输、突发因素、可替代品比价等信息，以便及早准确判断煤炭市场价格出现的异常波动并进行调控。对煤炭市场价格进行监测预警并不是简单的监测和猜测，而是应该对煤炭行业市场状况进行分析和评价，以此为煤炭行业管理部门提供决策依据。

六、中国煤炭价格形成机制改革及其政策建议

本节结合前面几节的分析和预测预警模型，对中国煤炭价格市场化改革进行探讨，从系统科学的角度，提出完善煤炭市场价格形成机制的政策建议，力争对中国煤炭市场价格形成机制的完善给出理论支撑和改革思路。

（一）煤炭价格市场化改革探讨

1. 煤炭资源配置市场化改革滞后

目前，中国煤炭资源实行有偿使用试点的过程中，资源的配置方式仍然是以政府为主导的计划经济手段，存在行政手段与市场手段“双轨制”。

2. 煤炭市场价格形成机制不健全

（1）煤炭价格构成不完整。目前，中国煤炭价格是煤炭直接开采成本加上运输、仓储、销售等各环节产生的费用而形成的，当前煤炭价格中的成本部分只考虑了直接开采成本，没有完全反映资源成本、环境治理成本、安全成本、煤矿发展成本和转产成本，而这些成本的考虑将有助于煤炭企业的长远发展，为中国经济可持续发展提供必须的能源。

由于当前煤炭价格构成不合理，导致中国煤炭价格总体偏低。煤炭价格不仅低于煤炭本身的价值，从一次能源的相对价格比来说也偏低。煤炭价格偏低不仅导致煤炭的过度开采和使用中的大量浪费，同时也使中国一次能源消费结构长期无法得到改善和调整。

（2）流通领域形成的价格成分太高。通常来说，煤炭价格从坑口价到企业的到厂价经过以下环节：

坑口价格—运销公司（管理费）—运输环节（运输费）—企业

流通环节除包括必须的运输费以外，还包括煤炭管理费、出省费、环保费以及运输过程中的乱罚款等。

以山西煤炭为例，山西煤炭运销总公司对出省的煤炭每吨加收 10 元的生产补贴和 5 元的维简费以及每吨征收 20 元的出省煤能源基地建设基金，并按每吨提取挂牌价 4.5% 以内的服务费和管理费，而在这之后，运输部门还要收取高达售价 50% 的运输费用，1 吨出矿价 160 元左右的煤炭，到达用煤企业时价格已经接近 500 元，如果以煤炭的坑口价格计算，各项非煤费用的总和占终端用户煤炭价格总成本的 75% 左右。

（3）缺乏对煤炭价格的统计。由于中国煤炭产业的结构特点，以及现行的

价格统计政策，煤炭价格的适时反馈机制目前还不能很好地发挥价格信息对煤炭企业和煤炭用户的指导作用，因此需要进一步加快基于全面成本概念基础上的市场化煤炭价格体系的构建和形成。

3. 中国管理体制混乱

（1）煤炭市场目前尚未形成一个完善的规范体系。目前，煤炭市场中存在不同程度的恶性竞争问题，市场竞争处于无序状态，煤炭价格未能真实地反映煤炭的实际价值；在煤炭价格市场化改革的大潮下，政府没有及时完善相应的煤炭市场准入、安全生产等市场规范制度以改善市场结构，创造良好的市场竞争环境；随着国家对煤炭、电力行业的逐步放开，政府没有进行相应的调整行政职能，把重点放在对煤炭和电力的宏观调控上，而仍然出面干预电煤价格，甚至还出现价格垄断、政府垄断等新现象。

（2）煤炭交易制度不完善。目前，煤炭交易的平台主要有：全国煤炭订货会、各地区的交易中心及煤炭企业、煤炭销售企业与用煤企业之间的零星交易、电子网络交易。但是这几种平台存在很多问题，主要是各地区的交易中心没有一个是压倒优势的交易市场，国内不能统一，在国际上就更难以形成中国在煤炭大宗商品价格上的话语权，而且没有看涨看跌的对冲机制。

（3）中国煤炭运输瓶颈制约问题依然严重。目前，中国煤炭运输主要有铁路运输、公路运输、水路运输三种方式。这几种运输方式都存在不同程度的运力制约。

尽管近年来铁路部门通过既有线路扩能改造等措施，已经在一定程度上缓解了铁路运力不足的问题。然而，铁路整体煤炭运输能力仍然紧张。2008 年夏经历的电力缺口，除了煤炭价格控制导致的煤炭供给短缺，铁路运输的滞后也是另一个主要原因。

水路运输不能满足需要。中国港口资源紧张，船舶“滞期”，同时，运输费大幅度上涨，海运紧张局面难以缓解。

公路运输能力非常有限。随着对公路运输中的超载、超限的处罚，运输成本上升，煤炭公路运输企业利润大幅度下降，运量明显下降。

（二）完善中国煤炭价格形成机制的政策建议

中国煤炭价格形成机制改革的目标是构建以市场定价为主导和国家对价格的综合调控为导向的煤炭价格机制，充分发挥市场机制在煤炭价格形成中的基础性作用，完善对垄断性、公益性价格的管理，注重运用价格指数、价格调节基金等经济手段引导价格，建立健全价格法律法规体系和科学有效的价格管理体制。

1. 完善煤炭产业政策

世界主要产煤国家有着相对完善的煤炭产业政策和法规体系，对煤炭行业发展起了较好的规范和调整作用，对中国煤炭产业政策的制定具有重要的借鉴意义。

（1）创造有利于煤炭产业公平竞争的市场环境。培育和建立开放、竞争、统一和有效监管的煤炭市场环境，完善相应的煤炭市场准入、安全生产等市场规范制度以改善市场结构，创造良好的市场竞争环境；引入市场竞争机制，形成由市场供给需求关系决定的煤炭价格形成机制；市场放开后为防止产生政府垄断等新现象，政府应做出相应的行政职能调整或撤销，减少行政力量的干预，更多使用经济手段来综合调控煤炭市场。

（2）推进市场交易主体建设。

1）借鉴山西煤炭资源整合的经验，在全国范围内加快推进煤炭资源整合，提高中国煤炭行业集中度，形成一大批有竞争力的市场主体。借鉴世界主要产煤国家的成功经验，加快中国煤炭企业联合、重组、兼并的步伐，组建以大型国有煤炭企业为主体的地区性企业集团、以行政区域强强联合的大型企业集团，组建跨地区、跨行业、跨国经营的大型煤炭企业集团，不断提高市场竞争力，发挥其在保障供给和稳定价格中的作用。

2）促进煤炭企业集团建立起投资主体多元化的现代企业制度和运行机制，提高企业竞争力，为上下游一体化整合创造良好的条件。

（3）建立能源基地，实现煤炭就地转化。

1）西部煤炭生产大省在巩固提升传统能源型产业的同时，加大力度推进煤炭产业升级，建立能源基地，实现就地就近转化，力争形成包括煤电一体化、煤直接液化、间接煤制油、煤制天然气等几十项较大规模煤电一体化、煤化工重点项目。鼓励煤炭、电力与化工等相关产业联营，围绕合成油、煤制天然气、聚氯乙烯等主导产业链，构建以煤炭、电力、天然气等为主的新型煤化工产业形态。

2）建设大型坑口电站，将煤炭就地转化为电力，向邻近的华北、东北电网送电，变输煤为输电，有助于降低发电成本，减轻煤炭运输压力。同时，有助于吸引发达地区相关产业向西部能源地区转移，加快西部经济的可持续发展。

（4）调整和完善税收政策。在短期内，可以通过调整和完善税收政策，促进煤炭价格形成机制的合理化。在市场经济条件下，税收政策作为政府对煤炭资源管理和调控的主要手段，能够优化和引导煤炭的生产与消费，在短期内可以发挥优化煤炭价格形成机制的作用。

1）按照“既要建立新的增值税制，又要照顾煤炭行业的实际困难，不增加国有重点煤炭企业的税负水平”的要求，取消或大幅度降低增值税税额。

2）改革煤炭资源税的基本思路是：一要根据矿区资源条件综合分类的原则；二要根据资源级差收益理论，结合中国的实际，研究煤炭资源级差收益的测算方法，并测算出各主要产煤矿区煤炭资源级差收益，在此基础上，制定合理的煤炭资源税税率。

3）借鉴世界主要产煤国家的经验，对煤炭产业实行税收优惠政策，并严格规范企业所得税的税前扣除。

2. 完善煤炭行业法律法规

完善配套法律法规，为煤炭企业建立良好的市场发展环境，提供公平竞争的平台。煤炭价格市场机制形成的基础是规范的煤炭市场交易行为和现代化、市场化的综合煤炭交易体系的建立。

（1）依法规范煤炭交易市场。目前，针对存在的价格垄断和政府垄断等不正当竞争现象，在制度层面上应该尽快制定和实施相应的煤炭交易规则，来依法规范煤炭市场主体的交易行为，有效形成规范的煤炭经营秩序。

（2）建立现代化综合煤炭交易体系。煤炭市场存在传统煤炭市场、柜台交易市场、期货交易市场三种类型。中国现在还停留在第一阶段市场，煤炭市场比较单一。建议分为短期和长期两个时间段来完成中国煤炭交易方式变革：①短期内，大力整顿和规范第一阶段的现货交易和中长期合同交易，利用 IT 技术发展网上交易等方式，逐步推进柜台交易；②长期内，煤炭柜台市场和期货市场投入运营，依托期货市场，推进中长期合同交易，形成现货交易与期货交易并存的综合交易格局。

在市场经济的推动下，除了即将建成的中国（太原）煤炭交易中心外，建议在煤炭主产地、重要交易地、主消费地建立若干个区域性煤炭交易市场，共同搭建供需双方自由交易、现货与期货交易并存的中国现代化综合煤炭交易体系，形成国际市场上的中国煤炭价格，从而推动完善煤炭价格形成机制。在这样的市场体系下，煤炭的供需双方将根据发展的需要，建立战略联盟，构建稳定的供应模式。煤炭市场将形成以中长期协议为主，期货、现货并存的市场营销格局。

3. 完善煤炭价格机制改革

由于中国新时期能源价格政策的目标是确保国家经济竞争力的可持续，其基本途径是能源价格形成机制的合理化。而能源价格形成机制合理化的基本标志就是价格反映成本。

（1）建立科学的煤炭成本核算体系。建立煤炭成本核算体系前，首先应该确定煤炭成本费用核算框架，然后根据紧迫程度把资源开采、安全设施投入、基础设施建设、探矿权使用费、采矿权使用费、环境保护、环境治理、生态修复、煤炭转产等费用列入成本开支范围，完整准确地核算煤炭成本与价值。

（2）设立价格调控基金。进一步完善煤炭价格形成机制；设立煤炭价格调控基金时，要充分考虑当前煤炭行业的增支因素（如安全成本、资源成本、环境成本等）、政府对煤炭行业减负力度、地区差价、区域优势、运输半径等因素，征收来的调控基金主要用于：保持一定规模的储备，当煤炭价格出现突发性波动情况时，用于平抑市场煤炭价格，稳定煤炭市场；矿区经济结构调整和非煤产业后续发展；矿区地质灾害治理和煤矿安全生产补欠；煤炭价格调节基金日常征管工作支出以及其他一些涉煤用途。

（3）建立和完善煤炭价格发现机制。要形成科学合理的价格发现机制，可以借鉴证券指数的经验，建立起符合中国煤炭市场实际情况，与国际煤炭市场紧密联系的煤炭价格指数，煤炭价格指数的推出需要确立合理的煤炭价格指数体系，主要包括：准确反映市场总体变化趋势的综合加权平均指数；反映中国煤炭产业参与国际分工和相互影响程度的进出口价格变化指数；反映煤炭交易双方订立合同时价格变化情况的合同价格指数；反映国内煤炭交易整体价格变化情况的国内交易价格指数；反映煤矿生产价格变化情况的出矿价格变化指数；反映运输中转需求变化情况的煤炭主要中转地区、主要港口价格指数；反映消费代表地区情况的主要消费市场价格指数；反映不同煤种供需关系变化情况的、主要代表煤种、品种价格指数；反映国内期货市场价格变化情况的期货价格指数；反映不同行业消费需求变化的主要行业消费价格指数；反映对市场发展预测的预期价格指数（生产者预期、中转预期指数、消费预期指数等）等，并应当确立权威的价格指数发布机构。

4. 完善煤炭价格管理体制改革

当前中国能源行业管理机构薄弱和政府职能分散，导致关于煤炭价格的各种政策有时难以协调。因此，完善中国煤炭价格管理体制改革，加强煤炭行业价格管理和宏观调控等十分必要。

（1）设立煤炭价格管理机构。为保障煤炭价格的平稳运行，结合上一节对中国煤炭价格监测预警机制的研究，建议政府设立专门的煤炭价格管理机构，统一监管和协调全国煤炭价格，对煤炭市场价格水平跟踪监测，及时准确地公布煤炭市场价格信息，并对市场价格现状和走势进行监测预警动态分析。当煤炭价格在一定范围内出现显著上涨，市场价格水平出现剧烈波动等异常波动情况，根据煤炭价格的波动程度、影响范围、危害程度，启动相应的预案，以保证市场价格得到有效控制。

（2）建议成立全国煤炭价格协会。为更好地推进煤炭价格机制改革，建议成立类似“欧洲煤钢联盟”或“欧佩克石油组织”的第三部门行业组织——全国煤炭价格协会，建议政府授权该协会下列有关服务和职能：研究煤炭市场动向，提供信息协调解决有关产量、价格及利益分配等矛盾问题；协助政府同煤矿签订生产计划合同；提出使用煤炭价格调控基金的使用计划等。这些服务和职能既维护了市场秩序，加强了行业管理，也提高了政府宏观调控和监督管理的能力和效率。

5. 加快推进煤炭相关领域体制改革

加快推进煤炭相关领域体制改革，着力推进电力配套改革、运输行业的市场化改革，缓解煤炭供需双方的矛盾，建立电力、运输与煤炭相对稳定的供需关系。

（1）加快电力配套改革。积极稳妥地推进电力市场化改革，在有条件的地区推行竞争确定电价的机制。要加快电价改革的步伐，积极推进竞价上网，建立煤价与发电价、发电价与电价联动机制，调整发电企业消化煤价上涨比例，设置煤电联动最高上限，适当控制涨幅；加快电力体制改革，引入竞争打破垄断，使发电企业真正引入竞争机制。

（2）加快煤电协调政策改革。煤、电矛盾的解决涉及煤炭和电力两个行业的市场化改革。建议在当前过渡时期，建立国家级电煤监测、监控和协调长效机制，制定国内煤炭产、运、需有效衔接的中长期规划，完善煤电联动机制，筹建电煤交易服务中心，规划制定以煤源定电源。

1）建立国家级的电煤监测、监控和协调长效机制，加强煤、电、运的分析预测和实施宏观调控。通过日常煤、电、运平衡衔接和协调，保证电煤供应资源稳定；组织煤、电、运等有关企业，对重点区域的资源配置、合同兑现、电煤质量、需求变化、运输组织等工作进行监督和检查，并做出客观全面分析，制定各种应急预案；尽快建立完善电煤价格指数体系，稳定电煤价格，稳定电煤供应市场。

2）制定国内煤炭产、运、需有效衔接的中长期规划政策。建议组织有关专家，成立专门（临时）机构，对国内煤炭产、运、需平衡衔接做出定性、定量的分析判断，研究制定国内煤炭产、运、需有效衔接的中长期规划政策，以引导煤炭市场平稳健康发展。

3）完善煤电联动政策。发电企业的燃料成本构成中，大约60%是煤价成本、40%是运输及其他成本。当前，电煤价格联动政策已实施，但存在一些测算不科学、执行不到位的问题，铁路运输价格、航运价格未在联动机制中考虑，发电量和上网电价实际由各地政府控制，企业自己不能决定产品的数量和价格，导致火力发电企业亏损运营。建议政府部门进一步推动促进煤电联动政策的完善，解决联动缺口问题。

4）筹建电煤交易服务中心。研究电煤交易方式的改革，筹建电煤交易服务中心，逐步建立有利于现货交易规范、远期合同履约保障和回避价格风险的市场化的期货交易机制。

5）以煤源定电源。在煤炭市场资源有限的情况下，应将优质资源保证优质电力项目，以煤源定电源，从根本上避免资源浪费。建议在规划中加强宏观调控，电力规划审批建设要进行煤、电、运平衡评估分析，新建非坑口火电厂必须燃用洁净煤，新建动力煤基地必须符合商品煤生产条件，铁路运力配置首先考虑具备商品煤生产条件的煤矿，提高资源运输效率，缓解日益严峻的能源、环保压力。

（3）加快铁路运输体制改革。拓宽融资途径，增加铁路建设投入，大幅提高煤炭运输干线的运输能力；鼓励各种资本投资建设铁路，并推动其他产业对铁路兼并融合的步伐，整合各方面资源，实现大的联合发展。

优化运力资源配置，实现运输资源分配市场化。运输能力要重点倾向按照市场的需要来布局：重点解决几大煤炭生产基地的煤炭运输，煤炭运输港口煤炭的运输和中转，南方等煤炭主要消费区的煤炭运输供给。

七、本章结论

（1）煤炭价格影响因素包括供求关系、全面成本、其他外部因素。其中供求关系是价格波动主因，全面成本是价格价值基础，包括直接生产成本、煤炭使用者成本、安全成本、环境成本；其他外部因素包括国际市场价格和中央政府的政策取向以及煤炭资源整合的影响。

（2）ARMA（1，1）能很好地拟合中国煤炭价格变动过程，运用所建立起的煤炭价格时间序列模型，对短期内中国煤炭价格走势进行预测分析，这对于煤炭企业掌握煤炭市场变化规律和及时调整煤炭生产状况有着非常重要的意义。

（3）本章将煤炭价格形成机制作为一个系统，从系统工程的角度，对完善煤炭市场价格形成机制提出政策建议：认为要从煤炭产业政策、煤炭行业法律法规、煤炭价格机制改革、煤炭价格管理体制改革、煤炭相关领域体制改单等方面来完善和加快推进煤炭价格形成机制改革。

第四章　中国煤炭资源价格机制培育研究

一、绪　论

（一）研究背景及意义

中国从20世纪70年代末期开始，经过近30年的不断探索，煤炭价格改革取得了实质性进展，价格形成机制逐步走向市场化。1979~1984年，开始引入市场机制，以调整价格为主；1985~1992年，价格实行调放结合的政策，后期以放为主；为缓解煤炭行业亏损局面，1985年煤炭价格出现了双轨制；从1986年起，指令性煤炭价格由国家颁布统一出厂价格和在此基础上统一的加价幅度两部分组成，计划外价格实行市场调节；1992年，国家放开统配矿新投产矿井达产期内生产的煤炭出厂价格，实行市场调节，同时放开了国家控制的定向煤价格，取消了计划外煤炭最高限价。从1993年开始，煤炭价格改革进入新的阶段，确立了以市场形成价格为主的价格机制。1994年1月，全国除电煤以外的煤炭价格全部放开。1996年，国家开始对电煤实行国家指导价格，即在1995年煤炭实际结算价格基础上，全年平均电煤每吨最高提价额8元。从2002年起，国家停止发布电煤的政府指导价格，但仍保留了“计划煤”与“市场煤”之间的价格双轨制。从2007年开始，国家彻底取消煤炭价格双轨制，实行企业自主协商定价。

煤炭价格放开解决了煤炭定价主体的转移，确立了市场调节在资源配置中的基础地位，但由于煤炭市场和煤炭行业的特殊性，煤炭价格的形成机制改革严重滞后，致使煤炭市场价格运行过程中存在的一些深层次问题还没有得到根本解决，即存在许多“市场失灵”、“政策失灵”的问题。

1. 全球性煤炭资源问题

煤炭是地球上蕴藏最为丰富的资源，据国际能源机构的预测和评估，世界煤炭可开采储量总计为12112亿吨，按现有消费水平计算，足够使用约210年。从资源地区分布看，主要集中在北半球，其中以亚洲、北美洲最为丰富，在全球地质储量中分别占58%和30%，欧洲占8%；而南半球则数量极少。尽管煤炭储量分布很广，但60%的可开采煤炭储量集中于美国（25%）、俄罗斯（17%）和中国（12%），澳大利亚、印度、德国和南非4国所占比重为29%。据国际能源机构统计，上述7国的可开采煤炭储量占世界煤炭储量的80%以上。澳大利亚、印度尼西亚、中国、美国、南非、加拿大、哥伦比亚等9个煤炭出口国是世界煤炭出口的主体，占世界煤炭出口贸易的90%以上；以日本、韩国、我国的台湾和香港地区为主体的东亚地区和以欧共体为主体的西欧地区是实际煤炭进口的主体，合计进口量占世界煤炭进口量的75%左右。

纵观近年来国际煤炭市场的交易价格，20世纪90年代世界煤炭价格在40%范围内波动，1995年煤炭价格最高，一度达到45美元/吨。1995～1999年，国际硬煤交易市场的交易量以每年230万吨的速度增长。大量定位于出口的新煤矿的兴建，导致世界煤炭供应充沛，国际硬煤价格面临下降的压力，1999年世界硬煤价格一度跌至25美元/吨。1999年和2000年，世界煤炭市场发生了重大变化，特别是煤炭供应方。1999年世界煤炭市场的价格竞争不仅影响了贸易方式，也影响了煤炭出口国家的收入。澳大利亚和印度尼西亚煤炭出口量增加，而美国则降至20世纪70年代中期以来的最低点，南非取代美国成为世界第二大煤炭出口国。从2000年开始，因受国际市场石油价格等因素的影响，国际硬煤价格开始回升，但这种回升的趋势没有维持太久。进入2001年，国际煤炭价格又开始下跌，欧洲硬煤到岸价格由35美元/吨下降到25美元/吨。2003年以来，随着世界煤炭供求日趋平衡，国际硬煤交易市场出现了较大的变化。2003年底，由于世界经济复苏带动能源需求量的增长，冶金用煤、电力用煤持续增长，国际煤炭市场需求旺盛。加之2003年底，作为世界最大产煤国的中国出台减少煤炭出口的政策，同时由于中国等国家对铁矿石需求高涨引起海运运力紧张，由此带来国际海运运费大幅度上涨，国际煤炭价格又从谷底反弹至60美元/吨，成为近20年来的历史最高价格。之后的两年中，由于上述原因引起国际煤价高涨的各种因素没有发生太大的变化，世界硬煤价格一直维持高位运行，稳定在60美元/吨上下。

近20年来，中国煤炭出口量从1985年的777万吨增至2003年的9388万吨，此后大幅缩减到2006年的6330万吨。中国的煤炭出口，特别是焦炭和焦煤的出口在国际上有着巨大影响力，2003年中国焦炭生产量为1.78亿吨，焦炭出口占国际市场的50%以上，成为世界上最大的焦煤生产国和出口国。中国的煤炭出口为世界经济的发展做出了巨大贡献。2004年以来，焦炭市场由盛转衰，至

2005 年底跌入低谷。2005 年二季度以来，由于受钢铁产品价格下滑和行业新增产能过快的影响，焦炭产品价格一路下滑，到 2005 年 11 月跌入谷底，这一状况一直持续到 2006 年 3 月底，焦炭行业也由 2004 年的暴利行业演变为亏损行业。2006 年 4 月后焦炭价格开始回升，一直延续到 2008 年初。

中国不仅是世界上最大的煤炭生产国，也是最具影响力的煤炭出口国之一，可以说，煤炭是中国唯一具有“定价权”的大宗资源性商品。可惜的是，长期以来，资源优势并未给中国带来国家利益上的实惠，其突出的表现就是国际煤炭价格低迷阶段，拼命出口，而在煤炭价格上涨阶段，进口量却逐年大幅上升，导致煤炭贸易的贸易条件恶化。由此也可以看出，在中国和平崛起的过程中充分发挥国有经济、国家宏观调控的作用是必要的也是可行的，煤炭资源价格改革是当务之急。

2. 煤炭资源与中国经济增长方式转变的问题

中国正从初步小康向全面小康过渡，无论是发展还是改革，都处在一个新的历史起点。完善社会主义市场经济体制，实现经济发展方式的转变，需要加快市场化改革进程。

中国社会科学院经济研究所的张卓元认为，近年来中国的经济粗放型增长方式显露的矛盾已经越来越突出。而这种经济发展方式难以根本转变，其中重要的原因在于中国长期以来进行的价格管制，“这鼓励了人们浪费”。国务院发展研究中心副主任刘世锦认为，中国的经济增长，依托了一系列基本要素的组合，其中很重要的就是劳动力成本低、土地和其他自然资源价格低；在市场经济条件下，资源约束问题在很大程度上是价格问题，缓解资源紧张的一个基本问题，是“要让价格起作用”。近年来东南沿海地区特别是珠三角、长三角地区土地和房产价格大幅上升，“民工荒”持续存在及其引发的工资提高，这些现象都表明维持了 20 多年的建立在生产要素低成本优势基础上的发展模式已经难以为继。

为摆脱经济发展对低价格资源的依赖性，改变粗放型的发展模式，2005 年 10 月召开的中共十六届五中全会审议通过的《中共中央关于制定国民经济和社会发展第十一个五年规划纲要》中明确，“在优化结构、提高效益和降低消耗的基础上，实现 2010 年人均国内生产总值比 2000 年翻一番；资源利用效率显著提高，单位国内生产总值能源消耗比降低 20% 左右”。为实现科学发展，坚持以人为本，转变发展观念、创新发展模式、提高发展质量，落实“五个统筹”，把经济社会发展切实转入全面协调可持续发展的轨道，《中华人民共和国国民经济和社会发展第十一个五年规划纲要》确定“十一五”时期经济社会发展的 8 个约束性指标中有 5 个与资源环境有关，包括单位国内生产总值能源消耗降低（20%）、单位工业增加值用水量降低（30%）、耕地保有量（1.2 亿公顷）、主要污染物排放总量减少（10%）、森林覆盖率（20%）。约束性指标在预期性基础上进一步明确并强化了政府责任。

关于资源性产品的价格改革，中共十六届五中后国家发展与改革委员会即组织各方讨论。2005 年 10 月 28 日，组织国务院发展研究中心、财政部、国土资源部、水利部、科技部、环保总局、中石油公司、中石化公司、国家能源领导小组、国家电网公司、煤炭工业协会、华能集团、社科院等部委、机构和公司，在钓鱼台国宾馆召开了一次资源价格改革研讨会。会上，财政部副部长朱志刚指出，中国的资源投入模式要实现由粗放型向集约型的转变，必须稳步推进资源价格的改革。目前，资源的廉价甚至无偿使用仍然普遍存在，资源价格呈现出既不反映价值、也不反映供求的扭曲局面。资源价格的扭曲，一方面使得资源价格无法有效、真实地反映社会需求，价格机制无法按照市场规律来调节资源的生产和消费；另一方面资源的廉价或无偿的使用，带来了浪费和效率低下。

3. 煤炭资源与环境破坏问题

资源低价助长了资源开发的采厚弃薄，选矿忽视综合回收，造成环境的不可逆转性破坏。国内外经济发展的实践表明，维持较高的资源价格可以促使企业节约资源投入，同时有利于提高资源开采程度和利用效率；相反，资源低价会刺激矿产开采企业顺应市场变化，采厚弃薄、采富弃贫。这是由资源产业的特点决定的：市场周期性波动，产能间歇性扩张或减少；在一定时期内，由于自然条件限制，如地理环境、探明储量等，矿产资源存在钢性较强的供给能力上限，短期内扩大产能的可能性不大。就一个矿山来讲，从勘探、矿井开拓、采选矿设备采购、矿业用地的征用等初次投入较一般企业大，而开始生产后日常开采成本、选矿成本相对较小。一旦出现供过于求的市场，企业的本能反映是增加产量，开采浅、易、富、近的矿产储量以降低生产成本至可变费用附近，此时低价竞争成为不可避免的现象。特别是当矿产品不同，开采企业实力有明显差异时，无序竞争又容易导致市场处于价格低迷状态。

煤炭作为工业经济时代的一种主要能源（到目前为止仍然是这样），在经济发展中具有举足轻重的特殊地位。开采煤炭资源以利于经济发展，是“天经地义”的事，经济发展的热潮掩盖了环境的恶化问题，其结果必然是大量煤炭资源的过度开采和浪费，矿区生态环境的急剧恶化和难以恢复治理，直接影响了煤炭行业的发展和人类的生存。

煤炭环境问题主要表现为四大类：空气污染；水资源的污染与破坏；土地资源的占用；污染和退化，地质类灾害。空气污染主要是粉尘、有害气体排入空气中，降低空气质量，据统计，中国每年从矿井开采中排放甲烷 70 亿～90 亿立方米，约占世界甲烷排放总量的 30%，除 5% 左右的集中回收利用外，其余全部排放到大气中。矿区地面矸石自燃释放出大量含二氧化硫、二氧化碳、一氧化碳等有害气体，严重污染大气环境并直接损害周围居民的身体健康。水资源的污染与破坏主要表现为因废水、废物排放污染水源和因地下开采破坏地下水源、引发河流改道、湖泊减少等。据统计，中国煤炭每年产出的各种废污水约占全国废污水量的25%，国有煤矿现有矸石山1500余座，历年堆积量达到30亿吨，占地5000公顷。地质类灾害主要是因煤炭开采引发的地表塌陷、河流断流和改道、湖泊减少、滑坡、泥石流及山坡崩塌等。

中国目前有资源产品价格，也有自然生态的补偿政策，但没有上升为资源价格的制度化和计量测算的理论科学化，没有形成资源价格体系。资源价格既不能反映资源产品价值，又不能反映资源产品的供求关系，导致中国经济发展中片面追求增长速度而不计资源消耗现象的形成。

煤炭价格扭曲根源在于其价格机制的不完善。不完善的价格机制，引起煤炭价格扭曲，市场价格信号失真，不仅造成煤炭行业自身的效率损失、政府财政负担的增加，而且增加了评价煤炭企业经营成果的难度，导致其他行业能源使用的浪费，增加了国民经济结构调整的难度。实践证明，价格水平是否合理，形成机制是否完善，不仅直接影响煤炭开发利用水平，产业结构合理化程度和煤炭工业的可持续发展，而且还关系到国民经济能否全面协调健康发展。因此，全面研究中国煤炭价格问题，探索建立符合市场经济要求的煤炭价格机制，是促进煤炭工业改革和发展的现实需要，具有重要意义。

（二）文献综述

1. 国外文献研究综述

自20世纪70年代以来，大量国外学者开始研究能源价格问题。研究的领域十分广泛。主要包括对可耗竭能源定价问题的研究、卡特尔理论在石油输出国组织中的应用、各种类型能源供给和需求模型的研究等。近年来，国外学者关于能源价格研究发生重要的转变，主要是新技术和新的行为模式使能源生产过程中需要处理更多的信息。研究者需要研究不同种类的信息在能源价格形成中的作用，博弈论和信息经济学开始在能源研究中受到关注。

在可耗竭资源价值的确定上，发达市场经济国家普遍把可耗竭资源作为一种资产来研究。其中，比较有代表性的观点包括：Newland认为可耗竭资源应该被作为一种“耗减而非折旧的资产”来研究；Hanfres认为可耗竭资源可以被划分为“固定资产”，并认为应以“纯流动收入的形式”来研究；Hanmilton认为可耗竭资源是一种有形资产，其价值是可耗竭资源开发预期净收益的现值。可耗竭资源定价理论是以欧文·费希尔和鲍姆·巴沃克的标准资本理论为基础，其中心问题是不同时期的分配问题。

在可耗竭资源定价理论的研究中，根据资源耗竭情况，分为三种类型来研究。第一种类型被称为“纯耗竭资源”，这种资源的供给不可能增加，并且不存在供给增加的可能。第二种类型被称为“自动再生产资源”，在这种情况下资源数量的增长取决于现存资源的数量。增长速度和资源现存的数量是成比例的。第三种类型被称为“供给成本增加型资源”，这种资源的可用储量在预计的时期可能被消耗完，但获得这种资源的边际成本随着廉价替代资源的耗竭而增加。

能源价格研究目的是探讨能源的最佳消耗路径，从这个意义上说，它与可持续发展所关注的资源利用的代际影响是一致的。1931 年，Hotelling 在美国《政治经济学》杂志上发表“可耗竭资源的经济学”是资源经济学的经典文献，他提出了在竞争市场环境下，零开采成本的资源最佳开采模型与资源价值量计算模型。得出的结论是，耗竭性资源的净价格将以市场利率的速度上涨。这一结论成为资源经济学领域最基本的定律，也被后来称为霍特林准则。在能源价格的分析中，Hogan（1989）认为需求起关键作用，为能源价格预测设定的循环模型中，认为能源价格几乎完全由需求决定，在这种循环模式中，需求量根据价格的变化做出调整，但它的反应滞后于价格的变化。结果高价使得未来的需求曲线向左移，低价又促使需求曲线向右移，使得价格重新回升。

在能源价格的形成机制上，对于在能源领域引入竞争对于福利的影响一直存在争论，Joskow（2003）认为“以功能性更强的分散的市场机制来取代等级森严的政府管理体制在技术上是一个非常重要的挑战”。对能源形成机制的关键挑战是解决市场的有效性和长期投资的矛盾。这种矛盾表现在完全竞争条件下做出分散决定的能源市场中企业在市场处于高涨时期的投资会带来风险，这种风险是由于投资可能的低效率造成的，而在短缺或垄断的市场中，竞争相对较低，对价格的控制会减少这种不确定性，但可能会导致投资和分配的效率降低。

在能源价格形成机制效率的问题上，Olli Tahvonen 和 Seppo Salo（2002）研究了不同发展阶段能源消费的类型以及能源消费和 GDP 的关系。能源消费随 GDP 的增长呈倒 U 型，随着 GDP 的增长，能源消费先升高后降低，其价格则不断降低。无论是否采取环境保护的政策措施，能源价格对经济增长的间接影响都是通过能源使用与经济增长的关系上间接体现的。尽管已有的研究证明能源利用与经济增长之间有明显的相关关系，但两者之间是否存在相互依赖的因果关系，即经济增长主要取决于能源使用或者能源使用主要取决于经济增长，还没有得到明确结论。

2. 国内文献研究综述

中国煤炭价格及其形成机制问题由来已久，相关研究多集中在煤炭价格或煤电价格的某些局部方面，而缺乏较为深入全面和创新的思路和观点，主要有：段治平（2002）在《试论煤炭价格形成机制的改革》一文中较早论述了煤炭价格形成机制。此后，濮洪九、潘伟尔较为全面地分析了完善煤炭价格形成机制的重要性及改革思路。马凯、武承厚等人提出通过市场化方式实现煤电价格的良性互动，不断完善煤电价格联动机制。张云明（2006）指出煤电联动的实施需要以下几方面的政策与措施：继续完善煤电联动政策；稳定煤价，建立科学的电煤价格信息监测系统和指标体系；建立规范有序的煤炭交易市场；通过市场化的手段形成煤电企业之间的战略联盟；实现销售电价的市场定价机制。田华（2006）认为煤炭产品价格的现状主要表现为：绝对价格水平较低，煤炭产品与其他能源产品比价不合理，煤炭产品价格上涨低于其他生产资料的上升幅度；并指出，煤炭资源价值的缺失是煤炭产品价格扭曲的根本原因。田书晶（2006）在强调了中国煤炭价格形成机制不合理的基础上指出，煤炭价格与其价值严重背离。李艳舫（2007）在分析了美国、德国等国家的煤炭定价机制后指出，发达国家大都是在具备了较为完备的市场经济基础的条件下进行的改革，而对于那些尚未建立完善的市场经济体制的国家未必适用相同的方案，这些国家在政府干预市场的程度与方式上与发达国家存在很大差别。随着数理经济学的发展，学术界逐渐形成了一些动态价格形成模型。郝家龙系统研究了动态经济系统的煤炭价格模型，基于Box－Jenkins法建立了短期煤炭价格ARMA预测模型。

从现有文献看，多数研究是对煤炭价格形成机制相关内容的定性分析以及完善煤炭价格的对策研究，即使有少数定量分析，模型复杂而且适用条件限制颇多，是对理想化市场的模拟，不能真实反映煤炭市场。

二、煤炭价格形成的基本理论分析

（一）国家干预理论

1. 20世纪90年代前期的国家干预理论

传统的经济理论认为市场是资源配置的主要手段，经济通过市场上自由竞争总会自动调节以达到充分就业的均衡境地，国家的干预只有在市场失灵的地方才发挥作用，如公共产品的提供，涉及国家安全和存在外部性影响的领域。30年代初资本主义世界出现空前的经济危机，使得传统的经济理论对此束手无策。这时凯恩斯（Keynes）的《就业、利息和货币通论》顺时应势出版。此书的出版，标志着宏观经济学的产生，也使得国家干预经济理论由配角变成了主角。

凯恩斯全面地论述了其经济理论和政策主张，认为“萨伊定律”并不成立，供给不能自动创造需求，资本主义经济也不能自动地达到均衡。因为，在边际消费倾向一般比较稳定的情况下，人们总是把所增加收入的大部分用于储蓄，而不是消费，这使得有效需求经常地表现为不足，社会总供给和社会总需求难以自动实现均衡。为了解决有效需求不足的问题，凯恩斯主张放弃经济自由主义，代之以国家干预的方针和政策。国家干预最直接的表现，就是实行赤字财政政策，增加政府支出，以公共投资的增量来弥补私人投资的不足。增加公共投资和公共消费支出，实现扩张性的财政政策，这是国家干预经济的有效方法。由此而产生的财政赤字不仅无害，而且有助于把经济运行中的“漏出”或“呆滞”的财富重新用于生产和消费，从而实现供求关系的平衡，促进经济增长。

凯恩斯最后得出结论：资本主义市场中不存在一个能把私人利益转化为社会利益的看不见的手，资本主义危机和失业不可能消除，只有依靠看得见的手即政府对经济的全面干预，资本主义国家才能摆脱经济萧条和失业问题。为此，凯恩斯主张政府通过收入分配政策刺激有效需求来达到充分就业。为刺激社会投资需求的增加，他主张政府采取扩大公共工程等方面的开支，增加货币供应量，实行赤字预算来刺激国民经济活动，以增加国民收入，实现充分就业。

2. 90 年代后期的国家干预理论

法国《景气》杂志 1993 年第 1 期发表编辑部文章《国家的回归》，对凯恩斯国家干预理论的缺陷、内生增长理论、90 年代国家干预的特征作了分析。

该文指出，凯恩斯的国家干预理论建立在战后传统的增长理论基础上，它遇到了技术进步（在不增加劳动和资本的条件下保持效益的增长）以及资本边际生产率提高（在不增加其他生产要素的量的条件下保持效益的增长）的限制，因此只能实现短期的、不稳定的增长，而不能避免危机的发生。70 年代中后期在许多工业国家发生的“滞胀”表明，传统的增长理论已不能适应经济发展的需要，国家干预的理论基础以及国家干预的某些形式必须改变。内生增长理论就是在这种情况下应运而生的。最早提出这一理论的是 1991 年诺贝尔经济学奖获得者，美国芝加哥大学教授罗纳德·科斯，而美国青年经济学家、芝加哥大学教授保尔·罗姆则对这一理论的发展做出贡献。内生增长理论的核心概念是外部性和经济效益的增长。所谓外部性是指个人或企业的活动对他人或企业产生消极或积极的影响，但是却没有为之承担应有的成本费用或没有获得应有的报酬，从而造成私人成本与社会成本之间或私人收益与社会收益之间的非一致性，其结果是，在积极外部性场合，市场供给就会过少，在消极外部性场合，市场供给就会过多。内生增长理论认为，只有通过国家干预对外部性做出纠正，才能实现生产要素和人力资源的最优配置、总供给与总需求的均衡、社会财富的公平分配以及经济效益的增长。

90 年代国家干预的目标是实现长期、稳定的经济增长，它的理论基础是内生增长理论，由于这一变化，它将表现出如下特征：

（1）对外部性的干预。其中包括对积极外部性的干预和对消极外部性的干预。国家对积极外部性干预的目的是保护和促进某些具有积极外部性的积累形式的发展。在经济生活中，最常见的具有积极外部性的活动有：科学研究、教育、职业培训、各种形式的信息的传播、公共工程和基础设施的建设等。对积极外部性的干预可以采取多种形式：①补贴。如对这方面的投资减、免税收，对教育和职业培训普遍予以补助，对熟练劳动减税，为提高劳动的熟练程度和复杂程度提供各种方便，其中包括提供时间上的方便以及获得信息的有利条件等。②建立使积极外部性产生的效益归私人占有的机制，如专利权、各种知识产权的保护等，但要注意不要使这些措施阻碍知识和信息的传播。③促进积极外部性受益人之间的合作，发挥积极外部性的扩散效应，防止垄断现象的出现。

对消极外部性的干预是为了限制和阻止某些积累形式的发展。这些积累形式从私人角度看是有利可图的，但从社会角度看却是非理性的。如造成环境污染的经济活动使私人成本降低，但是却使社会成本提高，二者之间的差额形成租金。只有通过立法（环境保护法）和税收才能消灭这种租金。

（2）对经济结构的干预。经济结构决定经济增长的类型。国家应通过产业政策以及通过对金融市场、保险市场和资本市场的干预建立或者说重建合理的、能够容纳巨大发展潜力的经济结构。特别是要注意实现那些对社会有益，但对私人来说具有巨大风险，私人资本难以得到抵补或者从金融市场角度看，资金难以在短期回收的项目。此外在发展规模经济的同时，应始终把追求经济效益当作根本的目标。

（3）对国家自身的干预。传统的经济理论认为，私人部门是为个别利益服务的，而国家是为普遍利益服务的。以布坎南为首的、新的经济学流派认为，应该用分析私人行为的同样尺度来分析国家以及组成国家的当事人的行为。在考察国家行为时，应特别注意两点：一是国家活动有效益，即国家行政机构运转的直接成本；二是国家是否在寻求租金。国家寻租往往会采取冠冕堂皇的形式，如以公共转移支付的名义使一些人受益，以反对不正当竞争为名保护垄断等。国家行为有时还包含二重性，即有益和有害两个方面，这使寻租行为更为隐蔽，国家寻租的最终结果是少数人的利益得到了最大的满足。布坎南认为，国家越是被少数人控制，寻租的可能性就越大，因此他建议必须最大限度地实行决策的分散化。此外，他认为国家机构的官僚主义是同预算的规模直接联系的，因此必须建立一个严格的制度框架，最大限度地减少政府预算，以限制官僚主义的活动领域。国家对自身的干预并不是为了限制国家的行动，而是为了纠正国家干预造成的扭曲，使国家和政府的行为更为规范。

3. 国家干预理论下的煤炭价格机制

从煤炭价格的国家干预机制看，国家可以通过直接定价、利益补偿、政策引导、调整产业结构等多种途径直接或间接地影响煤炭价格的形成。而国家干预煤炭价格的行为是由煤炭作为能源的特殊属性所决定的。首先，煤炭在当今世界能源结构中仍占相当高的比例，而能源是国民经济的基础产业，其价格的高低直接会影响到国民经济的各个行业，煤炭价格偏高会增加相关产业的生产成本，势必带动其下游产业的产品价格上涨，抑制消费。而煤炭价格过低又会制约生产者的积极性，使煤炭作为原料在下游产品的成本构成中份额较低，直接引发资源的浪费，不利于国民经济的持续稳定发展。其次，从国家能源安全战略的角度出发，国家会有意识地调控煤炭能源的储备、开发和使用，从而人为地影响到煤炭市场的供求关系。再次，煤炭作为不可再生资源，涉及国家产业结构的调整，国家为维持经济的长期稳定发展会通过宏观调控有意识地引导相关产业在国民经济结构中的比重，从而限制或促进煤炭能源的使用。最后，煤炭作为基础能源，有“工业的粮食”之称。其价格也受制于国家对相关能源价格的管制，最主要的表现就是国家对电力价格的控制常常会直接影响到对煤炭的需求，从而影响电煤价格的高低。

对处于经济转轨时期的国家，还必须注意改革中国家干预的程度和方式问题，正确处理体制改革与经济发展之间的关系。相应的，国家从对煤炭工业的直接控制中撤出，转而依靠市场机制对煤炭资源进行优化配置，建立以市场为主导的煤炭价格机制，也必须注意到培育良好的煤炭市场和相关领域内的政府职能重建问题。由此，中国煤炭价格机制的改革需要遵从以下几点原则和导向：

（1）明确以市场为主导的改革方向，减少政府对煤炭价格的直接干预。社会主义市场经济体制的目标是实现市场机制对资源的优化配置以促进生产力的进一步发展，而市场化的价格机制是引导资源配置的主要方式，因此中国煤炭价格机制也应遵循市场主导的基本方向，尽量避免通过控制生产、销售、定价、运输等政府直接干预手段人为决定煤炭价格，促进煤炭资源的优化配置。

（2）煤炭价格体制改革必须以经济稳定为前提。煤炭资源是国民经济的基础产业，特别是对于以煤炭为主的中国而言，煤炭价格对国民经济有着巨大的影响。如前文所述，改变国家干预的程度和方式必须以保持经济稳步增长为前提，同时逐步完善政府治理体制。因此，改革煤炭价格机制还必须注意到在价格机制的完善过程中避免由于不正常的价格波动对国民经济的损害。

（3）政府应承担起培育健康煤炭市场的责任。从国外煤炭价格机制改革的实践以及转轨经济中国家干预理论看，健康的市场环境是政府退出直接干预煤炭价格的前提。从中国实际情况看，虽然市场经济体制改革取得较大进展，但煤炭市场开放与改革步伐相对滞后，机制还很不完善，政府逐渐退出煤炭价格领域的同时必须同步培育健康合理的煤炭市场机制。

（二）矿产资源价格形成理论

现代西方资源经济理论认为，矿产资源是一种资产，但矿产资源并不等于矿产资源资产，只有经过劳动，具有效用、稀缺，同时又具有明确产权的矿产资源在市场经济中才可能转化为矿产资源资产。因此，矿产资源资产的价值应包含四个层次的内容：一是矿产资源的自身价值。二是矿产资源资产的权益价值，即生息资本价值。这两种价值共同组成矿产资源资产的自然价值，由矿产资源的有用性、稀缺性以及产权的清晰性决定，是效用价值理论等的体现。三是由凝聚到资产中的物化劳动和活劳动产生的价值，即矿产资源的勘查和开发投入产生的价值，是劳动价值理论的体现。四是在开采矿产资源时，不可避免地要破坏周围环境，而与此相关的环境补偿价值，也构成矿产资源价值的一部分，因此，矿产资源的价值由地勘劳动投入及其权益、开发后的超额收益（即矿产资源的出让租金）和环境补偿价值三部分构成，即地勘劳动价值、潜在收益价值和环境价值，即为：

$$V_C = V_L + V_N + V_S$$

式中：V_C 为矿产资源资产价值；V_L 为地勘劳动价值；V_N 为矿产资源潜在收益价值；V_S 为矿产资源环境价值。

地勘劳动价值，包括地勘投资及未获得矿产资源储量的风险投入、正常投资回报，即矿产资源的再生产（获得新的矿产储量）成本。潜在收益价值是矿产资源所有者出让采矿权时所获得的经济收益，有关学术文献也称为矿区使用费或权利金（Royal），租金或资源租金（Rent/Rental），资源耗用费（Depletion Premium）、耗竭成本或使用者成本（User Cost）。矿产资源的环境价值，矿产资源开发利用过程中，为防止环境污染与维护生态功能而支付的费用，以及环境污染与生态破坏而造成的损失，即外部成本。本来环境污染造成的成本，有一部分已被摊入生产成本（如治理污染工程的开支等），即一部分外部成本已内部化，但是为了计算某一矿产资源本身造成的全部环境生态损失，就需要将生产成本中用于治理环境污染的项目分离出来并计入外部成本。

可见矿产资源资产价值是由自然价值和劳动价值组成，是由效用价值理论和马克思劳动价值理论等共同决定的，是一种复合价值理论的体现。

对矿产资源的定量经济评价研究可追溯到20世纪30年代。1931年美国经济学家Hotetling在美国《政治经济学》杂志上发表“可耗竭资源的经济学”，这是资源经济学的经典文献，他提出了在竞争市场环境下，零开采成本的资源最佳开采模型与资源价值量计算模型。Hotetling 认为市场上矿产资源产品的价格由两部分组成：一是矿产资源产品的生产成本；二是资源租金（包括资源的稀缺性租金和级差租金）。在开采成本为零的情况下，资源开发的收益都为资源租金。之后学者们进一步发展了 Hotelting 的模型，主要思路是资源租金应为资源开发收益中扣除资本和劳动力投入之后的剩余额，并考虑了连续情况下的资金时间价值，国内学者对此基本持相同意见，并且进一步认为，矿产资源是一种资源性资产，本身具有价值，其价值是由矿产资源的有用性、稀缺性和存在所有权三个前提决定的；矿产资源的价值从构成上说包括资源的稀缺性租金和级差租金两部分，数量上等于矿产资源开发利用收益扣除其他所有投入物之后的剩余部分。显然这些观点继承了 Hoteling 的主要思想，不过是强调了资源自身具有价值，并认为资源自身的价值应等于资源的租金，对资源租金的估算也就是对资源自身价值的评估。事实上，当资源开发收益扣除所有其他投入（包括其应得回报）后，剩余部分的价值只能是来源于矿产资源本身，也即资源自身的价值，如果资源是稀缺的话，该值就应当为正值。

（三）全成本定价理论

成本是商品生产过程中耗费的全部物化劳动和活劳动的货币表现，由已经消耗在物质上的劳动资料、原料、辅助材料和劳动力等生产要素构成。科学化的产品成本构成首先要做到：一是要全面反映产品生产全过程中实际耗费的生产要素；二是列入成本的价值量要能够补偿产品生产过程中耗费的全部物化劳动和活劳动的等价物；三是产品成本核算要符合客观实际，不夹杂任何主观性成本要素；四是成本核算的价值量要随生产实际计费要素商品市场的价格的变动不断进行调整；五是在核算产品的成本构成时，一方面要强调质上的同一性，另一方面还要强调量上的差异性。传统经济意义上的矿产资源产品的生产成本仅指该产品从开采到成品期间的可以用货币计量的消耗。循环经济意义上的矿产资源产品生产成本涉及体系中的资源耗竭损失、环境污染和生态破坏的损失、防治环境污染和生态破坏费用中未形成固定资产的纯消耗费用等。具体到煤炭成本构成应包括如下内容：

1. 构成煤炭产品的实体矿物质的资源价款

煤炭生产不同于一般工业生产，地下矿藏资源的取得是第一位的约束条件。与煤炭资源的取得，包括勘探、规划、设计等项活动相关的必要费用支出，构成煤炭产品生产的必要成本，具体体现为资源价款，即探矿权采矿权价款。

2. 为取得煤炭产品的实体矿物质而耗费的生产资料的价格

一般工业企业基本建设完成后就可以外购原材料进行连续生产。煤炭企业则不同，建矿完成后，在开采过程中还需要不断地向外围扩展或向深层延伸，以开辟新的作业场所。煤炭基建投资的持续性要求在生产经营过程中必须及时、足额地补偿维持简单再生产的费用，从而使得生产经营能够正常维持下去。安全性保护设施表面上看与煤炭产品实体无关，实际上，这部分支出是为了保障物化劳动和活劳动发挥正常功能作用的必要成本，也应该在煤炭产品成本构成中得到体现。

3. 煤炭产品生产过程的生态保护与环境治理所耗费的必要支出

煤炭开采在空中、地表、地下三个层面立体地破坏着生态环境，是引起环境污染的重要原因之一。采煤引起的地表塌陷和沉裂，不仅毁坏土地而且还可能引起建筑物变形和农田设施受损。矿井排水会破坏水资源和地下水系生态环境，导致许多矿区井泉干涸，部分矿区沙化。煤层气的排放、煤矸石、煤泥、煤灰等地表运输和存放，也会污染矿区，导致生态环境遭到破坏。所有这些，都要求在煤炭整个生产过程中必须不断投入资金保护环境、治理污染。这部分投入理应在成本构成中得到体现。

4. 煤炭产品生产全过程所使用劳动力价值的补偿费用

煤炭产品生产实际上也是劳动力的使用和耗费过程。劳动力的再生产规律，要求在煤炭产品成本构成中要包括生产全过程所耗费的劳动力的价值，在现实中表现为工资。随着社会生产力的发展，再生产劳动力所要的生活资料和劳务的数量在不断增加，煤炭产品生产过程中所使用劳动力价值的补偿费用客观上也要求不断提高。

5. 煤炭产品运销过程中所发生的生产性费用

煤炭是地质作用所形成的，资源比较丰富，但分布很不均衡。以中国为例，目前探明的煤炭资源主要集中在山西、内蒙古、新疆等中西部地区，而煤炭消费需求主要集中在经济发达的东南沿海地区。所以，煤炭运输量很大，发生在流通领域属于生产性成本的必要费用，如装、运、卸、存等费用巨大。

6. 管理费用

煤炭生产具有系统性，从开始勘探、建矿，到生产、销售直至闭井，构成了一个系统产业链条。在这一完整的生产过程中，管理作为一种必要劳动投入，必然要发生一定的费用。这些费用也构成煤炭产品生产成本。

三、中外煤炭价格机制比较分析

（一）中国煤炭价格机制的现状

中国煤炭价格的确定，在 1992 年以前长期沿用政府定价机制。1992～2008

年，国家大力推进煤炭价格市场化改革，在煤炭市场的潮起潮落中，乘着中国推进建设社会主义市场经济体制的东风，煤炭价格市场化改革不断突破体制矛盾和重重阻力，取得了长足进展。2009 年电煤价格谈判又一次出现波折，但有关部委的表态再次充分展示了国家推进煤炭价格市场化的决心和魄力。尽管已经十分坚定地确立了由市场定价的基本原则，但市场化的煤炭价格确定机制，既需要一个成型的体制来承载，也需要一套规范制度来体现，未来煤炭价格市场化改革任重道远。

1. 1992～2008 年，煤炭价格市场化改革取得长足进展

中国煤炭价格确定机制，在 1992 年以前长期实行政府定价，先后经历了 1950～1957 年分区域政府定价、1958～1985 年中央政府统一定价和 1985～1992 年多层次计划价格三个发展阶段。

1992 年 7 月国家取消了计划外煤价限制，放开指导性计划煤炭及定向煤、超产煤的价格限制，出口煤、协作煤、集资煤全部实行市场调节，市场煤所占比重接近一半，严密的计划体制趋于解体。1993 年决定对指导性计划煤炭实行全面的市场定价，并放开了部分行业、部分地区的煤炭价格，市场调节比重达到 70% 左右。1994 年 7 月国家取消了统一的煤炭计划价格，除电煤实行政府指导价外，其他煤炭全部放开，由企业根据市场需要自主定价。2002 年国家宣布取消电煤政府指导价。至此，在制度层面上，煤炭价格开始实行完全的市场化确定机制。但在其后 3 年的实际运行中，由于市场煤与计划电的体制矛盾的存在，每年的电煤价格谈判仍需政府协调方可达成协议。2005 年实行了煤电联动政策，这在一定程度上缓解了体制矛盾。2006 年国家明确不再协调电煤价格，但遭遇较大阻力，当年电煤价格谈判一波三折。2007 年“继续坚持煤炭价格市场化改革方向，由供需双方企业根据市场供求关系协商确定价格”，“坚持以质论价、同质同价、优质优价的基本原则”，并明确“继续实施煤电价格联动政策”，以此促使电煤的合同价格向市场价格回归。2008 年又进一步提出“加快形成反映市场供求关系、资源稀缺程度、环境损害成本的煤炭价格形成机制”，充分体现了国家推进煤炭价格形成机制改革的决心。得益于合理的政策导向，2007 年和 2008 年相对顺利地按市场机制确定了电煤的合同价格。总体看，1992～2008 年煤炭价格市场化改革取得了长足进展，但由于多种原因，电煤与其他行业用煤仍存在较大的价格差距，2003～2008 年的 6 年内，原国家统配煤矿原选煤综合售价年均上涨 18.5%，但销售电煤的平均售价年均仅上涨 13.8%。

2. 2009 年后，推进煤炭价格市场化改革依然坚定不移

2009 年的煤炭产运需衔接，电煤合同价格谈判又起波折，五大发电集团加华润电力（以下简称五加一集团）主张下调 50 元/吨，煤炭方面则主张适度上调，为此电煤合同价格谈判陷入僵局。在这种情况下，五加一集团一方面禁止其下属电厂签订涨价合同，另一方面又多次通过不同渠道和形式向国务院、国家发展与改革委员会反映“企业自行协商不能达成电煤价格协议”，要求干预电煤价格。这表面上是电煤价格之争，深层意义上仍是确定电煤价格的“国家干预机制”与“市场机制”之争，是市场化改革“走回头路”与市场经济改革方向之争。

对五加一集团的意见，国家进行了深入调研和认真考虑，依据2009年煤炭产运需衔接政策，“煤炭价格继续实行市场定价，由供需双方企业协商确定”，只有“当市场价格出现剧烈波动等异常状态时”，国家才会“依法采取必要的措施”，而煤炭市场运行并未出现“市场价格出现剧烈波动等异常状态”，不存在国家干预的特定情形。而且，神华、中煤和山西省多数大型煤炭企业已经以多种形式与电厂签订了大量协议，政府干预不利于已签合同的正常履行。据此，国家决定不干预电煤价格，煤炭市场化改革“不走回头路”，这又一次充分展示了国家推进煤炭价格市场化的决心和魄力。

（二）国际上现行的煤炭价格机制

国外多数市场经济国家煤炭价格的形成主体是市场，政府承担监督和适当调控的作用。在国外煤炭成本中，资源成本、环境保护成本居于重要地位。在发达国家中，美国和英国是进行能源价格机制改革最早的国家，在能源价格机制改革过程中，取得了许多宝贵的经验，对其他国家制定能源政策具有重要的参考价值。而在发展中国家，智利能源价格政策的调整较为复杂，通过建立新的能源价格机制促进了其能源的生产和消费效率的提高，这些国家取得成功的共同经验在于确定了体现资源稀缺性的产权价格。

1. 美国现行的煤炭价格机制

在美国，煤炭资源属于私人产品，因此产权成为私人产权，即可交易的产权，这种产权的交易通常采用公开透明的拍卖招标方式。在美国，要获得煤炭开采权，就需按竞争性定价先一次付清资源红利。这符合有偿占有的公平原则，同时提高了煤炭的进入门槛。特别是在促使煤炭企业提高资源回收率方面比较科学。政府在确定煤炭资源的开采红利时，主要根据煤炭资源量、禀赋条件、煤质、开采条件、地理位置、交通运输条件和勘探程度等因素，并考虑煤炭资源最大回收率等指标。将煤炭资源回收率作为重要指标确定煤炭资源红利，可以使投资者主动提高资源回收率来降低成本，获得最大的收益。

煤炭价格是通过市场机制形成的，联邦政府通过立法对煤炭工业进行宏观调控，各煤炭公司根据市场需求，通过与用户签订长期合同的方式直销煤炭。美国煤、电生产商之间在煤的供应方面拥有的长期合同，从某种意义上说类似于期货合同。长期合同既有利于供应的稳定，也有利于价格的稳定。

煤炭资源成本包括三项费用：①土地使用费，即土地出租费；②权利金，即矿产资源费，无论资源好坏都要交，可称为绝对资源地租，按净收入的百分比缴纳，露天矿交12.5%，井工矿交8%；③红利，可称为相对资源地租，各矿缴纳数量不同。

美国煤炭资源管理有专门的机构，不但联邦政府有煤炭资源的管理机构，负责煤炭资源价格的确定和招标，而且州政府也有协调组专门负责煤炭资源管理。美国煤炭资源的市场化配置管理体制和机制，从组织、人员、办法、程序到招标等方面都建立了规范的管理体系。

2. 澳大利亚现行的煤炭价格机制

澳大利亚采用三级联邦政府体制，煤炭资源由州或地区政府管理，即联邦政府、州政府和地方政府。近些年来，联邦政府放松或取消了许多影响煤炭工业的法规，放松了对金融和外汇市场的控制，降低了税收及费用，放宽了外国投资准则，取消了对煤炭的出口控制。

由联邦政府建立的工业、旅游和矿产资源部，按法律、法规进行运行。其职责包括监督煤炭工业、税收政策及环境保护，管理基础建设专用基金。澳大利亚州政府将煤炭储量租赁给煤炭公司进行开发。煤炭公司在保证按规定缴纳国家资源出租费和基础设施使用费的前提下，享有充分的经营自主权，同时自担风险、自负盈亏。

澳大利亚对煤炭工业采取扶持政策。为适应煤炭增产的要求，澳大利亚政府对煤炭工业实行了一些倾斜政策和资助，其中包括国家投资和拨款。①矿区建设与投资。在矿区兴建铁路、港口等基础设施，部分由政府投资，向煤炭公司征收铁路运费和港口使用费等。但各公司所交的运费与港口费费率不统一，有一定差距，这要视各公司运量大小等而定。如果运量低于协议规定的运量，煤炭公司则应支付一定罚款。②鼓励煤炭出口。澳大利亚煤炭出口在对外贸易中占有相当大的比重，为增加其炼焦煤在国际市场上的出口份额，要求现有煤矿和新建煤矿增加生产能力。为扩大煤炭出口，近年澳大利亚联邦政府废止了许多影响煤炭工业发展的法规，解除对金融和外汇市场的管制，降低税费，放宽对国外投资的约束，逐渐放开对煤炭出口的控制。③创造良好的投资环境。1999年9月，澳大利亚政府放宽了对外资的控制，对于不足5000万澳元的项目投资，除了简化审批程序外，还缩短了审批的时间。

在煤炭价格形成过程中市场机制起主导作用，煤价是在煤炭公司与消费部门的直接供货合同中规定的，是一种合同价格。煤炭价格完全由供需双方根据国际市场煤价确定，政府不直接干预，其价格水平往往取决于主要的国际市场。其成本构成如下：

（1）采煤成本包括：开采煤炭中的钻进、爆破、采矿的装货、矿内运输、维修、矿井服务、岩层控制、矿区道路的开发等露天矿和地下矿井的开采活动支出。

（2）加工成本是指洗煤和选煤所用的费用。

（3）劳动力成本主要包括煤矿生产、维修管理人员的工资、保险和附加福利。

上述国家煤炭价格形成基本遵循的是以市场定价为主、国家间接调控为辅的煤炭价格形成机制，这与20世纪七八十年代以来西方国家以缩减政府规模为主要内容的改革活动有关。在这次改革过程中，政府对能源领域大多实行了民营化改造，放松了对一些能源产品的政府管制，确立了市场优先的定价原则，同时力求维护市场定价与公共利益之间的平衡关系。从世界范围看，这种煤炭工业市场化改革已经成为全球性趋势，一些国家完善煤炭价格机制的改革也取得了显著的成果。另外在国外煤炭成本中，资源成本、环境保护成本居于重要地位，煤矿工人的工资在各行各业中居于中上水平。

（三）中外煤炭价格机制的比较

目前，中国煤炭企业成本核算的基本框架是1991年国家“两则”、“两制”颁布后，由原能源部结合煤炭行业的实际情况制定的。总体上讲，现行的煤炭成本核算框架基本上反映的是制造成本，根据会计总则将生产成本与期间费用分开核算，将成本项目根据煤炭生产的实际细分为原材料、工资、职工福利费、电力、折旧费、井巷工程基金、维简费、修理费、地面塌陷赔偿费和其他支出十项分别进行核算。

十几年来，政府部门只对煤炭成本核算框架中个别项目的提取标准进行了小幅度的调整，核算内容并没有实质性的变化，成本不能真实全面地反映煤炭在生产过程中的实际耗费。现行的煤炭企业成本核算已不适应改革与发展新形势的要求，严重影响和制约了煤炭企业的健康发展。

按照中国煤炭企业特点和可持续发展的要求，完善煤炭成本核算架构，对于影响煤炭企业健康发展的共性的成本因素缺口，主要是资源成本、环境保护成本和退出成本等，可借鉴国外主要产煤国家煤炭成本核算的成功经验，研究合理进入成本项目的方式。

1. 煤炭成本弹性方面

在国际煤炭市场价格进入上升周期的2000～2004年，国外众多煤炭企业的成本也有大幅度的上升。按照市场经济要求，生产过程的投入多少应由企业根据实际需要自主决定。由于受地质等各方面因素影响，煤矿开采条件差异较大，不同企业所采用的开采技术、设备和人员投入不同，从而导致不同企业的煤炭产品成本也不尽相同。但在中国，煤矿固定资产折旧、维简费和沉陷治理费用提取标准是国家统一规定的。尽管在规定中也考虑了不同矿井开采条件的差异性，并分类别地制定了标准，但与实际需要仍有较大差距。

2. 煤炭资源税和矿产资源补偿费方面

中国的资源税和矿产资源补偿费不仅存在着重复征收问题，而且在保护资源和合理利用资源方面没有发挥应有的作用，致使相当部分煤炭企业“吃肥丢瘦”进行掠夺式开采。与中国煤炭资源的绝对地租用1%的销售收入加上按资源面积缴纳不同，美国的煤炭资源绝对地租按销售收入或净收入的一定比例收取。如井工矿开采收取净收入的8%，露天矿开采收取净收入的12.5%。在确定绝对地租时，考虑煤炭资源丰度、煤种、煤质、煤层厚度、稳定性、埋藏深度、开采条件和运输条件等因素。与中国在开采后按煤炭销售量确定资源税不同，美国的煤炭资源红利是在开采前通过竞价的方式一次性缴纳的。

3. 劳动力成本方面

国外井工煤矿劳动力成本一般要占到煤炭成本的25%～35%。总体来说，煤矿职工的工资一直在稳步提高，而随着劳动生产率的提高，煤矿职工人数呈下降趋势。目前，在美国一般煤矿工人的生活水平已达到美国中产阶级家庭的收入水平。而在中国，煤矿劳动力成本较高，占到煤炭成本的30%～40%，这种高成本的假象是由于煤炭成本核算的不全面性，造成的煤矿职工的工资水平在全国43个行业中位居倒数第二位，这样的收入水平，与苦、脏、累、险的工作环境极不协调。

4. 环境保护成本方面

国外政府十分重视根据法规对煤炭企业进行环保监督和管理，有关法律、法规十分健全，为保证开采后使土地恢复到采前的土地利用能力或恢复到与周围土壤构造相同的状态，矿业主对开矿占用的土地要向政府交纳复垦保证金，保证金数额须足以支付预计的全部复垦费用，而且复垦保证金是获得探矿权和采矿权的必要条件。对因开采导致的水污染和空气污染也都实行严格的监控，目前正在积极进行减少温室气体排放工作，包括二氧化碳封存和最大限度地利用瓦斯。中国煤炭企业在煤炭的开采与加工过程中，除了因塌陷造成一定的土地资源破坏外，还产生一定的水污染和空气污染。在现行的成本核算框架中，只有塌陷补偿费一项，没有水污染和空气污染的治理费，环境保护成本得不到充分体现。

中国煤炭长期实行低价政策，其导致的结果是，煤炭行业长期亏损或微利经营，制约了煤炭工业的发展。煤炭发展跟不上国民经济发展的需要，始终是制约国民经济发展的瓶颈。因此，中国煤炭价格应逐步与国际市场接轨，以促进中国煤炭的生产发展，这也有利于利用国际市场，保护中国煤炭资源。

（四）中国煤炭价格机制的缺陷

1. 煤炭价格不反映供求关系

根据经济学理论，对一种物品的需求量大小主要取决于该物品的价格以及该物品与其替代品的比价关系或互补品的价格水平。但是实践证明，即使煤炭价格发生大幅度的波动，也不能引起煤炭需求量的大规模增加或者减少，煤炭的需求缺乏价格弹性，煤价的高低变动对煤炭需求的影响和调节作用不大。这主要是由于煤炭缺乏替代品。煤炭的替代品主要是天然气和燃油。天然气虽然是清洁能源，热量值高，但性价比远远无法与煤相比。而对于燃油来说，首先中国是个贫油国，其次燃油成本比燃煤成本高很多。因此，在缺乏有竞争力的替代品和互补品的情况下，煤炭需求价格弹性只能向零靠近。这导致了煤炭需求波动首先取决于国民经济的波动，而价格调节却退居其次。目前煤炭价格对需求的影响主要表现在：由于长期以来对煤炭实行价格管制，致使煤炭价格偏低，消费者可以从市场上获得廉价煤炭，没有节能的压力和积极性。因此，从绝对量上看煤炭的消费数量一直呈增长态势，首先与中国的经济增长和能源结构有关，其次也和煤炭价格偏低有着直接关系。

价值规律告诉我们，商品价格是受供求关系影响围绕商品价值上下波动。当市场供大于求时，商品价格就会下跌。目前中国2.8万多个煤矿，规模以上的煤炭企业3400多家，经营过度分散，无序竞争严重，煤炭供大于求时相互竞相压价，市场秩序混乱，价格大幅度下滑，行业经济发展陷于十分困难境地。

新中国成立初期，国家为保证市场稳定，采取了煤炭低价政策。随着经济的发展，煤矿开采规模和机械化水平的提高，职工劳动保护条件和待遇的改善以及资源条件的变化，煤炭生产成本相应增加，全行业出现亏损，迫切需要提高煤炭价格。这期间国家五次微调煤价，一直没有从根本上考虑煤炭价值补偿和市场决定价格问题，导致煤炭价格既不反映价值，也不反映供求关系。1985年至今，国家控制大部分煤价，实行价格双轨制。2004年以来，全国煤电油运全面紧张，2004年6月中旬国务院针对煤炭供需形势决定，“电价调整后，电煤价格不分重点合同内外，均由供需双方协商确定”。但由于历史的惯性、部分地方政府的干预和发电企业集中采购的优势，目前真正意义上的相互协商确定煤炭价格的机制并未形成，电煤与市场煤价格、计划内与计划外、省内与省外两种价格差距依然较大。

2. 煤炭价格不能反映价值

按照市场经济条件下的价格理论，价格应由价值决定，受供求关系影响，围绕价值上下波动。但是中国的煤炭价格却没有反映其真正价值。世界各国都把煤炭列为可耗竭的资源，但是其资源价值却没有在其价格中体现出来。目前中国煤炭行业成本核算的基本框架是 1991 年由原国家能源部制定的，反映的主要是生产成本，根据会计总则将生产成本与期间费用分开核算，将成本项目“直接材料、直接人工和制造费用”，根据煤炭生产的实际进一步细分为“原材料、工资、职工福利费、电力、折旧费、井巷工程基金、维简费、修理费、地面塌陷赔偿费和其他支出”十项，分别进行核算。十几年来，政府部门只对个别项目的提取标准进行了小幅度的调整，核算内部并没有实质性的变化。很显然，煤炭成本核算的框架和单项成本项目的数额已经不适应煤炭企业现实的情况和需要。

（1）煤炭成本和价格不反映资源成本。煤矿发展是有其自身发展规律的。开办煤矿必须有可靠资源。建矿前必须对资源进行一系列的普查、详查和勘探。计划经济时期国家包揽了煤炭所有的地质勘查工作，煤矿只要在指定的地点建井就行了。实行市场经济以后，企业新建矿井不仅需要出资取得探矿权、购买采矿权，并且还需要依靠自己投资对资源进行进一步勘探，才能进行矿井设计和施工。这些获取资源支出和勘查前期费用需要通过成本核算进行补偿。因此，在煤炭价格构成中，首先必须包括绝对地租性质的资源补偿费（矿权）。这部分价格构成在整个价格中的比重大小，取决于煤炭资源的有限性和替代能源的生产成本等各种因素。

（2）煤炭成本和价格中不反映煤矿退出成本和费用。煤炭是不可再生的资源。所有的煤矿都会因资源枯竭而关闭退出。煤矿关闭前，企业需要大量资金用于转产和人员安置，而这些费用目前企业不能预先提取计入成本，所需资金没有来源。前几年，国家不得不动用大量财力，对资源枯竭和扭亏无望的原国有重点煤矿进行政策性破产。今后随着市场经济体制的不断完善，这项政策将逐步淡出，煤炭企业必须积累这部分退出转产资金。同时煤炭企业要继续生存，必须建设新的矿井，开发新的资源，需要大量投入，同样这些费用必须在成本中得到补偿，包含在煤炭价格中。而在现行核算框架下，这些费用不能预提，不能计入成本项目，所需资金没有来源。

（3）煤炭成本核算项目系数规定得过死。煤炭成本是煤炭生产实际耗费的反映。按照市场经济要求，生产过程的投入是企业自主经营的基本内容，投入多少应由企业根据实际需要自主决定。煤矿开采条件差异较大，不同企业所采用的开采技术、设备和人员投入不同，从而导致不同企业的煤炭产品成本也不尽相同。因此，要求企业成本核算必须如实反映其生产过程中的实际支出，不应强制规定一些核算项目系数，这是现代会计核算的基本要求。但实际上煤矿固定资产折旧，维简费和沉陷治理费用提取标准是国家统一规定的。尽管在规定中也考虑了不同矿井开采条件的差异性，分类别地制定了标准，但与实际需要仍有较大差距。如在原有的煤炭企业成本核算框架中，没有专门的安全支出，安全支出只是间接表现在折旧费和修理费中，远远不能满足要求。国家发展与改革委员会、国家财政部、国家煤矿安全监察局已经制定了吨煤税前提取生产安全费用的政策，要求不同类型的煤炭企业，在吨煤生产成本中提取2～10元的安全费用，以此解决安全资金投入不足的问题。这一措施的出台有一定的积极意义，但以高瓦斯矿井为例，安全投入除了必要的设备投入外，瓦斯综合治理、开采保护层、建立专用回风巷等方面的投入一般要达到吨煤20元左右。这样看来，这个标准太低了。再如现行煤矿采煤沉陷资金提取标准过低，根本满足不了需要，欠账越积越多，沉陷区房屋建筑搬迁问题越来越多，引发了一些严重的社会问题，国家不得不拿出大量资金补还欠账。正是大量煤炭成本外部化，成本核算不真实，才引发了目前煤炭涨价过快、煤炭企业利润过高的议论。

3. 煤炭市场交易体系不完善

改革开放二十几年来，“挖煤”的高度分散，“卖煤”主体的多元化，造成煤炭流通体制的诸多弊端。煤炭销售条块分割、地区分割、部门分割造成煤炭企业之间恶性竞争，煤炭价值与价格长期背离。当前，中国煤炭市场交易体系主要存在三方面的问题：

（1）市场体系不完善，交易形式单一。在市场构成方面，中国目前已建立了包括太原、天津、秦皇岛等在内的区域性煤炭交易市场，初步搭建了煤炭交易的平台，在发现交易价格、提供交易信息、优化市场结构等方面发挥了一定的作用，但系统性的交易市场体系还没有形成，大多数煤炭企业并没有依托现有交易市场开展煤炭交易，权威的煤炭交易中心还没有形成，使得无法进行有序、快捷的煤炭流通。在交易方式上，中国煤炭市场主要采取传统的煤炭市场，包括全国煤炭订货交易会、区域订货交易会、煤矿用户座谈会、一对一谈判交易、招标、代理、煤炭大会或论坛等交易方式和场所。由于煤炭投资规模大、见效周期长、受各种因素影响较大，所以目前的交易方式使煤炭企业在交易过程中承担了较大的风险，容易造成市场的波动。

（2）产业集中度低。2008年，8大煤炭企业市场集中度为21.6%，而美国前4家煤炭企业集中度为46.7%，澳大利亚前5家为71.5%，南非前4家为62.3%。煤炭企业经营分散，大部分企业生产效率低，难以形成规模优势，严重影响中国煤炭企业的盈利能力。同时中国煤炭生产企业分散，价格调控困难。目前中国有2.8万多处大小不一、独立经营、独立核算的煤炭企业，煤炭的生产经营权已经全部下放，煤炭价格已经成为主导煤炭产销的核心。由于煤炭企业经营过度分散，无序竞争严重，当市场供大于求时，企业竞相压价，严重影响市场秩序，导致价格大幅下滑。

（3）煤炭产品流通不畅。煤炭生产地与消费地的逆向分布决定了中国煤炭产品“西煤东运”、“北煤南运”的总体格局，煤炭市场对铁路运输能力产生了巨大的需求。而铁路建设与运营管理体制长期垄断运行，投资不足使铁路运输成为煤炭产品市场发展的“瓶颈”。如目前蒙西地区1吨煤炭运至秦皇岛的FOB（装运港船上交货）价格扣除煤炭产地采购价格、各种铁路运输费用、港口费用后，依然存在近70元的利润空间，这种额外暴利正是垄断与短缺因素所产生的。运输瓶颈的存在，形成了东部煤炭消费地煤炭价格相对过高而产地煤炭价格相对过低的现象，无论是消费者还是生产者的利益都受到了损失。

当前，中国以煤炭为主的能源产业步入了快速发展的时期，在日益增长的煤炭需求不断刺激着煤炭供给的同时，传统的煤炭交易体系束缚了煤炭产业的发展，推进煤炭市场交易体系建设，创造良好的煤炭交易环境，促进煤炭工业又好又快发展成为当务之急。

4. 煤炭价格稳定性差

煤炭供求矛盾突出，价格大起大落、稳定性差。纵观中国煤炭市场与价格的发展演变情况，全国煤炭经济先后经历过1979～1986年和1987～2000年两次较为完整的周期性循环。从2001年开始，全国煤炭经济开始进入第三个发展周期的上升阶段。三个发展周期的具体波动轨迹大致如下：

中国煤炭价格改革始于20世纪70年代末，1979～1984年开始引入市场机制，以调整价格为主。其中，1980～1983年是第一个发展周期的下降阶段，在这4年里，价格涨幅逐年递减，年均涨幅3.1%。1984年后，由于1985年煤炭价格实行双轨制，煤炭价格开始缓慢回升，价格比上年增幅17.6%。1984～1985年为第一个发展周期的上升阶段，年均涨幅10.1%。1986年受体制和政策因素影响较大，统计数据出现了异常变化，比上年下降3.2个百分点。第一个价格周期的波动幅度（最高年份与最低年份的价格增长率之差）为16.1%，相当于本轮周期平均增速5.4%的2.98倍。

1987年全国煤炭经济出现了恢复性增长。1992年，国家逐步放开煤炭价格，煤价经历了几轮新的波动。1987～1993年，全国煤炭价格年均涨幅14.39%，全国煤炭经济进入了第二个发展周期的上升阶段。在这期间，虽然1990年增长速度有所减缓，但全国煤价一直处于高位运行。经过持续7年的高价之后，国内煤价从1994年开始下滑，1998～2000年的3年间煤炭价格甚至出现了负增长。1994～2000年是第二个煤炭价格周期的下降阶段，也是全国煤炭经济最为低迷的时期。在这 7 年中，全国煤价年均涨幅 10.39%，比本轮周期的上升阶段减少了 4 个百分点。第二个煤价周期的波动幅度（最高年份与最低年份的价格增长率之差）为 44.9%，是本轮周期平均增速的 4.32 倍。与第一个周期相比，第二个周期具有更为明显的价格波动特征，而且周期变长。

在经过 1998 年的持续低迷后，全国煤炭价格在 2001 年开始回升，当年价格比 2000 年涨幅 6.5 个百分点。在随后的 3 年，全国煤价保持上涨势头。2002 年除电煤以外的煤炭价格全面放开，煤炭生产在市场引导下，逐步趋向合理，煤炭市场供大于求的局面开始转变；2003 年和 2004 年持续向供给趋紧方向转变；2005 年，由于宏观经济增速趋于平稳，全社会固定资产投资同比增长速度下降，特别是国家加大了对高耗能行业的宏观调控力度，使电力、钢铁、水泥、化工等主要用煤行业的增长速度均有所回落。按国家统计局披露数据，煤炭价格自 2000 年开始经历了连续 6 年价格均超过 9.5% 的上涨，尤其是经历了 2004 年、2005 年同比 30.20%、28.74% 的高增长后，2006 年 1 ~ 11 月煤炭价格同比上涨仅 6.31%。从价格走势看，2006 年是煤炭价格波动最小的一年，在波动中演绎着煤炭供求总体平衡和市场运行基本平稳的基本状态。2007 ~ 2008 年国内煤炭价格大幅度上涨，2008 年 8 月价格同年初相比，上涨幅度大多在 100% 以上。2008 年下半年煤炭价格呈现回落趋势，发改委数据显示，12 月份煤炭价格继续下降，主产省煤炭均价环比下降 6.72%。2010 年 1 月相比与 2009 年 5 月煤价上涨近 60%，随后煤价整体下跌，到 2010 年 5 月煤价下跌 15%，煤炭价格一直大起大落、稳定性差。

5. 煤炭价格双轨下机制扭曲

煤炭企业的主要用户是电厂，中国 60% 以上的煤炭用于发电，煤和电的关系可以说是相互依存的。然而，长久以来，煤电之间的争执从来就没有因时间的推移而停止。计划经济时期，电煤的供应量、价格和电价都是国家说了算。从 1992 年 7 月试点放开煤炭价格，到 2002 年 1 月国家完全放开煤价，煤炭企业进入市场经济中。但是，每年的电煤供应量，仍然由国家下达指令性计划。于是，在煤炭行业中就有了“计划内”用煤和“计划外”用煤的概念。

在相当时期内，国家实行“资源无价、矿产品低价、加工产品高价”的政策，把效益挤到了下游产业。煤炭产业却因此面临双向的价值流失，即以较低的价格供应能源，而以较高的价格购入生产资料和消费品。而在步入市场经济后，煤炭行业与电力、铁路等其他相关行业相比，剪刀差不降反增，更沦为弱势行业。

1996 年后，煤炭行业逐渐走入低谷，电力系统一再呼吁减少电煤计划。因此，国家对电煤计划指标进行了相应的调整。电力部门采取自购的形式，来填补计划内电煤的缺口。前几年，在低谷徘徊的煤炭生产企业，千方百计地找市场，通过艰苦努力，煤炭企业建立了自己的合作伙伴。这种按照市场规律建立起来的"协作关系"使煤炭企业渡过了因计划内用煤数量减少而带来的困难。但是，目前电力又想增加计划内电煤供应指标。尽管如此，部分电力企业依然坚持采购低价煤炭。电力企业的这种态度造成的实际结果就是，有煤的时候不要，用煤高峰时，又催着要；市场宽松时不执行合同，市场紧张时煤矿合同兑现率差。

另外与其他行业用煤炭价格相比，电煤价格也是偏低的。2003 年，中国煤炭产销均在 16 亿吨以上，涉及电力、冶金、化工等十几个行业的用户。电煤消耗 8.4 亿吨，占全国煤炭消费量的一半以上。2004 年 1～6 月，中国原中央财政煤炭企业商品煤平均售价为 192.03 元/吨，但同期销售给电力行业的平均售价只有 152.05 元/吨，比全国平均水平低 39.98 元/吨，近一半的煤炭销售价格比全国平均价格低 40 元/吨左右。在 2001 年以前，虽然电力部门没有完全执行国家的煤炭指导价，但是正因为有国家煤炭指导价约束，电煤的平均售价与商品煤平均售价的价差一直在缩小，2000 年两者价差只有 19.26 元/吨，电煤单价比商品煤平均售价低的幅度在下降，2000 年只低 13.24%，但是在 2001 年以后，电煤的平均售价与商品煤平均售价的价差水平却在不断扩大，2004 年 1～6 月价差已经扩大到 39.98 元/吨。2008 年 6 月的每吨差价 156.2 元，部分地区市场商品煤价与电煤重点合同价格差超过了每吨 200 元。由此可见，电煤价格一直低于商品煤价格。

由于重点合同是计划经济时代的产物，带有浓厚的"计划"和"人为"因素，两种合同价格的同时存在，人为地扭曲了煤炭价格。

四、中国煤炭价格机制培育途径

（一）煤炭完全成本的定价

目前，中国煤炭产品成本核算的基本依据依然是 1991 年原国家能源部制定的成本核算办法。该办法是在 1986 年原煤炭部制定的成本核算办法的基础上修改而成的。1993 年，中国对会计制度做了重新安排，取消了行业会计准则，统一实行工业会计准则，由原来的完全成本法改为制造成本法，但煤炭成本核算的基本框架没有改变，导致中国产煤成本依然不健全。其不健全主要表现在安全成本、资源价值补偿成本、环境成本等费用没有或很少列入现行的煤炭成本中。一般说来，安全成本包括安全设施、安全培训、安全管理等费用。在中国，煤矿矿难的接连发生，重大矿难不能得到有效遏制与煤矿安全投入不足和不实有密切关系；另外无论是资源价款还是环境治理费用，在中国目前的煤炭成本构成中都没有得到客观的反映。

1. 煤炭资源全成本定价所遵循的原则

建立和完善中国煤炭价格的形成机制，必须合理确定煤炭成本费用核算制度，把资源、环境和企业衰老转产和后续发展支出列入成本开支范围，完整地核算煤炭的成本与价值。

（1）构建煤炭完整化成本。合理的煤炭价格应建立在企业成本核算真实、完整的基础上。煤炭企业成本必须准确反映它的资源成本、生产成本、环境成本及衰老转产成本和发展成本。资源成本是企业获取矿权的全部支出；生产成本是企业生产过程全部费用支出；环境成本是开采、运输和使用煤炭过程中对环境破坏的补偿支出；衰老转产成本是企业安置富余人员（减员）、关闭破产的全部支出；发展成本是煤矿用于开发新的资源建设新井的投资（至少是资本金部分）。完整的煤炭成本是构成煤炭价格的基础，加上不低于社会平均利润率的合理投资收益率就应该是合理的煤炭价格。这是维持煤矿简单再生产的最基本条件，否则就会导致煤炭产能萎缩，直接影响国民经济的发展。

（2）努力实现煤炭外部成本内部化。所谓外部成本是指资源成本、环境成本、衰老转产成本和发展成本，把外部成本列入煤炭成本核算，可以真实反映企业的全部支出。

（3）要体现不同成本核算的差异。涉及煤炭价格的资源成本、生产成本和环境成本应分开计收。生产成本、资源成本和环境成本之间的性质、归属权、收取权和用途都是不同的。生产成本的收取与归属权是煤炭生产单位，是煤矿运行管理、更新改造的主要资金来源。资源成本是国家对煤炭资源所有权的体现，具有税的性质，可以以级差地租形式强制性征收和定价。煤炭资源是一种自然物质，不是劳动产品，不具有商品的完全属性，使用权可有偿转让，但所有权不能买卖。煤炭资源采购价格的归属权和收取权属于政府部门，主要用于煤炭资源的保护和补偿，只能是取之于煤炭资源，用之于煤炭资源，专款专用，不得挪作他用。环境成本应通过煤矿代替国家有关部门向用户收取对环境破坏的处理、修补、恢复等方面的费用，具有补偿性质。随着中国环境保护政策由现在的“谁污染、谁治理”向“谁污染、谁付费”的国际惯例转变，中国的污染治理将逐步实行市场化的运作模式。环境成本中地表塌陷等方面的费用由煤矿直接使用，水污染费由地方使用，大气污染费用由国家有关部门统一调配使用。

（4）劣等资源定价。中国是以煤炭为主要能源的国家。从总体上讲，中国煤炭资源比较丰富，但人均占有可采储量少，仅为世界平均水平的1/2左右。煤炭资源禀赋条件看，优质煤比较少；从煤炭资源区域分布看，经济发达地区煤炭资源储量少。因此，必须因地制宜地开采一些劣等资源。

根据马克思级差地租理论，在资本主义国家中，能够存在下去的企业，其商品价格是依据劣等资源条件的生产价格逐步形成的。中国煤炭资源与主要产煤国家相比，开采条件属于中等偏差，好的资源并不多。根据国土资源部对中国煤炭资源可供性分析，中国可供（经济可采）煤炭资源仅有900亿~1100亿吨，必须因地制宜开采一些劣等资源。

2. 煤炭资源全成本定价模型

本章依据上述四项原则结合煤炭资源这一特殊商品，给出以下定价模型：

煤炭资源的价格构成为：

$$V_s=(V_{R01}+V_{EX})\times q+V_{EN}+AC+IV\times(A/P, MARR, n)+V_{EM}+V_{EB}+T_0 \tag{4-1}$$

式中：V_s 为劣等资源开发的煤炭供方价格；V_{R01} 为同种煤炭资源在市场供需均衡条件，还能获得最低可接受利润的劣等资源的价格或劣等资源转让费；V_{EX} 为每吨探明储量的地质勘探费；q 为生产1吨煤炭产品消耗的探明储量；V_{EN} 为分摊到单位产品的环境保护和复垦造田费；V_{EM} 为分摊到单位产品的转产发展基金；V_{EB} 为分摊到单位产品的价格调控基金；AC 为劣等资源生产的平均单位产品生产经营成本及销售费用（含资源耗竭补偿费）；IV 为劣等资源条件下生产单位产品的投资额，包括固定资产投资（含工程预备费的价差预备费）、建设期利息、固定资产投资方向调节税及流动资金；$(A/P, MARR, n)$ 为最低可接受收益率为 $MARR$，计算期为 n 年的资金回收系数；T_0 为单位产品支付的流转税、资源税与所得税。

其中，$AC+IV\times(A/P, MARR, n)=LMC$

LMC 为在劣等资源条件下生产单位产品的长期边际成本，它受采矿技术管理水平的影响，随着采矿技术水平和管理水平的提高，采矿企业的生产经营成本和投资的降低，LMC 也相应降低，劣等资源边际开采条件的恶化，LMC 也可能提高。

劣等煤炭产品供方价格 = 劣等资源转让费 + 勘探费 + 环境治理复垦费 + 劣等资源开采的长期边际成本 + 税金

3. 煤炭资源全成本定价模型分析

根据以上基于劣等资源定价原则所形成的煤炭资源定价模型，我们可以得出任何一种质量的煤炭资源的定价模型，如下：

某种质量煤炭产品供方价格 = 该种资源每吨产品的资源转让费 + 每吨产品的勘探费 + 环境治理费 + 该种产品的长期成本 + 税金

其中：某种质量产品价格，$P = V_S + \Delta P$ 或 $\Delta P = P - V_S$

式中：V_S 为同类产品由劣等资源生产的煤炭产品的售价，单位为：元/吨。

该种煤炭产品的长期成本 $LC = LMC - \Delta C$ 或 $\Delta C = LMC - LC$

该种煤炭产品每吨产品资源转让费 = 劣等资源每吨产品转让费 + 每吨产品级差收益 = $V_{R01} + V_{R02}$

设勘探费、环境治理费、税金对不同质量资源的差别忽略不计，则有：

$V_S + \Delta P$ = 劣等资源每吨产品资源转让费（$V_{R01} \times q$）+ 每吨产品级差收益（$V_{R02} \times q$）+ 每吨产品勘探费（$V_{EX} \times q$）+ 每吨产品的环境治理费 + 劣等资源长期成本（LMC）$-\Delta C$ + 税金（$T1$）　（4-2）

式（4-2）-式（4-1），得：

$$\Delta P = V_{R02} \times q - \Delta C + T_1 - T_0$$

则：

$$V_{R02} = (\Delta P + \Delta C - T_1 + T_0)/g \quad (4-3)$$

当煤炭产品的需求价格等于供方价格时，表明在现有生产技术和管理水平下边际产品给用户带来的效益使供方即使开采劣等资源时也能获得的最低可接受收益率，并有力支付劣等资源的转让费，此时，供需无论在数量与价格上都能达到平衡。

当煤炭产品需求价格大于供方价格，即煤炭产品给用户带来的边际效益大于供方价格时，市场所能接受的边际开采条件进一步扩大，将一部分原来认为开采在经济上不合算的劣等资源也列入可采储量的范围内，新的市场能接受的劣等资源长期边际成本上升，供方价格提高，同时因扩大供给量后，需求边际效益下降，达到在数量与价格上的新的均衡，原来的劣等资源变为相对较好的资源。它的转让费中也包括一定的级差收益。当煤炭产品需求价格小于供方价格时，使现有采选条件下，开采劣等资源的企业不能获得最低可接受的收益率或无力支付劣等资源的采矿权转让费，采矿主将退出该资源的开采，原来认为经济上尚有利可图的劣等资源变为不可采资源，缩小了开采范围，原来不属于劣等资源的，降为劣等资源，使开采劣等资源的长期边际成本降低，供方价格下降，供给量减少，同时，需求的边际效益上升，达到新的数量与价格的均衡。

在研究煤炭资源价格时，必须与利用煤炭行业的科技发展有关的煤炭产品的边际效益联系起来分析，资源价格的源头在于它的有用性，而有用性取决于科技发展所开发出的煤炭资源对国民经济、用户带来的效益，同时，要区别煤炭资源自身的价格与地质勘探资源附加值，按中国矿产资源法规定，前者应归国家所有，后者作为地质勘探部门的劳动补偿。

4. 相关因素分析

在本节中将利用主成分分析的方法对构成煤炭全成本模型的各影响因素进行

分析。进行主成分分析基于以下两点假设：①由于各个产煤省份对煤炭价格的政策不一致，山西是中国的产煤大省，因此把山西省作为代表来进行研究；②由于本节主要研究各项成本在全成本中的重要性，所选数据不区分煤炭的品质，必要时选取均价。

本节收集了 2000～2009 年的各项数据，各因素的数据收集情况如下：

V_{R01}：煤炭资源成本。该成本主要是指煤炭生产必须出资取得探矿权、采矿权，而且要对取得的资源进行进一步的精查，进行矿井设计和施工等获取资源支出和勘查前期费用支出。2004 年 5 月，山西临汾、吕梁在全国率先对采矿权进行有偿使用。根据不同煤种，每吨收取 1～8 元的费用，下半年在大同、阳泉等地相继开展试点。2006 年 2 月 28 日，山西省人民政府公布了《山西省煤炭资源整合和有偿使用办法》，规定全省煤矿一律按其储量及煤炭质量收取不同的采矿权价款，实现煤炭资源有偿使用具体征收标准如表 4－1 所示。

表 4－1　山西矿业权征收标准　　　　单位：元/吨

煤炭品质	评估标准
焦煤	3.5～4.05
炼焦配煤	2.81～3.36
无烟煤	2.98～3.53
贫煤	2.48～3.3
优质动力煤	1.03～1.78
其他煤种	1.07～1.62

数据来源：山西国土资源厅。

AC：煤炭生产成本。该成本主要是指矿井采掘生产过程中实际的费用支出，主要包括原材料、电力、生产工人薪酬、折旧和其他支出等。以下是山西国有重点煤矿煤炭成本构成如表 4－2 所示。

表 4－2　山西国有重点煤矿煤炭成本构成　　　　单位：元/吨

项目＼年度	2000	2001	2002	2003	2004	2005	2006	2007	2008	2009
原煤制造成本	69.01	72.38	80.92	85.46	90.45	100.56	124.75	125.98	130.85	150.36
销售税金及附加	2.62	2.79	3.29	3.43	3.56	3.63	3.76	3.80	3.93	4.21
销售费用	8.32	35.67	20.84	31.08	30.03	29.89	28.90	33.54	29.07	33.21
营业外支出	3.63	3.99	5.11	4.56	5.01	5.42	6.54	5.04	6.32	3.12
管理及财务费用	47.58	24.91	56.96	43.73	44.75	48.75	39.32	55.32	50.21	48.98
吨煤成本	132.16	139.74	155.70	168.26	173.80	188.25	203.27	223.68	220.38	239.88

V_{EX}：煤炭资源勘探费。中国新增煤炭资源的找矿普查和必要详查费用由政府负责，详查和精查费用由矿业权人负责。资源勘查成本差别很大，据经验推算，中国煤炭资源详查和精查成本平均 1 元/吨。按资源回收率 50% 测算，吨煤承担资源勘探费 2 元左右。

T_0：煤炭资源税和资源补偿费。煤炭资源税是按原煤产量的一定比例计征，原交纳标准为平均 1 元/吨。近几年来，为加强宏观调控，国家相继在全国范围内提高了煤炭资源税征收标准。2004 年底，国家提高了山西省、青海省、内蒙古自治区的煤炭资源税征收标准。2005 年，国家又提高了重庆、贵州、安徽、河南、福建、云南、山东、宁夏等省市、自治区的煤炭资源税征收标准，平均提高 2 元/吨。目前煤炭的资源税征收标准在 2～8 元/吨。山西省根据财政部和国家税务总局的规定将本省煤炭资源税税额从 2004 年 7 月 1 日起一律调整为煤 3.2 元/吨，自 2007 年 2 月 1 日起，再次将焦煤的资源税适用税额标准确定为 8 元/吨，此次是历次上调额度中最大的一次。煤炭资源补偿费是按照煤炭产品销售收入的一定比例计征，2004 年的征收额为平均 2 元/吨。现行的煤炭资源税和资源补偿费，2006 年达到平均 6 元/吨，比 2004 年平均增加 3 元/吨。

V_{EN}：环境治理和补偿费。2004 年前的成本核算框架中，关于环境治理补偿只有塌陷补偿费一项，提取为 0.8 元/吨左右，没有水污染和空气污染的治理费，环境保护成本得不到充分体现。原煤成本现行环境治理和补偿费用主要是采煤塌陷农作物补偿费、采煤塌陷土地资源损耗费、采煤塌陷地面建筑物破坏补偿费、采煤塌陷移民搬迁费、煤矸石和矿井水排放费，平均 4 元/吨。

V_{EM}：转产发展成本。为应对资源衰竭问题，山西省“煤炭新政”规定 2007 年起以山西为试点，征收 5 元/吨的煤矿转产发展基金。

V_{EB}：价格调控成本。具体征收规模要与产煤大省各自煤炭企业的实际负担水平相适应。一是要考虑合并目前正在征收的一些基金或专项收费；二是要对现有煤炭企业的乱收费及乱摊派进行清理整顿。在总体征收水平和企业平均负担基本保持不变的条件下，依据井型、核定的生产能力、服务年限、煤种、资源条件、环境保护和服务配套的不同需要以及回采率水平等实行级差式或台阶式的征收政策。山西从 2005 年开始征收，具体征收标准为：将煤炭企业资源回收率的 65% 作为分界线。回收率高于 65% 的企业征费率为 0，低于 65% 的按回收率征收 0～30 元/吨。其中：回收率为 60%～65% 的，征收额为 0～10 元/吨；回收率为 40%～60% 的，征收额为 10～20 元/吨；回收率为 20%～40% 的，征收额为20～30 元/吨；在上述基本征收额的基础上，原煤、洗精煤和无烟块煤、焦炭的每吨征收标准，分别乘以 1、1.5、2 的系数。在此，将价格调控成本设置在 20 元/吨。

因此得出影响全成本的各个因素从2000年至2009年的数据如表4－3所示。

表4－3　影响煤炭全成本的各因素数据统计　　单位：元/吨

年份＼指标	资源成本	生产成本	勘探费	资源税及资源补偿费	环境治理及补偿费	转产发展成本	价格调控成本
2000	—	132.16	1.00	1.00	0.80	—	—
2001	—	139.74	1.00	1.00	0.80	—	—
2002	—	155.70	1.00	1.00	0.80	—	—
2003	—	168.26	2.00	1.00	0.80	—	—
2004	1.00	173.80	2.00	3.20	4.00	—	—
2005	1.00	188.25	2.00	3.20	4.00	—	20.00
2006	3.00	203.27	2.00	6.00	4.00	—	20.00
2007	3.00	223.68	2.00	6.00	4.00	5.00	20.00
2008	3.00	220.38	2.00	6.00	4.00	5.00	20.00
2009	3.00	239.88	2.00	6.00	4.00	5.00	20.00

对原始数据进行趋势化和均值化处理后，应用SPSS进行主成分分析可得全成本构成指标的主成分的特征值和贡献率，如表4－4所示。

表4－4　主成分分析及贡献率　　单位：%

成分	初始特征值		
	合计	方差	累积
1	5.824	83.202	83.202
2	0.579	8.275	91.477
3	0.399	5.700	97.177
4	0.162	2.318	99.495
5	0.033	0.467	99.962
6	0.003	0.038	100.000
7	0.000	0.000	100.000

由于第一个主成分的贡献率已经达到83.202%，且只有第一个主成分的特征值大于1，因此只选取了一个主成分对全成本进行评价。根据各项指标的变异程

度，利用信息熵这个工具，计算出各指标在主成分中的荷载及权重（见表4－5）全成本各年的综合得分（见图4－1）。

表4－5 各个指标荷载及权重

指标	成分	指标权重
	1.000	
资源成本	0.968	0.152278961
生产成本	0.975	0.153386770
勘探费	0.765	0.120251720
资源税及资源补偿费	0.973	0.153088942
环境治理及补偿费	0.941	0.148053138
转产发展成本	0.794	0.124887331
价格调控成本	0.941	0.148053138

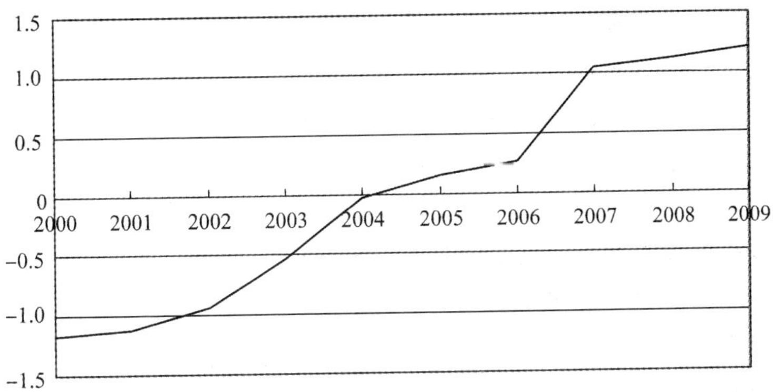

图4－1 全成本各年综合得分

由此我们可以得出，构成全成本的各项指标权重几乎相同，说明它们在全成本的构成中重要性几乎是一致的，都是不可或缺的，由此产生的全成本各年综合得分呈现上升趋势，这也与实际情况相符。

（二）煤炭市场交易体系的完善

近20年来，中国的市场体系建设有了长足的发展，不同层次、不同属性的各类生产要素市场、生活消费品市场的建设均取得突破性进展。与其他各类市场的发育建设相比，中国煤炭市场体系的建设明显滞后，这不仅使广大煤炭产运销企业的生产经营环境与条件发生严重错位，同时也使得不同市场之间的参数信号难以沟通，致使在同样的经济环境和条件下，社会经济产生完全不同的运作方式和波及效应。统一开放、完整交融的市场体系被人为割裂，市场机制的作用由于部门、行业及区域之间的屏障而被迫受阻。

从中国目前所处的国内外形势看，煤炭市场体系的发育建设无疑也应当进一步加快步伐。经济全球化格局的形成，国内外市场竞争的加剧，国际能源战略环境的不确定性，均使得中国煤炭产运销需企业所面临的经营环境日趋严峻，尽快培育和完善中国的煤炭市场体系，努力发挥市场的积极作用，对煤炭产运销需企业的组织结构创新和整体素质改善无疑有着十分重要的意义。

1. 煤炭柜台市场和期货市场的建立

柜台市场指的是交易者在正规的商品或期货交易所之外，就煤炭实物商品、即期/现金/实物交割/远期煤炭合约、煤炭价格指数等金融衍生类产品进行买卖的场所，主要通过电话、传真或电子网络竞价系统等形式实现，已有近十年历史。它既包括场外现货市场，又包括远期市场，是介于传统交易市场和期货市场之间的一种正在快速发展的市场。与传统交易市场相比，它具有合约和商品质量标准化，有标准交割地，由系列交割期合约构成，交易商广泛，现货交割、现金交割和对冲交割均可等特点；与期货市场相比，它又具有场外交易、合约标准化不严格、一对一交易、政府不强制监管、受保证金制度和商业信用双重约束等特点。柜台市场除了具有实现实物交易、规避价格风险和发现价格三大基本功能外，还能为将来建立期货市场，积累运作经验、培育交易人才、发现代表性煤炭品种等方面提供强大支持，是发展期货市场的必由之路。

美国是煤炭柜台市场的发源地，据估计，2004 年柜台交易量达到 4 亿～5 亿吨，主要是进行风险管理。欧洲柜台交易开展比美国晚，但交易进行得如火如荼，2004 年的交易量估计在 3 亿吨左右；部分交易用于风险管理，部分用于实物交割。

期货市场是商品经济发展到一定阶段的产物，作为现代市场经济中一种高级、特殊的交易形式，被称作是反映经济情况的晴雨表。建立煤炭期货市场能够为煤炭交易双方提供一个安全、准确、迅速成交的交易平台，借此比较真实反映供求状况，同时也为现货市场提供了参考价格，促进煤炭供需双方合理安排生产与供应，避免价格波动和利润不稳定带来的风险，可以起到价格发现作用。

中国在 1992 年曾建立了煤炭期货市场，但是由于当时的期货市场还很不成熟，交易所的会员结构不合理，出现了过分投机、少数大户操纵市场和人为哄抬价格等情况，严重干扰了市场的正常运行，造成不良的影响，最后被国务院证券委员会建议停止了。但是经过十多年的发展，中国的期货市场逐渐成熟，中国期货交易的有关法律、法规逐渐健全，监督管理机制不断完善，而且上海期货交易所、大连期货交易所等期货交易所的成功运行，棉花、燃料油、玉米和食糖等商品期货陆续上市，股指期货、国债和外汇等金融期货的逐步推出，期货市场将为中国企业和投资者在市场竞争中发挥重要作用。

（1）美国煤炭期货市场的发展。2001 年 7 月 12 日，美国纽约商业交易所上市了中部阿巴拉契亚煤炭期货（Central Appalachian Coal Futures）。它以俄亥俄州河或在西弗吉尼亚州的卡纳华河附近码头的交易价格为定价标准。CAPP 煤炭期货市场的运行给来自四面八方的交易者带来了大量供求信息，标准化合约的转让又增加了市场流动性。这些期货合约成功推出为稳定其煤炭市场起到了积极的作用。如 2004 年以来，在全球经济复苏的带动下，世界能源需求明显增加，煤价大幅飙升，但美国的煤电市场并未受到严重影响。2006 年 6 月，美国发电厂购买的煤平均价格仅比去年同月上升了 4.7%。其煤炭价格的稳定是与完善的市场体系分不开的。

（2）欧洲煤炭期货市场的发展。2006 年 7 月，ICE（洲际交易所）的欧洲期货分部引入了针对欧洲市场的两种煤炭期货合约。这两个合约是以现金结算的期货合约，里查兹港煤炭期货合约（The Richards Bay Coal Futures Contracts）和鹿特丹煤炭期货合约（The Rotterdam Coal Futures Contracts）。2008 年 12 月 5 日，环球煤炭电子交易平台 Global Coal（GC）和 ICE 正式推出了一项新的煤炭期货合约纽卡斯尔煤炭期货合约（GC Newcastle Futures Contracts）。它以 Global Coal 纽卡斯尔港口指数为基准对澳大利亚生产的煤炭进行出价、竞价，最终以纽卡斯尔港口离岸价（FOB）完成期货交易。2008 年 12 月 10 日，荷兰鹿特丹煤炭期货达到了最大交易量，成交了 3975 手合约，合计 397.5 万吨煤炭。同期，纽卡斯尔合约也达到了一个很高的交易量，成交 900 手，合计 90 万吨的煤炭。

（3）中国建立煤炭柜台市场和期货市场的实施细则。目前，国外煤炭市场上传统煤炭市场占主导地位，通过供需双方之间的双边谈判达成交易的现象非常普遍。定期合同，包括长期合同，广为煤炭生产商和消费者所采用，澳大利亚定期合同量比例在 65% ~90%。从近几年的世界煤炭市场发展趋势看，煤炭交易的现货比例增加，长期合同减少；价格波动频繁，基准价体系作用减弱，合同指数化增加；纸化合同贸易增加，柜台交易和期货交易规避风险功能显现；电力、天然气、煤炭价格互动呈现收敛性。

根据中国的实际，中国煤炭交易方式变革大致可分为两个阶段：

第一阶段：到 2010 年，着力规范传统煤炭市场的现货交易和中长期合同交易，运用网络平台和电子技术实现煤炭的快捷交易，适当推进柜台交易。

第二阶段：到 2020 年，煤炭柜台市场和期货市场投入运营，依托期货市场，推进中长期合同交易，形成现货交易与期货交易并存的综合交易格局。

2. 煤炭交易市场框架的构建

全国性的煤炭交易市场必须在政府监管、产运销各方积极参与下实施，政府主导制订政策方案，并与有关行业牵头单位联合制定交易规则，积极扶持、构建跨行业的协调服务机构和配套服务机制，形成完善的交易体系。全国煤炭交易中心应由产煤地区交易中心、煤炭中转运输交易中心、煤炭主要消费地区交易中心三大分中心构成。在煤炭主要生产地和煤炭主要消费地分别建立交易中心是由于中国煤炭生产消费的地域偏差所致。从目前的煤炭交易看，可先期建设或提升三大煤炭交易中心，即太原煤炭交易中心、天津（秦皇岛）煤炭交易中心、上海煤炭交易中心。各中心的功能分别为：

（1）太原煤炭交易中心，反映山西煤炭主产区煤炭交易信息，主导主产区煤炭交易价格，促进煤炭产品的就地转化。

（2）天津（秦皇岛）煤炭交易中心，反映煤炭中转交易信息和华北煤炭交易信息，发现煤炭中转运输成本。

（3）上海煤炭交易中心，服务于煤炭消费需求量大的华东地区，提供煤炭主要消费地区的交易信息，发现煤炭主要消费地区的交易价格。

在三大交易中心的基础上，再分别建设若干副中心，各地区可在交易中心和副中心的指导下建设若干交易所，从而形成煤炭交易的市场框架。政府在煤炭市场中的主要职责为，做好全国煤炭产运需预测，引导煤炭市场供需平衡，组织和指导交易中心建设，并对其日常运营进行协调监管，规范交易各方的行为，保障煤炭市场体系有序运行。

全国性的煤炭交易市场的建立有助于世界煤炭和焦炭市场出现“中国价格”，增加中国在煤焦等重要能源商品领域的国际话语权。这样一方面可以提高煤炭生产公司与下游消费企业（包括钢铁、电力等公司）进行交易时的价格谈判能力，增强对煤炭价格的定价权；另一方面有助于煤炭生产企业更好地利用统一的市场向下游需求方转移生产成本上升带来的压力。目前，中国煤炭的价格已经基本上由市场的供求关系来确定，未来合同煤价和市场煤价将逐步接轨，合同煤价上涨空间较大，预计将有10% ~20%的增幅。长期而言，煤炭将成为中国未来最具定价话语权的大宗商品。

3. 煤炭市场交易主体的改建

目前，中国有2.8万多个煤矿，规模以上的煤炭企业3400多家，经营过度分散，无序竞争严重，煤炭供大于求时相互竞相压价，市场秩序混乱，价格大幅度下滑，行业经济发展陷于十分困难境地，教训十分深刻。煤炭产品的深加工不足，附加值较低，全国精煤洗选率仅占原煤的30%，绝大部分煤炭企业扩大再生产只是依靠产量的扩张，而煤电化、煤焦化、煤油化等科技含量较高的产业链尚未形成。

培育和发展大型煤炭企业集团，保障中国能源开发的持续稳定发展。坚持“统筹规划、合理布局、适度开发、协调发展”的思路，强化煤炭资源管理，完善规划体系，科学制定煤炭产业发展战略和行业规划。目前，国家已划定了13个煤炭基地，为组建跨地区、跨行业的具有国际竞争力的超大型煤炭企业集团奠定了基础。要正确处理东、中、西部关系，在稳定东部生产规模的同时，大力发展以陕西、山西、内蒙古为重点的中、西部地区，积极开发西南地区，适度开发新、甘、宁、青区。国家鼓励和支持组建以煤炭、电力、铁路、港口、海运等煤炭产业链相连接的大型、特大型企业集团。实现在各种煤炭企业之间，煤炭企业与相关非煤企业之间发展多种形式的联合。

要加快初级产品向深度加工、综合利用转变。直接销售原煤是煤炭生产利润率最低的一种生产方式。大部分的效益和利润都集中体现在煤炭的下游产品中。要实现煤炭工业经济增长方式的根本性转变，就要大力推进煤炭新产品的深度加工和综合利用，发展替代产业，推进产业升级。要大力发展煤电、煤电铝、煤化工、煤建材、煤焦化和煤气化等优势产业，延伸产业链。煤的链条很长，越向下去，附加值越高。要重点发展以煤办电，鼓励大型煤炭企业建设大型坑口电厂，变运煤为输电，实现煤炭的就地转化。要大力开发煤炭气化、液化和焦化产品，积极建设煤炭大型化工基地。抓好煤层气、煤矸石等煤伴生资源的开发利用，全方位地提升煤炭产业的质量和效益。

为确保国民经济平稳较快增长的煤炭供应，必须妥善处理当前与长远的关系，把加快中长期煤炭建设与缓解当前煤炭供应紧张结合起来，在抓紧大型煤炭后备基地的规划、勘探和开发，争取尽快形成一批后备资源和大型煤矿，加快铁路、港口建设，提高煤炭外运能力的同时，继续贯彻落实中央加强宏观调控的政策措施，加强经济运行协调。

《煤炭工业发展“十一五”规划》已经正式提出以煤炭整合、有序开发为重点，并把建设大型煤炭基地、培育大型煤炭企业集团、整合改造中小型煤矿、淘汰资源回收率低、安全隐患大的小煤矿作为主要目标。中国小煤矿的治理是中国煤炭行业整合的重要环节。国家安全生产监督管理总局于2008年1月12日发布的数据显示，从2005年8月打响关闭小煤矿“攻坚战”以来，全国累计关闭小煤矿11155处，淘汰煤炭落后产能约215亿吨。为完成煤炭工业“十一五”规划关井目标，到2010年全国小煤矿要控制在1万处，产量7亿吨。目前，中国国有重点煤炭企业产量占全国总产量的比重已由2006年的48%上升为2007年1～8月的53%。中国“十二五”煤炭工业发展规划中提出到2015年中国煤炭产量的上限将是37亿吨，形成10个亿吨级、10个5000万吨级特大型煤炭企业。预计未来中国煤炭行业的集中度仍将不断提高，产业整合的推进、行业集中度的提高，将有利于提高煤炭行业的抗风险能力，增强煤炭企业对下游的议价能力。

以山西省为例，山西省长期以来是中国最重要的煤炭能源生产基地，其产量约占全国的1/4，省际调出量占全国的3/4。山西省也是国务院确定的全国煤炭工业可持续发展政策措施试点省份。过去，山西省最多时曾经有万座小煤矿"争吃资源"。煤炭业整合重组前，年产30万吨及以下的煤矿占矿井总数的80%以上，矿井平均单井规模仅有36万吨；仅有307座煤矿实现了综合机械化采煤，占煤矿总数的12%。进入21世纪后，陈旧体制和不良发展带来的是血的教训，散乱的格局导致矿难频发。2003年，山西省共发生死亡10人以上的特大事故8起，全部为煤矿事故所致。2007年，仅临汾一个市就发生死亡10人以上的煤矿安全事故3起。乡镇小煤矿百万吨死亡率比国有重点煤矿的高11.3倍，小煤矿产1吨煤要付出10倍于大矿的生命代价。

2008年9月2日，山西省政府颁布《关于加快推进煤矿企业兼并重组的实施意见》，要求到2010年全省矿井数量控制在1500座以内，使大集团控股经营的煤炭产量达到全省总产量的75%以上。2009年4月，《山西省煤炭产业调整和振兴规划》出台，山西煤炭产业整合进入实质阶段。目前，山西省重组整合煤矿企业协议签订率已达到97.9%，主体接管到位率71%，证照过户换发、兼并主体进驻接管工作正在各地有序展开。从已批复和正在批复方案的情况看，全省矿井个数由2598处减少到1053处，压减比例60%，年产30万吨以下的矿井全部淘汰关闭，保留矿井全部实现机械化开采。其中，年产90万吨及以上的综采机械化矿井占到2/3，平均单井规模由年产36万吨提高到年产100万吨以上。

山西煤炭业整合重组，形成了以股份制企业为主的多元化办矿体制。从办矿主体数量构成上看，纯粹国有、纯粹民营和混合所有制企业的大致比例为2∶3∶5，纯粹民营主体"三分天下有其一"。同时，山西省还要求煤矿生产全部实现机械化，普遍推广综采技术；安全生产全面达标；煤矿高管要有专业技术背景，从业人员全部培训后持证上岗，以确保煤矿安全生产。煤炭业整合重组的多重效益正在得到体现，最直观的表现是煤矿安全生产形势显著改善。2009年1~9月，全省煤炭生产百万吨死亡率为0.28，而去年，这个省煤炭生产百万吨死亡率为0.47，而全国的平均数为1.18。

山西省计划到2011年形成4个年生产能力亿吨级的特大型煤炭企业集团，3个年生产能力5000万吨级以上的大型煤炭企业集团，11个年生产能力1000万吨级以上的大型煤炭企业集团，72个300万吨级左右的地方集团公司。全省办矿企业由2200多个减少到近130个。

（三）煤炭资源税制改革

作为宏观经济调控者的政府，对于矿产品价格的调控基本上有两种方式：一种是价格管制；另一种是利用税收手段调节价格。价格管制应属于特殊时期的短期管制措施，而长期的管制相当于政府在配置资源，其必然损害市场配置资源的效率。一般的情况是利用税收手段调节矿产品的市场价格，从而也达到调节矿产资源价格的目的。完善矿产资源价格形成机制，使边际使用者成本和边际环境成本在矿产资源价格体系中得以体现，在矿产品价格中体现资源的稀缺程度和对环境的破坏，政府应以矿产资源税费改革为契机对目前的矿产资源税收体制进行调整。

改革税收体制，坚持以劣等资源条件定价原则。煤矿的劳动对象是地下矿物资源，煤炭生产成本受资源赋存条件的影响极大。开采劣等资源的煤矿，要耗费更多的物化劳动和活劳动，如果按平均成本确定价格，这些煤矿由于严重亏损，不可能开办。但国家又需要这些煤矿生产，以满足国民经济对能源的要求。因此这些煤矿耗费的劳动也是社会必要劳动，应得到充分补偿。国家要通过征收资源使用费用和所得税对不同煤矿收益进行调节。

1. 实行公平税负、减轻煤炭企业负担的政策

一直以来，煤炭行业缺乏对煤炭价格机制的研究，因此影响到国家对本行业的政策支持。目前煤炭行业是整个工业行业流转税赋最重的行业。国家将煤炭产业列为增值税进一步改革的试点行业，由当前生产型增值税改革为消费型增值税。按照国务院“既要建立新的增值税机制，又要照顾煤炭行业的实际困难，不增加国有重点煤炭企业的税负水平，保持1993年3.35%的税负原则”的精神，建议国家进一步改革和完善增值税（见表4－6）。

表4－6 全部国有及规模以上非国有煤炭企业税收负担税率

单位：亿元，%

年度	销售收入	流转税负担				税收负担率
		产品销售税金及附加	产品销售税金及附加负担率	增值税	增值税负担率	
1998	1191.02	17.43	1.463	91.33	7.668	9.124
1999	1132.37	17.73	1.565	90.24	7.969	9.535
2000	1213.77	17.89	1.474	98.11	8.083	9.557
2001	1503.34	22.34	1.486	122.74	8.164	9.651
2002	1960.75	28.10	1.433	148.92	7.595	9.028
2003	2474.70	36.05	1.457	186.00	7.516	8.973
平均	1579.33	23.26	1.473	122.89	7.781	9.254

注：根据国家统计局资料整理，税收负担中仅含产品销售税金及附加、增值税。

由当前生产型增值税改革为消费型增值税，允许抵扣固定资产所含的进项税。这样改革后，不仅有利于提高矿业投资者的积极性，而且会鼓励企业采用先进技术、加大科技投入，改变矿业企业税负过重的局面。矿产资源补偿费、资源税、采矿权价款是开采矿产资源的超额收益，是国家所有者权益在经济上的实现，表现为矿产资源价值的一部分（即潜在收益价值）。购买地质勘查成果的费用支出，即探矿权价格，是矿产资源的地勘劳动价值，为递延资产支出。矿产资源补偿费、资源税、采矿权价款、探矿权价格构成了矿产资源价格，为矿业企业生产的“原料”价格，应作为已纳增值税税基处理，使之不在课税之列。同时，针对这些税费的性质研究相应的会计处理方法。尽管这种作法与现行的财会制度相抵触，却是公平税负的一项重要举措。

2. 改革和完善矿产资源税费政策

中国目前的矿产资源税和资源补偿费存在的问题主要有：①税费重复，加重了企业的税费负担；②不能如实反映开发资源和利用自然资源差异，不能如实反映矿山开采活动繁荣、衰退、萧条、报废的过程；③按产品交税不能促进企业提高资源回收率。改革和完善矿产资源税费政策的思路是：基本上按煤炭资源获利能力的大小确定评估价格的高低，在不增加煤炭企业负担的前提下，大大提高煤炭资源探矿权和采矿权有偿转让金的比重，将资源补偿费并入资源税，对煤炭生产企业实行“耗竭补贴”。

资源补偿费合并为资源税。征收矿产资源补偿费的目的是“为了保护和促进矿产资源的勘查、保护与合理开发，维护国家对矿产资源的财产权益”，即对矿产资源租金——矿产资源开发后的部分超额收益的征收，资源税是对矿产资源级差收益的部分征收，二者都是矿产资源价值的实现形式，即体现了矿产资源所有者权益。所以，应将二者合一，作为矿产资源的基本租金，以资源税或资源租金的形式从量计征。根据各矿区的资源条件与地理位置的优劣进行科学的分类；在此基础上，遵循矿产品按照劣等矿产资源定价的原则，测算出劣等资源的租金；依据矿产资源的级差收益理论，研究相应的测算方法，测算出同一矿种不同类别资源的级差收益，进而制定出同一矿种不同类别的单位可采储量资源税定额，使税收定额基本能反映不同行业之间、同一矿种不同类别之间的级差收益。由下式计算应纳资源税：

矿产资源税 = 实际消耗可采储量 × 单位可采储量资源税定额 = 矿产品产量 × 单位可采储量资源税定额/实际回采率。

矿产资源回采率越低，所缴纳的资源税越多。这样在某种程度上促使企业提高回采率、合理开发利用资源。

随着开采深度加大、开采距离变远、矿产品位降低，级差收益趋于下降，所以，每隔3～5年重新测算资源税定额，以保证矿业企业公平税负。采用重新核定、测算的资源税定额，取消临时的资源税减免政策，如对于1993年底以前投产的无后续加工的铁矿，以原税率的50%征收资源税，对有色金属矿山以原税率的70%征收资源税等。

采矿权价款是超出资源税（含现行的资源补偿费）的那部分超额收益，逐步变为随矿产资源价值、矿产资源市场情况及国家政策调控需要而浮动。

3. 取消铁路、电力建设基金和港口建设费

中国煤炭资源分布不均，重点产煤地区和消费地区相距较远，中间环节多，流通成本高，严重制约着煤炭工业和整个国民经济的健康发展。随着中国煤炭生产基地的西移，这个问题就越来越凸显出来。改革与发展使煤炭生产成本面临很大的上涨压力，而煤炭用户和国民经济对煤炭价格上涨承受能力有限，通过加快流通体制改革，减少中间环节，降低流通成本，增大煤炭生产成本上涨空间，这是煤炭成本改革和优化的重要途径。行业性建设基金导致行业间的利益转移，在市场经济条件下，不利于行业间的公平竞争。建议国家认真清理和取消各类行业性建设基金，在国家取消行业性的建设基金之前，建议对煤炭企业不再征收铁路、电力建设基金和港口建设费。以煤炭的铁路建设基金为例，从1991年，国家对整车货物按3厘/吨·公里收取，到目前征收标准已上调4次，达到3.3分/吨·公里。

（四）煤炭价格调控基金的设立

目前，中国部分省份，如贵州、陕西和山西等已经开始征收煤炭价格调控基金，用于稳定煤炭价格（见表4－7）。

煤炭价格调控基金是指政府为调控煤炭市场价格，防止煤炭市场价格突发性波动，稳定煤炭市场，依法征集的专项调节基金。它主要用于对全省煤炭产量的调控，尽量保持煤炭市场供求平衡并适当偏紧的状态以促进产煤大省乃至全国煤炭市场供求平衡和价格稳定。其主要用途表现为：征收来的调控基金主要用于平抑市场煤炭价格；矿区经济结构调整和非煤产业后续发展；矿区地质灾害治理和煤矿安全生产补欠；煤炭价格调节基金日常征管工作支出；以及其他一些涉煤用途。市场经济条件下，煤炭价格随供求呈现周期性变动的规律客观存在。由于供求矛盾始终存在，煤价跌涨也将交替出现。设立煤炭价格专项调控基金，就是根据反价格周期理论，借鉴美国的休耕补贴制度，对煤炭生产（部分产量）进行调控，以期达到一种动态的平衡，保持价格相对稳定。这属于一种“非自决的、自平衡”政策调控，充分体现了微调性、渐进性，人为的主观干预少，对经济的负面影响小。相对于其他调控方式（如行政干预方式），更加市场化。

表 4-7 产煤大省煤炭价格调控基金征收情况

项目＼省份	贵州省	陕西省	宁夏回族自治区	云南省		山西省
				华坪县	攀枝花市	
开征时间	2004.8.1	2005.9.1	2006.1.1	2005.11.1	2005.7.1	2005
征收标准	原煤（含洗混煤）30元/吨，洗精煤（含无烟块煤）50元/吨，焦炭70元/吨	按品种分类确定为：原煤（含洗混煤）15元/吨，洗精煤、焦炭25元/吨	对出省煤征收30元/吨的调节基金	按煤炭品种分类确定，其中：综合煤（含原煤、煤矸石、混煤、中煤、洗精煤）20元/吨，焦炭30元/吨	按煤炭品种分类确定，其中：市内销售部分按原煤10元/吨、洗精煤（含块煤）17元/吨、焦炭24元/吨；市外销售部分原煤按30元/吨，洗精煤（含块煤）51元/吨、焦炭72元/吨	回收率高于65%的企业征费率为0，低于65%的按回收率煤征收0～30元/吨。其中：回收率为60%～65%的，征收额为0～10元/吨；回收率为40%～60%的，征收额为10～20元/吨；回收率为20%～40%的，征收额为20～30元/吨；在上述基本征收额的基础上，原煤、洗精煤和无烟块煤、焦炭的每吨征收标准，分别乘以1、1.5、2的系数

产煤大省都应该建立煤炭价格调控基金。煤价的变动与产煤大省的经济发展密切相关。为了保持煤炭价格的相对稳定，许多产煤大省设立了一些地方性的涉煤收费或基金。从目前的情况看，如果对这些收费或基金取消或适当改造，在价格总体水平保持不变的情况下，设立煤炭价格调控基金，进一步完善其价格形成机制，是非常必要的，也是可行的。具体方案要根据当前煤炭行业的增支因素（如安全成本、资源成本、环境成本等），政府对煤炭行业清费减负力度、为上述改革究竟能腾出多大的空间以及地区差价、区域优势、运输半径等因素综合考虑。

具体征收规模要与产煤大省各自煤炭企业的实际负担水平相适应。一要考虑合并目前正在征收的一些基金或专项收费；二要对现有煤炭企业的乱收费及乱摊派进行清理整顿。在总体征收水平和企业平均负担基本保持不变的条件下，依据井型、核定的生产能力、服务年限、煤种、资源条件、环境保护和服务配套的不同需要以及回采率水平等实行级差式或台阶式的征收政策，充分鼓励煤炭企业上规模、上档次、提高煤炭开采质量和回采率。较有效的办法是综合上述各种因素，对包括统配煤矿在内的各类煤矿分成若干类，再分别制定相应的征收系数和征收标准，实行差别征收。煤炭价格调节基金应保持一定规模的储备。当煤炭价格出现突发性波动时，有关部门提出应急方案，逐级报经省政府批准，可以临时动用基金储备调控煤炭价格，稳定煤炭市场。

（五）煤电价格联动政策的执行

煤电联动是缩小煤电矛盾的一个过渡办法，它只是一种价格定价机制，其创新之处在于由原先的单一制向两部制转变，就是将电价分为统一电价和浮动电价。统一电价对任何发电企业都一样，但浮动电价却是以原料煤价格变动为依据，由政府核定。当煤炭价格上涨后，以煤炭为原料的电力价格相应上涨，煤价上涨成本的一定比例由电力企业自行消化。

煤电价格联动机制的基本原则是：要求电力企业自行消化30%的煤价上涨因素，在此基础上，根据煤电联动公式，将上网电价随煤炭价格变化调整。上网电价调整后，再按照电网经营企业输配电价保持相对稳定的原则，相应调整电网企业对用户的销售电价。2005年4月国家发展与改革委员会又公布了将上网电价与燃料价格实行联动的新电价机制，并明确煤价上涨的30%部分由电价上涨来消化。这是中国电价改革的第一个实质性进展，标志着中国在为解决“市场煤”与“计划电”之间的价格之争向电价市场化迈出了重要一步。这种煤电价格联动，对缓解燃煤发电企业的成本压力起到一定的作用，也有利于协调煤电双方的利益，有利于推进煤炭价格市场化。

中国煤电联动政策始于2004年底。当时国家规定，以不少于6个月为一个煤电价格联动周期，若周期内平均煤价较前一个周期变化幅度达到或超过5%，便将相应调整电价。第一次煤电联动在2005年的5月，当时电价上调了0.0252元。而随后2005年11月份虽然再次满足了联动条件，但却并未有所动作。时隔一年之后，第二轮煤电价格联动终于在2006年5月1日开始实施。按照国家发展与改革委员会5月1日公布的煤电价格联动实施方案，全国销售电价从5月1日起平均每度提高0.0252元，旨在解决2004年6月以来煤炭价格上涨、部分电厂经营亏损以及取消超发电价等对电价的影响。

根据资料统计，2001~2005年，煤炭价格翻了两番，水资源费、环保费用等纷纷上涨，今后相当长一段时间，煤炭等资源性产品的价格将持续高位运行，电能的总成本不会大幅削减，由于各类成本的上升上网电价只能跟着涨，终端电价自然水涨船高；若终端销售电价不变，电网公司高价买进低价卖出，对于已是高负债经营的电网公司来说，必将一破到底。从国际情况看，在资源紧张的情况下，电价上升是不可避免的；从中国当前的情况看，作为资源性产品的电价上浮也是不可避免的。电力价格的市场化进程对于一次能源和二次能源以及与此相关的各个环节，都是一场严峻的考验。中国煤炭运销协会副理事长武承厚认为：“煤电价格联动在电力行业未完全进入市场的条件下，只是一个治标不治本的权宜之计。”但同时他也承认，尽管煤电价格联动有不足，可作为一种旨在反映市场变动、弥补市场不足的经济政策，它的出台不失为是当前保证电煤稳定供应的一个手段，如果保障措施得力，对缓解电煤供应的紧张关系会有一定作用。

因此，在电力行业市场化改革没有完成以前，政府必须发挥“看得见的手”的作用，对电煤价格进行调解，完善煤电价格联动这一政策。

五、本章结论

中国的煤炭价格改革已经取得了实质的进展，但煤炭市场价格政策运行过程中一些深层次问题还没有得到根本解决，煤炭价格的形成机制改革仍然滞后。本章通过对中国煤炭市场和煤炭价格形成机制现状的阐述，对现行煤炭价格形成机制存在的缺陷及影响进行详尽的分析。在国内外研究理论和实践经验的基础上，探索出中国煤炭价格形成机制市场化改革的现实途径。主要结论如下：

（1）提出基于劣等资源定价原则的煤炭全成本定价模型，并利用主成分分析法，运用 SPSS 软件，将收集到的各项指标从 2000 年至 2009 年 10 年的数据进行分析，计算出各项指标的权重，分析后认为各项指标对于全成本的重要性几乎是一致的，都是不可或缺的，由此得出各指标综合得分所显示的全成本逐年上升的趋势也与实际相符。

（2）针对中国煤炭市场交易体系不完善的缺陷提出建立中国煤炭的柜台市场及期货市场，并对市场框架进行构建，形成全国性的交易市场，对交易主体进行改建，重点阐述山西省在煤炭行业整合兼并中所做的工作及取得的成就，为其他产煤大省提供借鉴。

（3）提出实行公平税负，将资源补偿费合并为资源税，取消铁路、电力建设基金和港口建设费的建议。

（4）提出在各个产煤大省实行价格调控基金的征收，以此应对煤炭价格的波动，并依据已经征收的省份征收标准提出征收范围。

（5）由于中国煤炭长期存在的价格双轨制，电煤价格比商品煤价持续偏低，严重扭曲了煤炭价格，对此提出应该继续执行煤电价格联动这一政策，认为煤电价格联动是电力市场及煤炭市场真正市场化之前调解电煤价格的最好手段。

第五章 煤炭资源管理及综合利用技术方法研究

一、绪 论

（一）前言

随着社会生产力的发展，人们对能源的需求也在不断地提高。当一个国家处于工业化发展的前期和中期阶段，能源消费弹性系数（能源消费增长速度与国民经济增长速度之间的比例关系）一般都大于1；到了工业化后期阶段，系数一般小于1；另外，当一个地区或者国家人均GDP达到某一水平时，人均生活用能也会急剧增长。

煤炭作为能源矿产资源，为中国国民经济提供了70%以上的能源，同时煤炭共伴生矿物、矿山废弃物等又是重要的原材料来源；把煤炭矿产资源作为一个整体，利用矿物加工工程及相关技术，实现资源利用最佳化、经济效益最大化是煤炭工业面临的新形势和新任务。当前，矿物加工工程及相关技术的综合利用，为煤炭资源的综合利用提供了各种手段和途径，具体做到统筹计划，实现有价元素提取、有益组分与有用矿物分离、富集和直接利用或组合利用，是矿产资源利用的重要技术路线，是发掘煤炭企业开发利用方面所独具的巨大优势的需要，其技术路线日益明确，产品涉及国民经济各个领域，因而具有良好的产业前景和市场潜力。

煤炭资源综合利用是中国经济和社会发展中一项长远的战略方针，对提高煤炭资源利用效率，建设节约型社会具有十分重大的意义。长期以来，煤炭在中国一次能源消费构成中占2/3以上（见表5－1），煤炭是中国的主体能源。中国煤炭资源相对丰富，在未来经济社会发展的过程中，煤炭的主体能源地位不会改变。当前，煤炭开发利用给生态环境带来的破坏日益引起人们的关注，进而推动了煤炭清洁利用技术的发展以及对煤炭资源管理更深层次的思考。

表 5 – 1 中国一次能源在国民经济发展过程中所占消费比例 单位：%

年份	占能源消费总量的比重			
	煤炭	石油	天然气	水电、核电、风电
1980	72.2	20.7	3.1	4.0
1985	75.8	17.1	2.2	4.9
1990	76.2	16.6	2.1	5.1
1995	74.6	17.5	1.8	6.1
2000	67.8	23.2	2.4	6.7
2001	66.7	22.9	2.6	7.9
2002	66.3	23.4	2.6	7.7
2003	68.4	22.2	2.6	6.8
2004	68.0	22.3	2.6	7.1
2005	69.1	21.0	2.8	7.1
2006	69.4	20.4	3.0	7.2
2007	71.1	18.8	3.3	6.8
2008	70.3	18.3	3.7	7.7
2009	70.4	17.9	3.9	7.8

资料来源：根据《中国能源统计年鉴》（2010）整理。

中国煤炭资源综合利用在国家政策扶持、科技进步、市场拉动等因素的推动下，呈现出快速发展、总体推进的局面。但是煤炭企业粗放经营、对环境破坏严重、效益不高的现状没有较大改观。因此，在发展洁净煤技术以及煤化工技术的同时，兼顾煤矸石、煤泥和煤层气的综合利用技术，创新煤炭资源管理模式，是当前中国煤炭能源发展的重要途径。

（二）研究背景

矿产资源具有以下主要特征：①不可再生性，矿产资源的形成和富集要经过漫长的地质年代，具有相对有限性特征；②基础性，对矿产资源的开发利用是人类社会发展的前提和动力；③稀缺性，相对于人类需求，矿产资源不可能被人类无限制地开采；④可耗竭性与耗竭补偿性，矿产资源是不可再生的，因此具有可耗竭性特征，而耗竭补偿性是指社会再生产要求自然界不断地为社会补充资源，并保持与社会生产力水平相适应的资源储备。

虽然中国幅员辽阔，能源和资源绝对储量较为丰富，但相对于中国众多的人口现状来说，能源资源相对不足，能源的安全问题日益突出。只顾眼前利益、过分追求经济效益的、粗放的经济发展方式，造成能源的过度开发、低效使用和极大的浪费，使中国能源供应形势更加严峻，缺乏对能源物质的持续供给能力，难以满足当前和长远发展的需要。自1992年中国的能源消费总量就超过了生产总量，目前，能源供需的绝对差额逐年加大，能源供给的保证程度不断下降（见图5－1）。

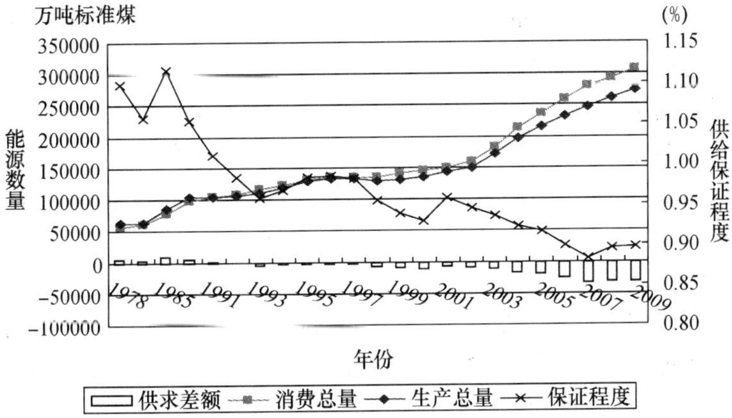

图5－1　1978～2009年中国能源供需变化

资料来源：根据《中国统计年鉴》（2010）整理。

煤炭占一次能源消费的比重长期在70%左右波动，结合中国能源的赋存特点，决定了能源消费结构以煤为主的地位在未来不会发生改变。以煤为主的能源结构与粗放型的煤炭增长和消费方式，却使经济发展与环境保护之间的矛盾日益尖锐。中国产业结构长期以高消耗、低效率、重污染的重化工为主；重化工产业对电力的需求加大；另外，需要更多的焦炭支撑钢铁产量的增加。煤炭是中国最重要的能源资源，生产和消费数量巨大、替代难度高，因此实现煤炭资源安全、高效、环保和可持续发展对中国未来经济社会发展具有重大意义。煤炭工业的发展应坚持以安全生产为前提，依靠科技进步和创新资源管理模式，实现煤炭可持续开采和煤炭工业现代化。

因此，我们有必要把煤炭资源综合利用作为一项系统工程来研究，按照高效、清洁、充分利用的原则，研究煤炭资源综合利用的技术方法，创新煤炭资源管理模式，开展煤矸石、煤泥、煤层气、矿井排放水以及与煤共伴生资源的综合开发与利用，提高煤炭资源社会经济效益。结合中国国情将国外煤炭资源综合利用技术方法应用到中国的煤炭资源利用的实践中，研发和推广高效利用煤炭资源的技术，研究煤炭加工延伸增值的高新技术，推进技术进步，提高煤炭资源利用效率和煤炭资源综合利用效益，研究煤炭资源的先进管理模式以及煤炭资源综合利用的先进技术方法具有重要的创新性和实用性。

（三）煤炭资源管理及综合利用技术方法文献综述

1. 国外煤炭资源管理及综合利用技术方法综述

随着对循环经济发展模式研究的深入，中国可持续发展战略有了新的目标和方向。美国经济学家肯尼思·波尔丁在20世纪60年代最先指出循环经济的概念，而后在德国、日本等资源相对短缺的国家将其应用于实践。1994年德国制定了《循环经济和废弃物法》，倡导走向循环经济型社会；同年，联合国大会提出"零排放"的概念，提出通过循环利用，废弃物的排放量可能为零。日本在20世纪90年代提出了"环境立国"的口号，并集中制定了废弃物处理、再生资源利用、包装容器管理等一系列法规，其立法的目标是建立一个"资源循环型社会"。

循环经济实际上是以环境无害化、资源回收利用和清洁生产技术为载体的经济模式，其核心和本质就是保护与合理开发利用自然资源。煤炭资源综合利用在循环经济中体现为高效利用化和废弃物资源化，从而实现污染排放减量化、资源化和环境无害化。国外对煤炭资源综合利用可以归纳成三个部分：

（1）通过立法支持煤炭资源综合利用。为加强矿产资源综合利用工作，美、日、法等国家都已针对本国具体情况颁布了相应的法律法规。如美国的《美国矿业和矿产条例》；为把废弃物纳入产品生产过程中，德国于1994年颁布了《循环经济与废弃物法》。

（2）通过新技术支持煤炭资源综合利用。国外发达国家把矿业发展的重点指向管理集约与科学化；发展资源的高效、低污染的加工短流程技术；低耗高效矿山装备的大型化与系列化；力求开采、洗选等设备的自动化与智能化，进而提高矿产资源的综合利用水平。

（3）重视煤炭尾矿资源综合利用。由于矿产开采品位的降低，在选矿时丢弃的尾矿，也被作为矿产或者"二次资源"得到重视与利用。世界各国矿业开发所产生的尾矿每年达50亿吨以上，随着矿业开发规模增大和入选矿石品位的降低，这个数字还将逐年增大。

针对煤化工、洁净煤技术及再生资源化等领域，国外也进行了大量的研究工作。目前，国外根据煤中含硫量和煤炭利用途径决定原煤入选率，其中，美国为55%、波兰为50%、澳大利亚为75%、俄罗斯为60%。水煤浆技术在美国、俄罗斯已经发展成为一种行业，得到商业化应用。先进的发电技术如超临界机组、整体煤气化联合循环发电、加压循环流化床和循环流化床等技术也逐渐得到广泛的应用。

尽管国外煤炭资源综合利用技术得到了长足的发展，但是很少从定量角度考虑如何根据地域资源特点和企业自身情况选择适当的资源开发手段和路径。

2. 国内煤炭资源管理及综合利用技术方法综述

关凤峻（1992）将矿产资源利用的合理程度与经济效益相结合，提出一套系统评价方法，对矿产资源综合开发利用程度进行评价，并阐述了各种方法间的有机联系。袁宗仪（1993）在分析中国矿产资源利用现状的基础上，建立了资源综合开发利用评价体系。黄祖梁（1994）阐述了中国矿产资源综合开发利用现状并提出了相应的对策建议。赵国浩、裴卫东、张冬明（2000）研究了评价指标体系与评价方法，并对煤炭工业可持续发展理论和实践进行了创新。赵国浩（2000）阐述了煤炭资源经济评价理论与方法并构建了煤炭工业可持续发展评价指标体系。邹胜谋、葛联合（2001）结合具体的煤矿企业，从强化技术管理和矿山资源综合利用方面提出对策建议。夏佐铎、姚书振（2002）论述了矿产资源资产价值的构成，并系统地构建和分析了矿产资源价值分析模型。赵国浩（2002）初步讨论了煤炭资源优化配置系统理论、评价指标体系以及方法并给出达到优化配置的对策建议。张明慧（2003）从经济角度构建了煤炭清洁生产和利用的综合评价指标体系，并从技术、环境、经济等方面给出了煤炭清洁生产的对策建议。夏佐铎（2004）结合中国矿产资源资产评估的特殊性，把对象与行为目的的类别、价值类型等方面有机结合起来，提出了矿产资源资产评估的体系。罗大锋（2005）以具体矿物资源的开发利用为例，分析了当前中国资源开发中的问题并给出中国实施全球资源战略相应对策。覃觅（2005）从资源保护的角度提出对矿产资源的综合开发利用。随着经济的发展，人们更多地从资源保护的角度来分析矿产资源，尤其是从煤炭资源综合利用方面。2006 年，国家发展与改革委员会《循环经济：模式分析与对策研究》课题组以循环经济理论为导向，提出煤炭行业发展循环经济的模式以及对策建议。苗阳（2006）从可持续发展理论出发，对山西省煤炭资源可持续发展的基本因素进行了系统的分析。唐勇（2006）论述了通过发展煤炭循环产业经济，提高洁净燃料技术及资源的综合利用度，创造和谐生态工业。王悦汉、汪理全、翟德元（2006）提出了矿井的“掘、采、治”三元开采技术体系。贺秀丽（2006）提出构建山西煤炭企业循环经济生态工业园，寻求煤炭企业的循环经济发展模式。魏振宽、吴刚、朱超（2007）从生态经济视角出发，提出建设煤炭生态企业的初步设想。蒋衔武、孙磊、张冬梅（2007）提出走新型工业化道路是煤炭企业依据循环经济理论的必然选择。赵国浩（2007）从资源管理的角度，论述了管理层面上的煤炭资源综合开发利用的研究内容，提出了煤炭资源综合开发利用的对策建议。王岩（2008）从鹤岗矿区煤炭资源综合开发利用现状出发，对“三下”压煤及薄煤层、煤泥、煤矸石等综合开发利用方案进行了探讨，并提出了相关问题与建议。赵国浩（2008）探讨了煤炭资源优化配置系统理论、评价指标体系和评价方法，给出达到优化配置的相应对策。梁钰（2009）在总结了相关理论的基础上，分别对煤炭矿区循环经济系统结构以及生态环境的现状进行了分析。运用多级模糊综合评判法、层次分析法（AHP）和熵权系数法建立了煤炭矿区循环经济发展的综合评价指标体系和评价模型，并结合中国的典型煤炭矿区进行实证研究与分析。赵震宇（2010）在分析煤炭资源对经济增长和生态环境“双重约束”的基础上，描述了中国煤炭资源的使用现状，进而探讨了中国煤炭资源的可持续利用问题，得到了资源市场结构不合理是造成目前中国煤炭资源可持续利用状况较差的重要原因的结论。

在煤炭资源管理及综合利用技术方法研究方面，中国大多数学者是从综合利用的技术角度来展开研究，对煤炭资源综合开发利用技术路径选择及对策建议方面有待我们进一步研究。

（四）研究的目的和意义

中国是少油贫气的国家，能源束缚着中国经济发展。开展煤炭资源综合利用是缓解社会经济发展中资源约束矛盾的根本出路，是从根本上减轻环境污染的有效途径，是提高经济效益的重要措施，也是矿业企业实现可持续发展的要求。

国务院在1985年就批准原国家经委《关于开展资源综合利用若干问题的暂行规定》（国发［1985］117号），明确了国家对资源综合利用实行鼓励和扶持政策，对《资源综合利用目录》中的资源综合利用产品给予税收减免优惠等措施。

发挥煤炭资源优势，追求经济增长，是任何一个国家、地区和区域发展经济的必然选择。问题的关键在于怎样发挥，在于如何使资源合理开发利用。本章探讨了提高煤炭资源综合利用效率的技术途径，提出山西省煤炭资源最佳综合利用有效的技术方法，为政府管理部门提供煤炭资源最佳综合利用的实施技术途径和对策建议，研究成果具有一定的理论与方法创新性和实践价值。

煤炭资源管理及综合利用是中国经济和社会发展中一项长远的战略方针，也是一项重大的技术经济政策，对提高煤炭资源利用效率，发展循环经济，建设节约型社会具有十分重要的意义。把煤炭资源综合利用作为一项系统工程来研究，按照高效、清洁、充分利用的原则，开展煤矸石、煤泥、煤层气、矿井水等废弃物以及与煤共伴生资源的综合开发与利用，研究煤炭资源综合利用的技术方法，提高煤炭资源利用效率和煤炭资源综合利用效益，研究煤炭资源综合利用中的技术方法和实施的技术路径，对社会经济发展具有现实意义。

本章对比山西省煤炭资源开发利用现状，对煤炭资源综合利用问题进行资源管理理论和有效实施技术方法与技术路径方案进行系统研究，提出山西省煤炭企业资源最佳综合利用有效实施的技术方法和技术途径，是本书研究的突破点与创新点。

二、煤炭资源管理及综合利用的内涵

中国人口众多，人均自然资源占有量还不到世界平均水平的一半，长期不计后果地过度开采自然资源以及在生产生活中过度地浪费，还有大量可利用的废弃物被闲置，中国资源形势更加严峻。据统计，发达国家单位 GDP 的能耗只有中国的 1/3 左右，在主要工业产品中，中国产品能量单耗比国外平均水平高 40%。近年来，由于未能对矿产资源进行综合利用而损失的年价值约有 1400 多亿元，矿山采矿回收率、采矿贫化率、选矿回收率普遍较低，中国矿产资源开发损失约 780 多亿美元。中国三废利用率还比较低，资源综合利用率仅为世界先进水平的 30% 左右，其中粉煤灰的利用率为 40% 左右，煤矸石的综合利用率还不到 35%。

（一）资源综合利用概念浅析

广义解释：资源综合利用是指根据资源的物质成分、特性、功能等，通过对资源进行综合开发等方式，变无用为有用，小用为大用，一用为多用，并寻求其代用物资，合理地发挥其物质和能量的综合功能和综合效益，最终生产出更多更好的物资产品。

狭义解释：资源综合利用是指以废渣、废水、废气等为主的废弃物资源的再生利用。具体包括三个方面：一是在矿产资源开采过程中对共伴生矿物进行综合开发利用；二是对生产过程中产生的废渣、废水、废气等进行回收利用；三是对社会生产和消费过程中产生的各种废旧物资进行回收再生利用。

（二）资源综合利用与循环经济

1. 循环经济的实质是资源综合利用

循环经济本质上是一种生态经济，要求运用生态学规律来指导人类社会的经济发展。循环经济以资源的高效利用和循环再生为核心，以“减量化、再利用、再循环”为原则，以低消耗、低排放、高效率为基本特征，符合可持续发展理念，是对“大量生产、大量消费、大量废弃”的传统经济发展模式的根本变革，能以最小的资源和环境成本，取得最大的经济社会效益。发展循环经济是 21 世纪各国环境保护的必然选择，也是中国全面建设小康社会，实现新型工业化的当务之急。20 世纪 90 年代以来，可持续发展战略成为世界发展的潮流，环境保护、清洁生产、绿色消费和废弃物的再生利用等逐渐整合为一套系统的以资源循环利用、避免废物产生为特征的循环经济战略。

循环经济的理论与实践，发端于20世纪60年代，兴起于90年代。目前，德国、日本、美国、英国、法国等许多发达国家的实践证明发展循环经济极大地促进了经济社会协调发展，世界各国相继将循环经济作为本国经济发展战略，建立起以清洁生产、生态工业、生态农业以及废弃物综合利用为特征的经济发展模式，来促进经济、社会、自然系统的良性循环和可持续发展。

2. 资源综合利用是建立循环经济的有效途径

资源综合利用有利于引导社会对资源的合理开发与利用，可以达到付出较小的代价换取较高的效益并提高资源利用效率。目前，美国钢产量的58%来自于废钢铁的回收；法国纸品业的72%通过废纸的回收利用完成；日本的水泥工业可利用垃圾灰、下水污泥，生产达80%的生态水泥；德国利用白色污染的废塑料作为高炉的燃料，创造了变废为宝的范例。

（三）中国矿产资源综合利用的重点领域和重点工程

矿产资源综合利用是指在矿产开发过程中对共伴生矿产进行综合开采和利用，以工业企业排放的废渣、废液、废气进行综合利用。对于综合利用，我们可以这样理解：综——就是把矿产资源作为研究对象，全面系统地进行分析并且研究其物质组成和开发利用的前景与优势；合——是指采用多种方法、多种形式与手段或者多方面的集成来获取、开发利用矿产资源；利——就是实现资源经济效益的最大化以及获得最佳的社会经济与环境效益；用——是指最大限度地回收、利用矿产资源，降低资源的浪费及废弃物的排放。

1. 能源矿产与黑色金属矿产

煤炭工业应积极推进煤层气、煤系油母页岩、高岭土等共、伴生矿的矿产综合开发利用，重点发展煤层气地面开采与井下矿井瓦斯的抽采技术。石油石化工业发展水驱、聚驱开采，发展油砂、油母页岩的工业化利用，推进油田和石油炼制过程中的火炬气、酸性气体等废气回收和综合利用。针对中低品位铁矿、锰矿、硼镁铁矿等难采资源，加大综合利用技术研究力度，重点突破鄂西鲕状赤铁矿等选矿新工艺，研发大规模集成化技术，提高中国现有已探明资源的利用率。

2. 有色金属与稀贵金属矿产

针对铜、镍、铅等国家紧缺矿产，开发独具特色的工艺技术，综合开发利用有色金属共伴生矿产资源。重点开发高效、低成本、少污染的加压浸出技术、生物冶金技术、矿浆电解等技术等；加强稀土金属矿资源综合利用和复杂难处理贵金属共生矿在选矿和冶炼过程中的综合利用。

3. 废弃物资源化利用

大力发展利用煤矸石、粉煤灰生产新型墙体材料；发展粉煤灰、煤矸石等在筑路、回填、复垦等领域的利用，推广碱渣、电石渣等化工废渣在建材产品中应用技术，鼓励铬渣的综合利用。支持大掺量利用固体废物应用技术的产业化，发展规模化和产品多元化的利废建材企业，发展具有较高发热量的煤矸石、煤泥等工业固体废物综合利用发电。

（四）煤炭资源管理及综合利用

煤炭资源管理及综合利用是中国经济和社会发展中一项长远的战略方针，对提高煤炭资源利用效率，建设节约型社会具有十分重要的意义。把煤炭资源综合利用作为一项系统工程来研究，按照高效、清洁、充分利用的原则，开展煤矸石、煤泥、煤层气、矿井水等废弃物以及与煤共伴生资源的综合开发与利用，研究煤炭资源综合利用的技术方法，提高煤炭资源利用效率和煤炭资源综合利用效益，研究煤炭资源综合利用中的技术方法和实施的技术路径。煤炭资源综合利用主要从以下三个方面进行研究：一是煤炭的加工和综合利用，主要发展煤化工与洁净煤技术，延长煤炭产业链；二是煤炭开采利用过程中产生的废弃物的综合利用，主要有煤矸石、煤泥、矿井水等的综合利用；三是与煤共伴生矿物的合理利用，主要有硫铁矿、高岭土、膨润土等。

三、山西煤炭资源管理及综合利用技术方法现状

（一）山西省煤炭资源管理现状

山西省是中国的煤炭大省，尽管煤炭资源本身有着得天独厚的自然禀赋，但在煤炭资源管理方面，山西省作为全国的重要煤炭产销基地，却存在着无法回避的诸多问题。

1. 体制、机制不健全造成浪费

现阶段，山西煤炭资源市场尚处于初期，矿业权管理不规范，矿业法律法规的可操作性较差。山西省煤炭生产结构不尽合理，开采技术落后，资源回收率低。在美国、德国、澳大利亚等矿业发达国家，每挖1吨煤只需消耗1.2～1.3吨资源，资源回收率可以达到80%左右。目前个别煤矿大型机械设备与煤层条件不配套，因过度追求高产量而放弃薄煤层，这种做法加剧了煤炭资源的浪费。

2. 技术落后环保压力大

中国采煤矿区生态环境破坏巨大，是产业经济中的重灾区，这无疑给煤炭工业的持续发展带来了极大的挑战。由于中国正在大力发展经济，煤炭大量开采利用，不可避免地使矿区生态环境遭到破坏。据资料显示，山西矿井因开凿和采煤产生的废石和煤矸石量与原煤产量的比例大致为1∶1，其中原煤产量与煤矸石的比例为1∶0.2～0.3。据初步统计，中国产煤大省山西，新中国成立以来累计生产原煤112亿吨，煤矸石排放量居中国首位，占全国的1/4，截止到2009年底，全省有矸石山1543座，累计堆存量8.36亿吨，2009年山西省煤矸石全年产生量为0.81亿吨。此外，山西省是全国严重缺水省份之一，由于煤炭开采对水资源的破坏，致使全省的缺水状况雪上加霜，有些地方水源的破坏，直接威胁到人畜饮水安全。1995年山西省人均水资源占有量为360立方米，2009年人均水资源占有量下降到了235立方米，这一变化与山西煤炭开采有直接的关系。第三是矿区大量排放的废弃物对环境也造成了污染。第四是矿区噪声污染。特别是洗煤厂的噪声污染，噪声已成为矿区影响面最广的污染源之一。

3. 产品结构不合理效益差

中国煤炭产品结构不合理，一直都以销售原煤为主，这种传统的消费习惯使得原煤入洗率相对较低，2008年国有重点煤矿原煤入洗率仅为25.81%，而且产品类型单一，缺乏深加工。因此，山西形成了以自然资源开发为先导，以原料输出为依托，轻能源重化工产品为主线的“粗放型”发展模式，虽有着丰富的资源，但产品技术含量较低、附加值较少、经济效益较低。山西每年用于发电、炼焦的煤炭消耗占全省煤炭消耗总量的70%以上，如表5－2和图5－2所示。

表5－2 山西历年煤炭消耗总量及发电煤、炼焦煤消耗量及其占消耗总量的比例

单位：万吨

年份	煤炭消耗总量	发电煤	炼焦煤	发电煤、炼焦煤总和	发电煤、炼焦煤占煤炭消耗总量比例
2000	12704	3128	6298	9426	0.741971
2001	13271	3589	6343	9932	0.748399
2002	16587	4173	8504	12677	0.764273
2003	18829	4737	9754	14491	0.769611
2004	19112	5567	8943	14510	0.759209
2005	22631	6550	11208	17758	0.784676
2006	25514	7340	13094	20434	0.800894
2007	27772	7989	13800	21789	0.784567
2008	26879	8469	11662	20131	0.748949
2009	26149	8610	10757	19367	0.74064

资料来源：根据《中国统计年鉴》（2010）整理。

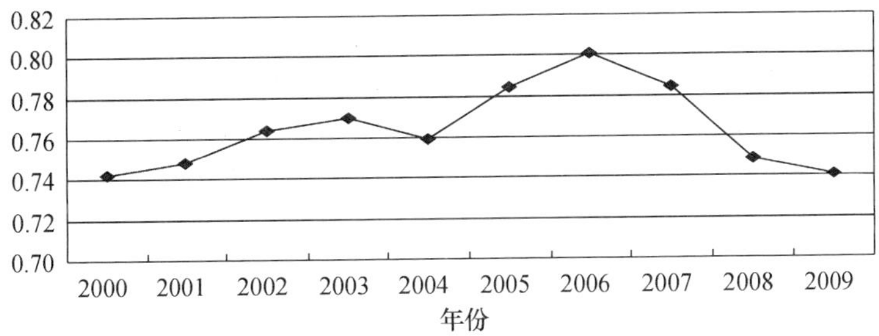

图 5－2　发电、炼焦煤炭消耗占煤炭消耗总量的比例

4. 可持续发展观念与环保意识淡薄

伴随着中国市场经济的不断发展，一方面，促进了煤炭工业的高速发展，使整个煤炭行业提高了原煤产量，降低了生产成本，增加了产值；另一方面，企业在生产经营中单一追求煤炭产量，生产过程中“挑肥拣瘦”、放弃难采煤层和薄煤层及忽视环境保护。这些都是人们可持续发展观念和环保意识淡薄的表现。

（二）针对管理失衡所采取的相应措施

山西省煤炭企业面临综合解决能源、可持续发展及环境保护等各类问题，必须借助资源综合利用这种强有力的措施，最大限度地利用煤炭的共伴生资源，实现煤炭资源的综合循环利用，使工业环境的保护更主动、更彻底，才能收到事半功倍的成效。

山西省在贯彻国务院开展资源综合利用实施方案中提出，从山西省现状出发，把资源综合利用同调整产品产业结构与治理、改善环境结合起来；依靠科技进步，提高资源综合利用技术水平；加强领导，依法监督，鼓励企业积极开展资源综合利用。

山西省煤炭管理条例规定：鼓励和扶持煤炭企业开展资源综合治理和利用，扶持煤炭的加工转化，推广洁净煤技术，促进煤炭和与煤相关的产业协调发展；生产矿井采区回采率厚煤层达到75%以上，中煤层达到80%以上，薄煤层达到85%以上；鼓励和支持煤矿企业开发利用低品位资源、替代资源和二次资源；综合开发利用煤矿固体、液体、气体等与煤炭共生、伴生的各类矿产资源。

2010年12月13日，国务院新闻办公室举行新闻发布会，国家发展与改革委员会副主任彭森宣布，经国务院同意，国家发展与改革委员会正式批复设立“山西省国家资源型经济转型综合配套改革试验区”（以下简称综改区）。

直面山西省省情，省委书记袁纯清在全省领导干部大会上明确提出“以煤为基，以煤兴产，以煤兴业，多元发展”，指明了转型跨越发展的基本思路。获批综改区后，国家允许实行“先行先试”政策，具体为：煤炭工业可持续发展试点政策、财税体制改革、煤炭行业资源税从价征收试点、完善采矿权市场和资源有偿使用机制、深化金融改革、实行城乡建设用地增减挂钩政策等方面；同时，其他综合配套改革试验区已有的政策、经验，山西将“优先”进行移植和推广。

为解决资源型经济的种种弊端，山西省高度重视产业结构调整工作，特别是在资源型经济转型发展方面进行了积极探索，包括实施煤炭工业可持续发展政策措施试点、循环经济试点和生态省建设试点，大力改造提升传统产业，积极培育壮大新兴产业，加快推进生态环境治理修复、加快民生社会事业建设等，取得了显著的成效。

（三）山西煤炭资源综合利用技术方法现状

从2000年起，山西沁新煤焦股份有限公司先后兴建了150万吨选煤厂，建成了60万吨焦化厂；兼并了原沁源发电厂，解决了煤矸石、煤泥的利用问题，同时能利用粉煤灰作为主要材料兴建了建材厂，生产矿用砌块、标砖、路面砖等；新建了余热发电厂，又扩建了电石技改项目，提高了产品附加值，产业结构不断优化升级。

2002年，山西电力公司晋能关铝、晋能赵城、晋能阳高和晋能左云4个综合利用煤矸石发电、热电联产的热电有限公司在太原成立，设计规模为53.5万千瓦的发电项目同时开工建设。

由山西晋能新能源发电投资公司投资建设的侯马晋田热电有限公司于2003年4月30日正式移交生产。该电厂年消耗煤矸石30万吨，回收利用污水365万吨，发电量5.5亿千瓦·时。

山西焦煤集团公司根据自身特点，坚持“组织结构集团化、产业结构链条化、产权结构多元化、资源利用循环化”的发展原则，以把资源优势转化为经济优势作为产业结构调整的方向，开发以煤炭为核心的电力、焦化、建材等产业，对资源进行全面整合。

山西大脊集团的煤炭制氨装置全套引进德、法等国的专利技术和先进设备，目前合成氨装置日产量1500吨，年产能力45万吨。

2004年，山西省在国家有关部门的支持下，开展实施了“煤制燃料甲醇、甲醇汽车产业化示范项目”，颁布实施《车用燃料甲醇》、《M5、M15甲醇汽油》两个地方标准，新建、改建100座加油站销售甲醇汽、柴油，制定了M90、M93、M95、N97甲醇汽油和储运标准。

2005年10月16日，全国最大的坑口电厂——规划总装机容量为3000兆瓦的古交电厂一期工程顺利完工，正式投入运营，每年可消耗中煤、煤泥、煤矸石共1000万吨，具有良好的环保效益。

山西以西山古交煤气化公司为基础，建设了大型焦炭和城市煤气供应基地及化工产品回收基地；同时兴建了汾阳焦化园，以高附加值的醋酐、聚甲醛为主要生产对象；以汾西介休焦化厂为基础，建设大型冶金焦炭生产基地和化工产品回收基地；以霍州中冶焦化厂为基础，建设大型焦炉煤气甲醇生产基地和醋酐生产基地。

山西省在“十一五”期间大力培育煤化工业，重点发展甲醇及衍生物、乙炔化工、粗苯加工、化肥、煤焦油深加工、煤制油以及煤层气和焦炉煤气多联产利用等项目，投资870亿资金发展煤化工产业，建设山西省煤化工技术研发基地，占地600亩，总投资60亿~80亿元，其中一期工程已于2007年建成。首批设立了煤基合成气、煤基合成油、煤层气、焦化及焦炉气综合利用、型焦生产、煤炭生产信息化、活性炭、炭纤维、二甲醚等20个研发中心。

截至2007年底，中联公司实施沁南煤层气开发利用高技术产业化示范工程项目，平均日产煤层气14万立方米，建成日处理能力8万立方米的压缩站，初步实现平均日销售压缩煤层气（CNG）6万立方米，年产能5000万立方米。

山西潞安矿业集团采用中国科学院自主技术建设的生产能力16万吨/年的煤基合成油项目于2006年形式建设，于2008年12月顺利产出全国第一桶工业化制成油品。

2008年底，晋城市煤化工产业已经形成了338万吨尿素、81万吨甲醇、10万吨二甲醚、10万吨合成油的生产能力，初步形成了泽洲巴公、高平西部、北留周村三个煤化工产业园区，煤化工产业已经成为该市的重要支柱产业。

（四）煤炭资源管理及综合利用面临的形势和任务

改革开放30多年来，中国经济发展取得了令世界瞩目的成就，但经济发展的粗放式没有从根本上转变，资源供需矛盾越来越大，环境压力令人堪忧。目前，正值“十二五”的开局之年，中国面临前所未有的发展机遇，也面临资源、环境对经济发展的制约。由于人口增长以及工业化、城市化进程加快，资源消费也在进一步增加，我们必须加快转变经济增长方式，提高资源利用效率。

煤炭资源管理及综合利用是对生产全过程不断运用一体化的预防性环境战略，以减少对人类和环境的风险。煤炭资源综合利用旨在发展经济的同时，最大限度地削减有害物质的排放，减少生产工艺过程中的原料和能源消耗，降低成本，提高经济、环境和社会效益，使三者和谐统一。

四、煤炭资源综合利用技术方法选择及评价

煤炭资源综合开发利用是一项系统工程，不仅涉及技术问题，而且也涉及管

理对策问题。本节借鉴国外先进的煤炭资源综合开发利用技术路径和管理方法，结合当前中国煤炭资源开发利用的管理理论和方法，运用最优化技术和系统科学评价方法，按照高效、清洁、充分利用的原则，提炼基于可持续发展和适合中国国情的煤炭资源综合开发利用新理念和新方法以及实施的技术路径，探索煤炭资源综合开发利用的市场价值机制和经济运行规律。

（一）煤炭加工和综合利用技术

1. 煤炭洗选

煤炭洗选加工技术是洁净煤技术发展的源头技术，是提高煤炭质量的有效技术。煤炭洗选采用人工、机械、物理化学和微生物选煤等处理方法，清除原煤中的有害杂质，改善煤炭质量，达到洁净、高效利用的目的。2009 年中国原煤入洗率仅为 43%，动力煤入洗率不到 20%，分别比发达国家低 12 和 20 个百分点。

2. 型煤

型煤是由一种或数种煤与一定比例的黏结固硫剂等经加工而成的块状燃料或原料。型煤技术已作为中国洁净煤技术的重要组成部分和优先发展的领域，对提高煤炭利用效率，减轻用煤造成的环境污染具有重要意义。型煤分为民用型煤和工业型煤。民用型煤与散煤相比，一般可节煤 20% ~30%，烟尘和二氧化硫减排 40% ~60%，一氧化碳减排 80%。工业炉窑燃烧型煤比燃原煤可节煤 15%，烟尘减排 50% ~60%，二氧化硫减排 40% ~50%（见表 5 – 3）。

表 5 – 3　不同种类型煤与散煤、原煤的节约比较

	民用型煤与散煤相比	工业炉窑燃烧型煤比燃原煤
节省	20% ~30%	15%
烟尘和二氧化硫	减排 40% ~60%	烟尘减排 50% ~60%
一氧化碳	减排 80%	
二氧化硫		减排 40% ~50%

数据来源：中国煤炭科学研究总院。

3. 配煤

“配煤”是将若干种煤按照一定比例掺配加工而成的混合煤，它实际上是人为加工的一个新“煤种”。配煤利用各种煤在性质上的差异，相互“取长补短”，最终达到充分利用煤炭资源，提高燃烧效率和减少污染物排放的洁净煤技术。因此，积极发展动力配煤技术，是一条符合当前中国技术、经济水平和煤炭产销状

况的行之有效的途径。

4. 水煤浆

水煤浆是20世纪70年代兴起的新型煤基液体燃料，很多国家基于长期的能源战略考虑，将其作为以煤代油的燃料技术进行研究、开发和储备，并且已实现商业化使用。水煤浆灰分及含硫量低，燃烧效率高，烟尘、二氧化硫及氮氧化物排放量都低于燃油和燃煤，是新型的煤代油燃料。

水煤浆改变了煤的形态，由固体煤块转化为微小颗粒的煤基乳化流体燃料，从而可以进行雾化燃烧。因此，燃烧效率从烧原煤80%左右提高到96%~98%，锅炉热效率从60%~65%提高到83%以上；同时由于煤的形态不同，燃烧所需要的空气量不一样，因而排烟热损失下降，热效率提高。

5. 煤气化

煤炭直接燃烧将严重污染大气环境，煤炭气化技术能使燃烧排放物对大气的污染大为减轻，而且能使煤炭的利用效率得到极大提高，增长产业链，提高经济效益；煤气化技术生产的合成气用途广泛，可以作为民用燃料气、工业用气等。

对于地面气化技术，目前几乎所有重要的煤气化工艺都在开拓联合循环发电方面的应用。虽然国外已开发成功多种煤气化技术，但目前在国内较为成熟的仍然只是常压固定床气化技术。

对于煤炭地下气化技术，主要是欧美等国在研发，主要应用地在俄罗斯。根据美国的研究指出，地下气化比地面气化合成气的成本下降43%，比天然气代用品的成本下降10%~18%。

6. 煤液化

煤变油是指将煤转化加工，生产出液体燃料的煤液化技术，从技术路线上可分为“直接液化”和“间接液化”两种。煤炭通过液化，可以得到40%左右的液化油和15%的高热值煤气，煤炭液化技术已成为国家能源发展和实现高技术产业化的战略技术之一。

中国发展煤炭液化不仅可以解决燃煤引起的环境污染问题，还可以充分利用中国丰富的煤炭资源，煤炭液化还可以生产出经济适用的燃料油，且经济投入和运行成本也低于石油的进口。国际上目前有两项比较成熟的煤炭液化技术：一是德国的煤炭直接液化技术；二是南非的煤炭间接液化技术。

（1）直接液化技术。从20世纪20年代发展，已开发出的煤加氢液化工艺有10多种，最有代表性且最有望实现工业化应用的工艺主要有：德国的IGOR工艺、日本的NEDOL工艺、美国的HTI工艺以及俄罗斯的FFI工艺。

1）德国的IGOR工艺。由德国环保与原材料回收公司与德国矿冶技术检测有限公司（DMT）在德国老工艺的基础上开发的煤加氢液化与加氢精制一体化联合工艺，原料煤经该工艺过程液化后，可直接得到加氢裂解及催化重整工艺处理的合格原料，从而改变了以往煤加氢液化制备合成油还需再单独进行加氢精制工艺处理的传统煤液化模式。后来 IGR 工艺又将煤糊相加氢和液化粗油加氢精制串联，既简化工艺，又可获得杂原子含量很低的精制油，代表着煤直接液化技术的发展方向。其工艺流程如图 5－3 所示。

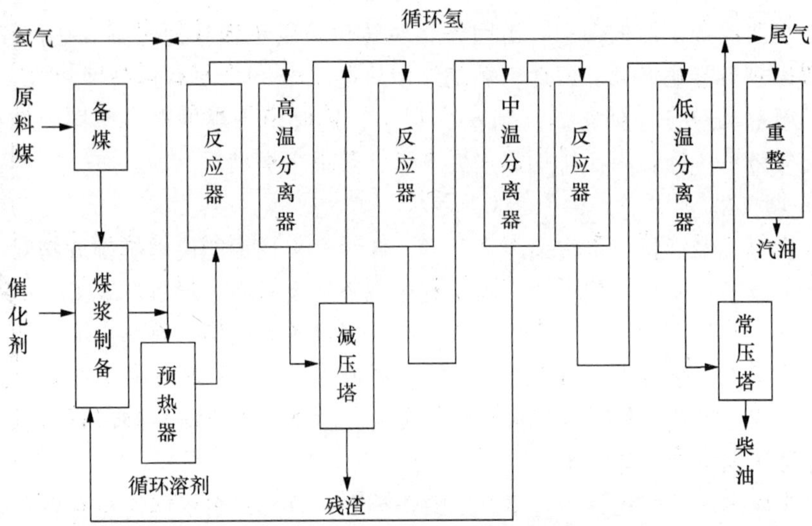

图 5－3　德国的 IGOR 工艺流程

2）日本的 NEDOL 工艺。该工艺主要特点是循环溶剂全部在一个单独的固定床反应器中并且液化残渣连同其中所含的重质油可以进一步进行油回收，也可直接用作气化制氢的原料。从 1997 年 3 月至 1998 年 12 月，日本又建成了 5 座液化厂。这 5 座液化厂对三种不同品种的煤（印度尼西亚的 Tanito Harum 煤和 Adaro 煤以及日本的 Ikeshima 煤）进行了液化，取得较好的预期结果。液化过程获得了许多数据和结果，如 80 天连续加煤成功运转，液化油的收率达到 58%（干基无灰煤），煤浆的浓度达 50%，累计生产时间为 6200 小时。其工艺流程如图 5－4 所示。

3）美国的 HTI 工艺。该工艺是在借鉴两段催化液化法和 H－Coal 法的基础上发展起来的。HTI 工艺油收率高，可达到 60% 以上，且易于大型化，HTI 的胶体催化剂活性较好。其工艺流程如图 5－5 所示。

4）俄罗斯的 FFI 工艺。该工艺对原料煤种的要求比较高，对煤灰成分也有较高的要求。一是采用了自行开发的瞬间涡流仓煤粉干燥技术，使煤发生热粉碎和气孔破裂，水分在很短的时间内降到 1.5% ~2%，并使煤的比表面积增加了数

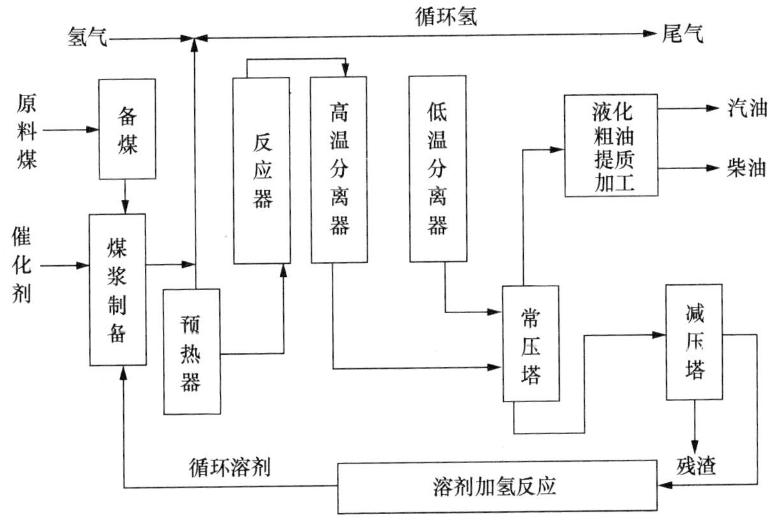

图 5-4 日本的 NEDOL 工艺流程

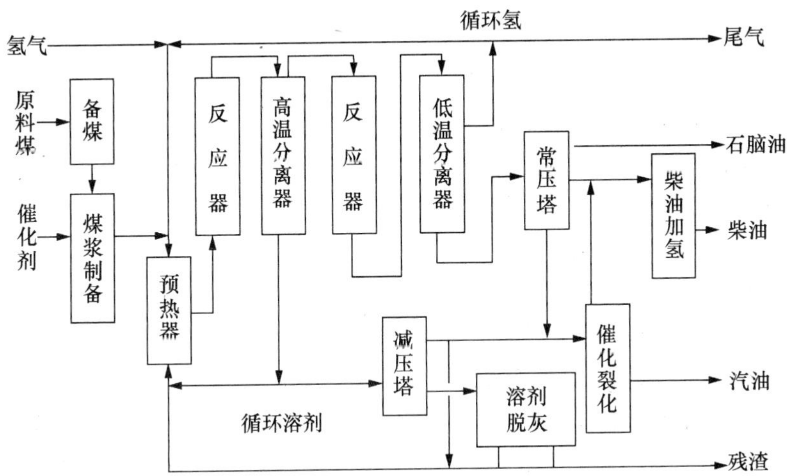

图 5-5 美国的 HTI 工艺流程

倍，有利于改善反应活性。二是采用了先进高效的钼催化剂，即钼酸铵和三氧化二钼。三是针对高活性褐煤，液化压力低，可降低建厂投资和运行费用，设备制造难度小。由于采用了钼催化剂，俄罗斯高活性褐煤的液化反应压力可降低到 6~10 兆帕，减少投资和动力消耗，降低成本，提高了可靠性和安全性。其工艺流程如图 5-6 所示。

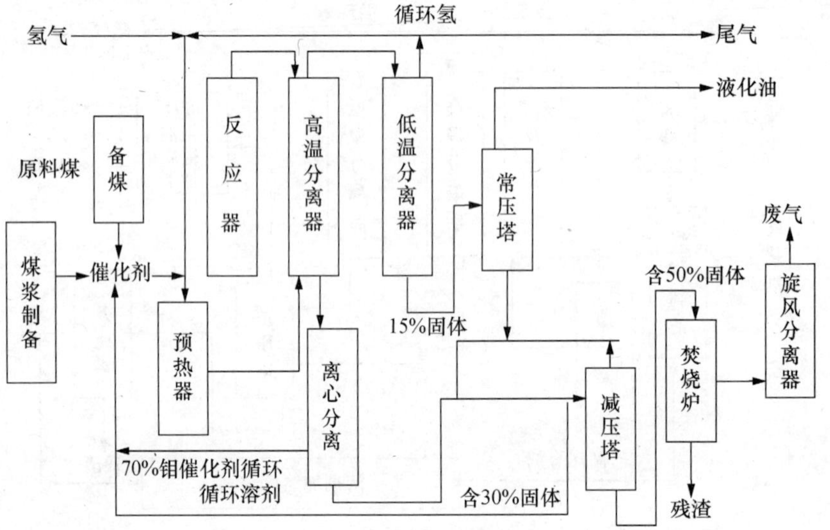

图 5－6　俄罗斯的 FFI 工艺流程

（2）间接液化技术。主要应用地在南非，20 世纪 50 年代，南非为了克服进口石油困难，组建了南非萨索尔公司，并在探索煤炭间接液化技术的道路上取得了令世界瞩目的成就。随着时代的变迁和技术的进步，萨索尔三个厂的生产设备、生产能力和产品结构都发生了很大的变化。目前三个厂年用煤 4590 万吨。主要产品是汽油、柴油、蜡、氨、烯烃、聚合物、醇、醛等 113 种，总产量达 760 万吨，其中油品大约占 60%。

7. 煤焦化

当前受到重视的炼焦新技术主要在以下三个方面：

（1）焦炉大型化。具有诸多优点，如基建投资降低；劳动生产率提高；减轻环境污染，同时也节约了用于环保设施的投资和操作费用；有利于改善焦炭质量，热损失少，热效率高；由于炉组数减少，占地面积相应减少，同时维修费用大大降低。表 5－4 为德国两座现代化大型焦炉的介绍。

表 5－4　德国的现代化大型焦炉

指标	Kaiserstuhl	Schwelgern
生产能力（万吨/年）	200	260
炉孔数（个）	2×60	2×70
炭化室尺寸（米）	18×0.6×7.18	20.8×0.6×8.4
炭化室有效容积（立方米）	78.8	93

续表

指标	Kaiserstuhl	Schwelgern
结焦时间（小时）	25.0	24.9
每孔装煤量（湿）（吨）	70	79
每孔堆焦量（吨）	48	54
投产时间（年）	1992	2002

（2）日本的SCOPE21。该技术的开发主要是为了解决当今炼焦工艺存在的许多问题，该技术的优点：①将炼焦利用弱黏性劣质煤的比例从20%提高到50%；②使焦炉生产率加倍提高；③使产生的氮氧化物排放量减少为原来的三成，并且可以实现全密闭无烟尘生产；④能够节能20%，同时相应减少二氧化碳排放量。

（3）无回收焦炉。主要特点有：焦炭烧损率低，占地面积小，总投资少；炭化室负压操作，不外泄烟尘；不回收化学产品和净化焦炉煤气，很少产生污染物；不会带来化学产品回收后污染物难以治理，并且治理投资庞大的困难；满足环境保护和能源综合利用两方面的要求，充分体现经济、资源、环境的协调发展。

（二）煤炭开采利用过程中废弃物的综合利用

1. 煤层气开发技术

煤层气俗称煤矿瓦斯，是宝贵的能源资源。中国高瓦斯矿井、煤与瓦斯突出矿井多，煤矿瓦斯一直是煤矿安全生产的重大隐患。同时，未经处理或回收的煤层气直接排放到大气中，也造成了严重的环境污染和资源浪费。

中国煤层气的利用水平总体还比较低，主要应用于煤层气发电及民用等方面，煤层气的其他工业利用等还处于初级阶段。煤层气是天然气最现实、最有效的补充途径之一，快速发展煤层气产业是中国能源安全和能源战略的必然选择。2010年中国天然气需求量超过1000亿立方米，市场供应缺口较大，而且中国已有的煤层气产业扶持政策的优惠力度已基本达到了美国煤层气产业初期发展的水平。

从环境保护角度看，煤层气是一种温室气体，它的温室效应是二氧化碳的20～25倍，对臭氧层的破坏程度是二氧化碳的7倍，煤层气的开发利用可有效降低甲烷的排放量；产生同样热值排放到大气中的二氧化碳的数量，煤层气比石油少50%，比煤炭少75%。如果加强对煤层气的开发和利用，不仅可减少温室气体的排放量，更能降低对臭氧层的污染破坏，还可弥补中国清洁能源的不足，在一定程度上有利于环境保护。

从经济效益和社会效益上看，开发煤层气不仅可以减少由于煤矿瓦斯爆炸造成的直接经济损失，还能节约瓦斯防治费用。煤层气资源产业是一项庞大复杂的系统，开发利用煤层气资源还能对相关产业起到推动作用。

2. 煤矸石综合利用

煤矸石是煤炭开采、加工过程中产生的废弃物，同时也是可利用的资源。煤炭洗选1亿吨炼焦煤，就会排放2000万吨的煤矸石；每洗1亿吨动力煤，也会排放近1500万吨的煤矸石。煤矸石综合利用见图5－7所示。

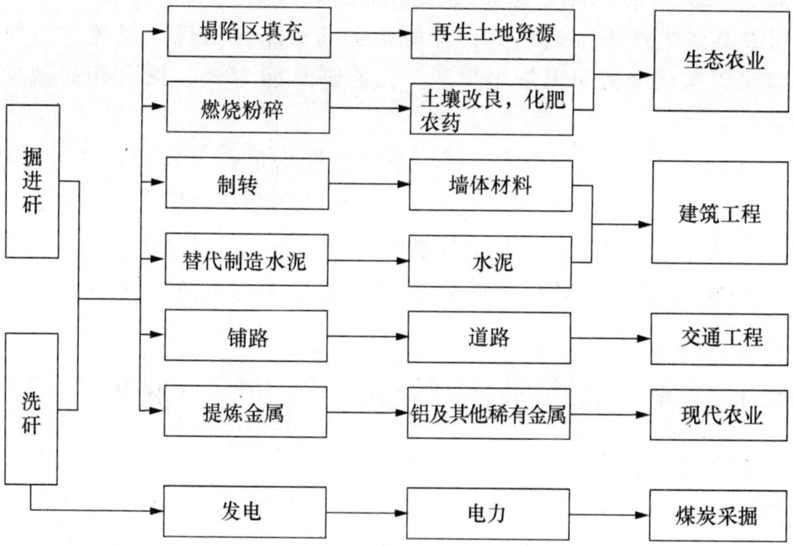

图5－7　煤矸石综合利用途径

3. 矿井水综合利用

矿井水水质因区域水文地质条件、煤质状况等因素的差异而有所不同。国有重点煤矿每年排放矿井水超过12亿吨，平均每开采1吨原煤需排放0.6吨废水，而目前中国矿井水的利用率仅有20%左右，矿井水经过加工处理后可用作生活、工业、农业、绿化用水等。矿井水的综合利用具体见图5－8所示。

中国煤矿大量矿井水外排与矿区严重缺水局面并存，每年外排约2.2亿吨，中国有约70%的矿区缺水甚至严重缺水，随着煤矿城市社会、经济的迅速发展，煤炭基地的战略西移，水资源的供需矛盾将日趋紧张。许多矿井水含有大量悬浮物及少量有害元素。因此，最大限度地处理和净化矿井水，使之资源化，对减少矿区环境污染、缓解干旱缺水地区用水紧张情况可以起到积极作用。

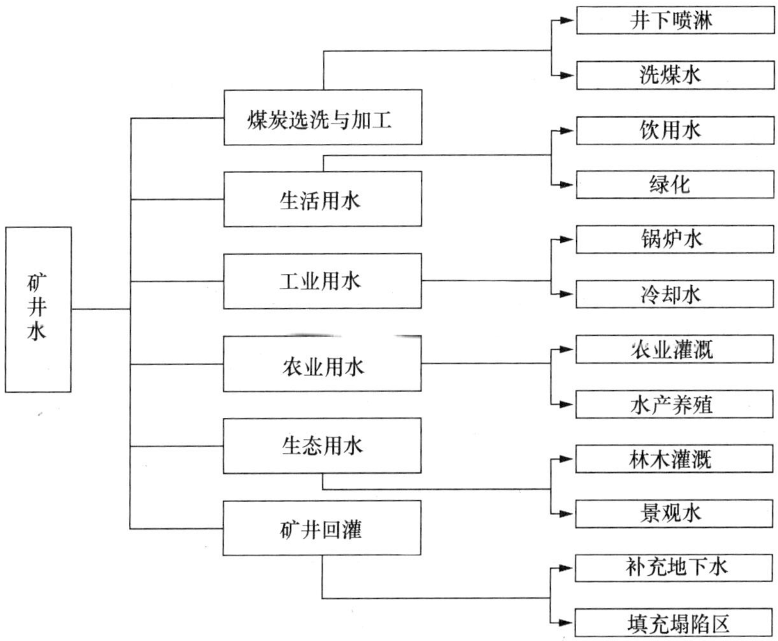

图 5－8　矿井水处理与利用

4. 粉煤灰与炉渣的综合利用

粉煤灰与炉渣是燃煤电站排出的固体废弃物，欧美发达国家的大型电厂已将烟气净化、灰渣干排、干灰调湿等纳入电厂规划，达到既清洁发电又使粉煤灰资源化，粉煤灰被大量应用于筑路、生产水泥和优质混凝土、制砖及其他建材（见图 5－9）。

（三）煤炭共伴生矿物的综合利用

煤系共伴生矿产资源是指在地下与煤炭共生或伴生的其他矿产或元素。中国煤系地层分布广，大部分煤系地层还共生或伴生有丰富的非金属矿产和其他一些有益元素。这些共伴生矿与煤一样，也是不可再生的资源，可以作为其他行业的重要原材料，其中不少共伴生矿产储量大、品位高、便于开采，但是人们对这些资源还缺少开发利用的意识。随着中国经济的不断发展，对非金属矿产包括煤系共伴生矿产的需求升高，因此，充分发挥煤系共伴生矿产资源优势，加快其开采、加工及综合利用意义重大。

在中国与煤矿产共生、伴生的矿产种类多、分布广、资源相对丰富。已知与煤共生、伴生的矿产以及在煤中赋存的有工业价值的稀有分散元素、煤层气和富油煤等，都具有很高的经济价值。此外，在含煤岩系中，含有高岭土岩、耐火黏土、铝土矿、膨润土、硅藻土、石墨、硫铁矿、油页岩、陶粒页岩、赤铁矿、菱

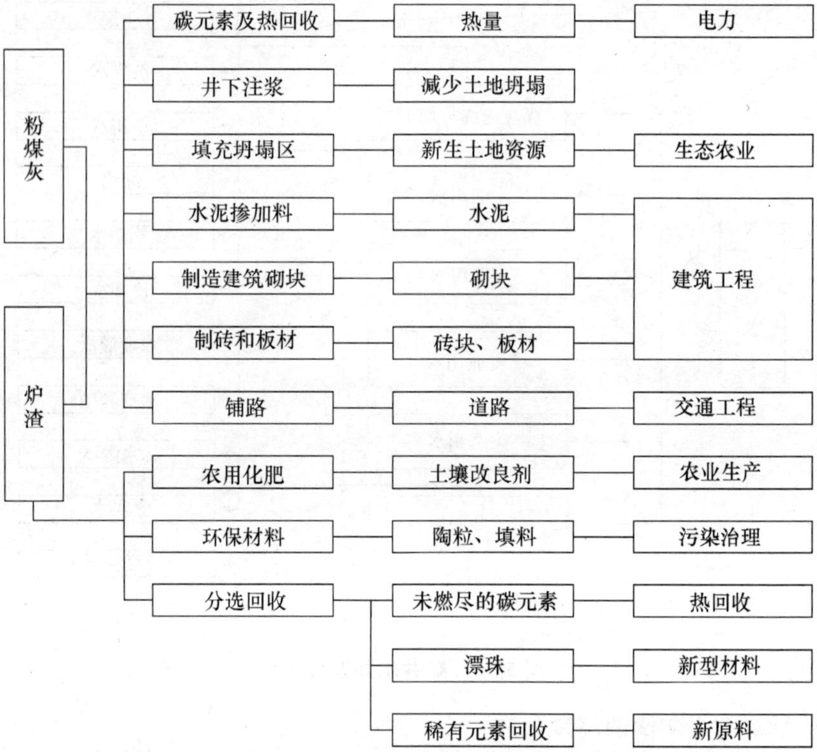

图 5-9　粉煤灰、炉渣的综合利用

铁矿、褐铁矿等多种矿产，其中一些矿产有用成分高、质地优良，具有重要的工业价值。铝土矿是炼铝的主要原料，在中国含煤地层中分布很广。

（四）煤炭资源综合利用技术方法选择系统分析

1. 系统分析方法概述

系统分析方法主要源于系统科学，是20世纪40年代迅速发展起来的一个多学科交织的新科学。系统分析方法是指把要解决的问题看成一个系统，对系统包含的要素进行综合分析，找出解决问题的可行方案。

（1）明确研究的问题。首先，找出问题及其原因；其次，提出解决问题的最可行方案。明确问题就是了解问题的本质、特性或问题存在的范围和影响程度、问题的症状和原因等。

（2）确定目标。目标应该根据要求和对需要解决问题的理解来确定，应尽量通过指标表示，以便分析；对不能定量描述的应尽量用文字说明，以进行定性分析。

（3）调查研究并收集数据。首先，要验证在确定问题阶段形成的假设；其次，要探讨产生问题的本质原因，为将要提出的备选方案做准备。

（4）提出备选方案和评价标准。备选方案是为解决问题提供的建议或设计要尽可能地多，以便进一步评估和筛选。同时，要根据问题的性质和客户具备的条件，提出约束条件或评价标准。

（5）评估备选方案。根据约束条件或评价标准，对解决问题备选方案进行评估，评估不仅要考虑技术因素，还要考虑社会经济等因素。另外，评估小组应具有一定代表性。

（6）提交最可行方案。最可行方案不一定是最好的方案，而是在约束条件下或能达到的标准范围内，根据评价标准筛出的方案。

2. 建立煤炭资源综合利用技术方法选择系统的模型分析

（1）系统目标。鉴于前面阐述的煤炭资源开发利用中存在的诸多问题，对矿区而言，有必要全面分析影响煤炭资源综合利用经济效益的因素，对煤炭及其相关资源进行统筹规划、合理配置；不断提高资源开发利用的技术水平，减少生产过程中产生的废弃物，节约并有效利用资源，尽可能减少污染和浪费，进而实现最优的环境效益和社会效益。煤炭资源综合利用技术方法选择系统的目标就是在保护生态、环境的前提下，提高煤炭资源利用效率；有效利用煤炭生产过程中产生的废弃物，提高资源利用率，实现经济效益最大化。

（2）影响煤炭资源综合利用经济效益的因素分析。影响的主要因素有：煤炭产量分配、转化成本、相关资源数量及利用率、最终产品售价和转化投资。转化后产品产量越大、售价越高、成本越低、投资越少，则效益越好。

1）产量。煤炭转化产品的产量取决于转化率，而转化率又与转化方式和转化工艺有关。煤泥、煤矸石数量则按原煤设计生产能力的百分比计算（一般按45%计算）。

2）成本。主要是动力费、材料费、工资福利费、设备修理费和其他支出等。

3）售价。主要取决于产品质量、市场供求和外部运输条件。如果煤质好，交通便利，市场需求量大，那么煤炭直接外销效益肯定好；反之，则必须对煤进行洗选，以使售煤所带来的利润不少于增加选煤厂的投资。如果洗选后仍不能带来收益，则考虑煤化工、洁净煤技术或其他利用方法。

4）投资。影响主要因素有煤炭转化工艺、选用的设备等。一般来说，投资越大，产量越高，但它们之间不是绝对的线性关系，而是非降的阶梯形函数关系。

3. 煤炭资源综合利用技术选择系统建模

王建设、陈仲元、李慧民、侯渡舟等人建立的煤炭综合利用系统模型中，只分析了煤炭本身的综合利用，并未考虑在煤炭开发利用过程中产生的废气、废水、废渣及煤炭共伴生矿物的综合利用。本节将对该模型加以改进，为煤炭及相关资源的综合利用建立模型。

设矿区第 t 年总产煤量为 Q_t，煤资源利用方式有直接外销、洗选、液化、发电、气化、焦化等利用方式，其他可利用资源还有煤层气、矿井水、煤泥、煤矸石等，同时，煤炭共、伴生矿物在资金技术允许的条件下也可进行利用。各相关参数如表 5－5 所示。

表 5－5　煤炭资源综合利用系统模型各相关参数表

序号	转化方式（或相关资源）	耗煤（或数量）	转化率（或利用率）	产品售价	经营成本	投资	流动资金	固定资产余值	回收流动资金
1	直接外销	Q_{t1}		P_{t1}					
2	洗选	Q_{t2}	r_2	P_{t2}	C_{t2}	I_{t2}	F_{t2}	G_2	H_2
3	液化	Q_{t3}	r_3	P_{t3}	C_{t3}	I_{t3}	F_{t3}	G_3	H_3
4	发电	Q_{t4}	r_4	P_{t4}	C_{t4}	I_{t4}	F_{t4}	G_4	H_4
5	煤化工	Q_{t5}	r_5	P_{t5}	C_{t5}	I_{t5}	F_{t5}	G_5	H_5
6	气化	Q_{t6}	r_6	P_{t6}	C_{t6}	I_{t6}	F_{t6}	G_6	H_6
7	水煤浆	Q_{t7}	r_7	P_{t7}	C_{t7}	I_{t7}	F_{t7}	G_7	H_7
8	配煤	Q_{t8}	r_8	P_{t8}	C_{t8}	I_{t8}	F_{t8}	G_8	H_8
9	型煤	Q_{t9}	r_9	P_{t9}	C_{t9}	I_{t9}	F_{t9}	G_9	F_{t9}
10	煤层气	Q_{t10}	r_{10}	P_{t10}	C_{t10}	I_{t10}	F_{t10}	G_{10}	F_{t10}
11	矿井水	Q_{t11}	r_{11}	P_{t11}	C_{t11}	I_{t11}	F_{t11}	G_{11}	F_{t11}
12	煤泥、煤矸石	Q_{t12}	r_{12}	P_{t12}	C_{t12}	I_{t12}	F_{t12}	G_{12}	F_{t12}
13	粉煤灰与炉渣	Q_{t13}	r_{13}	P_{t13}	C_{t13}	I_{t13}	F_{t13}	G_{13}	F_{t13}
14	低温干馏	Q_{t14}	r_{14}	P_{t14}	C_{t14}	I_{t14}	F_{t14}	G_{14}	F_{t14}
15	煤系共伴生矿物利用	Q_{t15}	r_{15}	P_{t15}	C_{t15}	I_{t15}	F_{t15}	G_{15}	F_{t15}

设计算期为 n 年，则矿区煤炭资源综合利用的经济净现值为：

$$ENPV = \sum_{t=1}^{n}(Q_{t1} \times P_{t1}) \times (1 + i_s)^{-t} +$$

$$\sum_{i=2}^{15}\left\{\sum_{t=1}^{n}[Q_{ti} \times r_i \times P_{ti} - (I_{ti} + F_{ti} + C_{ti})] \times (1 + i_s)^{-t}\right\} +$$

$$\left(\sum_{i=2}^{15} G_i + \sum_{i=2}^{15} H_i\right) \times (1+i_s)^{-n}$$

为简化计算和便于方案比较选择，我们设建设期均为2年，连同建设期在内计算期共20年，各转化方式的年产量、各相关资源数量和经营成本不变，即 $Q_t = Q$，$Q_{ti} = Q_i$，$C_{ti} = C_i$，流动资金 F_i 在第三年初投入，第20年末回收，社会折现率 i_s 取10%，则上式简化为：

$$\begin{aligned} ENPV &= Q_1 \times P_1 \times (P/A,10\%,20) + (Q - Q_1) \times P_1 \times (P/A,10\%,2) - \\ &\sum_{t=1}^{2} (I_{t2} + I_{t3} + I_{t4} + I_{t5} + I_{t6} + I_{t7} + I_{t8} + I_{t9} + I_{t10} + I_{t11} + I_{t12} + I_{t13} + I_{t14} + I_{t15}) \times \\ &(1+10\%)^{-t} - \sum_{i=2}^{15} F_i \times (P/F,10\%,2) + \sum_{i=2}^{15} (Q_i \times r_i \times P_i - C_i) \times \\ &(F/A,10\%,18) \times (P/F,10\%,20) + \sum_{i=2}^{15} (F_i + G_i) \times (P/F,10\%,20) \\ &= 6.7781 \times Q_1 \times P_1 + 1.7355 \times Q \times P_1 - 0.9091 \times \sum_{i=2}^{15} I_{1i} - 0.8264 \times \\ &\sum_{i=2}^{15} (I_{2i} + F_i) + 6.7780 \times \sum_{i=2}^{15} (Q_i \times r_i \times P_i - C_i) + 0.1486 \times \sum_{i=2}^{15} (F_i + G_i) \end{aligned}$$

由此得到矿区煤炭资源综合利用效益估算模型如下：

目标函数：$\max ENPV = 6.7781 \times Q_1 \times P_1 + 1.7355 \times Q \times P_1 - 0.9091 \times \sum_{i=2}^{15} I_{1i} - 0.8264 \times \sum_{i=2}^{15} (I_{2i} + F_i) + 6.7780 \times \sum_{i=2}^{15} (Q_i \times r_i \times P_i - C_i) + 0.1486 \times \sum_{i=2}^{15} (F_i + G_i)$

约束条件：$\sum_{t=1}^{n} Q_t = Q$；$\sum_{t=1}^{n} I_t \leq I_m$；$I_e \geq a \times \sum_{t=1}^{n} I_t$

$Q_i \geq 0$（i=1，2，3，4，5，6，7，8，9，10，11，12，13，14，15）

其中，经营成本 C_i 为净增值，不含项目之间的内部转移费；I_m 为矿区能筹集到的最多资金；I_e 为环保投资；a 为环保投资占总投资的最低比例；设置 $I_e \geq a \times \sum_{t=1}^{n} I_t$ 的目的是尽可能地保证环境不被破坏。

上述模型在实际应用中应结合具体的项目求解，先根据煤炭产量、转化方式、资金等情况，确定几个合理的产量分配方案，然后选择相应的转化工艺，再估算各方案的投资、成本、流动资金，最后根据市场及运输条件预测各转化产品售价，分别求出满足约束条件的各方案的经济净现值，则经济净现值最大的方案或是几个方案的组合就是我们想要的结果。

根据某一矿区的具体情况，可行的方案不会太多，因此，只需将满足约束条件的所有方案的参数求出，计算相应的 $ENPV$，$ENPV$ 最大者为最优方案。

模型评价：①由目标函数可得出，要提高煤炭资源综合利用的经济效益，必须降低投资，提高转化的产量和售价，同时，选择合适的转化工艺并提高煤炭转化率和利用率。②比例 a 的设置迫使投资方重视环保，保证矿区循环经济的发展。③该模型设计思路：根据煤炭产量、煤质、资金等的限制，估算转化产量分配及利用方案，再估算投资、成本、流动资金、售价等，代入目标函数，得到各方案的经济效益数目，则效益最大者为最终方案。

总之，要想提高煤炭利用的经济效益，必须注重煤炭加工转化和资源综合利用、煤炭直销并举，延长产业链，形成具有竞争优势的产业和产品结构。在煤炭转化项目和产品的定位上，首先要选择市场需求较大、有发展前景的产品；其次要选择技术含量较高的产品；最后要选择具有市场竞争力的产品。

（五）实例研究

山西朔州某矿生产能力为 150 万吨/年，矿区服务年限为 30 年。到目前为止，该矿一直以原煤销售为主，产品结构单一，议价能力不高；煤炭开采过程中，对煤层气、矿井水、煤泥、煤矸石等没有充分高效利用，使得矿区受到污染，周边生态环境遭到破坏。

该矿计划总投资 4976 万元，发展煤炭转化及相关资源综合利用项目，其中环保投资 200 万元。在对现有开采利用技术、投资成本等资金状况分析之后，认为 Q_3、$Q_6 \sim Q_9$、$Q_{13} \sim Q_{15}$不适合，由于 Q_3、$Q_6 \sim Q_9$、$Q_{13} \sim Q_{15}$投资过大，成本较高，对于一个年产百万吨的煤炭来说，是难以负担的。因此，可行方案将从 Q_1、Q_2、Q_4、Q_5 或其组合中筛选。

选择方案时，不仅要考虑矿区的经济效益，还要考虑社会效益和环境效益。为了满足矿区周边居民的燃煤需求，Q_1 方案是必选的，且直销量至少要达到原煤产量的 40%；目前，山西原煤入洗率保持在 50% 左右；对于煤层气、矿井水、煤泥及煤矸石等资源的综合利用，因为污染及其危害较为严重，不管选择哪种方案，都要将其列入规划中。在技术条件制约下，煤层气、矿井水、煤泥及煤矸石的利用率可达到 40%、50%、45%。

在本案中，仍按照前文的假设，即建设期为 2 年，计算期为 20 年，各转化方式年产量及相关资源数量和经营成本不变，$Q_t = Q$，$Q_{ti} = Q_i$，$C_{ti} = C_i$，流动资金 F_i 在第三年初投入，第 20 年末回收，社会折现率 i_s 取 10%，初始数据如表 5－6所示，其他数据要根据方案选择进行估算。

下面对各方案的组合 *ENPV* 进行计算，分别在电子表格中建立线性规划模型，用规划求解来得到各方案的最优 *ENPV*，取其最大值所对应的方案组合。

对于 Q_1Q_2 方案组合，有如下约束：

表 5－6　山西朔州某矿煤炭资源综合利用初始数据表　　单位：万元

序号	转化方式（或相关资源）	数量（万吨）	转化率（或利用率）	产品售价（元/吨·立方米）	经营成本	投资	固定资产余值	流动资金
1	直接外销	Q_1		550.0				
2	洗选	Q_2	0.90	1356.0	C_{t2}	I_{t2}	G_2	F_{t2}
3	发电	Q_4	0.65	650.0	C_{t4}	I_{t4}	G_4	F_{t4}
4	煤化工	Q_5	0.80	1850.0	C_{t5}	I_{t5}	G_5	F_{t5}
5	煤层气	140.0	0.40	3.8	43.79	780	185	30.30
6	矿井水	83.4	0.50	4.5	23.00	85	25	45.42
7	煤泥、煤矸石	43.2	0.45	60.0	41.00	75	16	64.00

说明：因方案 Q_3、Q_6 ~ Q_9、Q_{13} ~ Q_{15} 已被排除，所以不在表中出现。

直销比率≥40%；

洗选比率≥50%；

$Q_1 + Q_2 = 150$，Q_1、Q_2 均为非负。

将投资预算数据输入到电子表格中，如图 5－10 所示。

	A	B	C	D	E	F	G	H	I	J	K
1	技术选择系统										
2	单位：万元										
3		数量	转化率	产品售价	经营成本	第一年投资	第二年投资	固定资产余值	流动资金		
4	方式及资源	Qi（万+/万m3）	ri	Pi（元/t、m3）	Ci	I1	I2	Gi	Fi		Qi*ri*Pi-Ci
5	直销	60.00		550							
6	选洗	90.00	0.9	1300	221	2230	320	275	152		105079.00
7	煤层气	140	0.4	3.8	43.79	780	185	30.3	40		169.01
8	矿井水	83.4	0.5	4.5	23	85	25	45.42	18		164.65
9	煤泥、煤矸石	43.2	0.45	60	41	75	16	64	20		1125.4
10		150.00									
11		原煤产量				ΣI1i	ΣI2i	ΣGi	ΣFi		Σ
12		150				3170	546	414.72	230		106538.06
13											
14	集到最大资金			环保投资比例	总投资						
15	Im	Ie	a*（ΣI1i+ΣI2i）	a							
16	4976	300	111.48	0.03	4016						
17											
18	直销比例	不低于	0.40								
19											ENPV
20	洗选比例	不低于	0.50								1085873.693
21											
22											

图 5－10　煤炭资源综合利用系统模型 Q_1Q_2 方案组合电子表格结构

K20＝6.7881×B5×D5＋1.7355×B14×D5－0.9091×F14－0.8264×（G14＋I14）＋6.778×K14＋0.1486×（I14＋H14），K20 为目标单元格。对模型进行规划求解，得到最优的 $ENPV = 1085873.693$。

同样，将其他方案组合的约束及投资预算数据输入到电子表格中，分别进行规划求解，结果如下：

Q_1Q_4 方案组合，最优 $ENPV=628597.3347$（见图 5－11）。

	A	B	C	D	E	F	G	H	I	J	K
1	技术选择系统										
2	单位：万元										
3		数量	转化率	产品售价	经营成本	第一年投资	第二年投资	固定资产余值	流动资金		
4	方式及资源	Qi（万吨/万m3）	ri	Pi（元/t、m3）	Ci	I1	I2	Gi	Fi		Qi*ri*Pi-Ci
5	直销	60.00		550							
6	发电	90.00	0.65	650	412.3	2250	372	395	73		37612.70
7	煤层气	140	0.4	3.8	43.79	780	185	30.3	40		169.01
8	矿井水	83.4	0.5	4.5	23	85	25	45.42	18		164.65
9	煤泥、煤矸石	43.2	0.45	60	41	75	16	64	20		1128.4
10		150.00									
11		原煤产量				ΣI1i	ΣI2i	ΣGi	ΣFi		Σ
12		150				3190	598	834.72	151		39071.76
13											
14	集到最大资金			环保投资比例	总投资						
15	Im	Ie	a*（ΣI1i+ΣI2i）	a							
16	4976	300	113.64	0.03	4088						
17											
18	直销比例	不低于	0.40								
19											ENPV
20											628597.3347
21	发电比例	不低于	0.50								
22											

图 5－11　煤炭资源综合利用系统模型 Q_1Q_4 方案组合电子表格计算结果

Q_1Q_5 方案组合，最优 $ENPV=1274195.903$（见图 5－12）。

	A	B	C	D	E	F	G	H	I	J	K
1	技术选择系统										
2	单位：万元										
3		数量	转化率	产品售价	经营成本	第一年投资	第二年投资	固定资产余值	流动资金		
4	方式及资源	Qi（万吨/万m3）	ri	Pi（元/t、m3	Ci	I1	I2	Gi	Fi		Qi*ri*Pi-Ci
5	直销	60.00		550							
6	煤化工	90.00	0.8	1850	318.24	2231	481	523	193		132881.76
7	煤层气	140	0.4	3.8	43.79	780	185	30.3	40		169.01
8	矿井水	83.4	0.5	4.5	23	85	25	45.42	18		164.65
9	煤泥、煤矸石	43.2	0.45	60	41	75	16	64	20		11[illegible]
10		150.00									
11		原煤产量				ΣI1i	ΣI2i	ΣGi	ΣFi		Σ
12		150				3171	707	662.72	271		134340.82
13											
14	集到最大资金			环保投资比例	总投资						
15	Im	Ie	a*（ΣI1i+ΣI2i）	a							
16	4976	300	116.34	0.03	4178						
17											
18	直销比例	不低于	0.40								
19	煤化工比例	不低于	0.50								ENPV
20											1274195.903
21											
22											

图 5－12　煤炭资源综合利用系统模型 Q_1Q_5 方案组合电子表格计算结果

$Q_1Q_2Q_4$ 方案组合，最优 $ENPV = 855410.241$（见图 5－13）。

	A	B	C	D	E	F	G	H	I	J	K
1	技术选择系统										
2	单位：万元										
3		数量	转化率	产品售价	经营成本	第一年投资	第二年投资	固定资产余值	流动资金		
4	方式及资源	Qi（万吨/万m3）	ri	Pi（元/t、m	Ci	I1	I2	Gi	Fi		Qi*ri*Pi-Ci
5	直销	60.00		550							
6	选洗	45.00	0.9	1300	221	1300	160	141	44		52429.00
7	发电	45.00	0.65	650	370.6	689	451	210	29		18641.90
8	煤层气	140	0.4	3.8	43.79	780	185	30.3	40		169.01
9	矿井水	83.4	0.5	4.5	23	85	25	45.42	18		164.65
10	煤泥、煤矸石	43.2	0.45	60	41	75	16	64	20		1125.4
11		150.00									
12		原煤产量				ΣI1i	ΣI2i	ΣGi	ΣFi		Σ
13		150				2929	837	490.72	151		72529.96
14	集到最大资金										
15	Im			环保投资比例	总投资						
16	4976	Ie	a*（ΣI1i+ΣI2i）	a							
17	4976	300	112.98	0.03	4066						
18	直销比例	不低于	0.40								
19	选洗比例	不低于	0.30								ENPV
20	发电比例	不低于	0.20								855410.241
21											
22											

图 5－13　煤炭资源综合利用系统模型 $Q_1Q_2Q_4$ 方案组合电子表格计算结果

$Q_1Q_2Q_5$ 方案组合，最优 $ENPV = 1179437.99$（见图 5－14）。

	A	B	C	D	E	F	G	H	I	J	K
1	技术选择系统										
2	单位：万元										
3		数量	转化率	产品售价	经营成本	第一年投资	第二年投资	固定资产余值	流动资金		
4	方式及资源	Qi（万吨/万m3）	ri	Pi（元/t、m3	Ci	I1	I2	Gi	Fi		Qi*ri*Pi-Ci
5	直销	60.00		550							
6	选洗	45.00	0.9	1300	221	775	260	151	44		52429.00
7	煤化工	45.00	0.8	1850	159.3	1300	160	256	79		66440.70
8	煤层气	140	0.4	3.8	43.79	780	185	30.3	40		169.01
9	矿井水	83.4	0.5	4.5	23	85	25	45.42	18		164.65
10	煤泥、煤矸石	43.2	0.45	60	41	75	16	64	20		1125.4
11		150.00									
12		原煤产量				ΣI1i	ΣI2i	ΣGi	ΣFi		Σ
13		150				3015	654	546.72	201		120328.76
14	集到最大资金										
15	Im			环保投资比例	总投资						
16	4976	Ie	a*（ΣI1i+ΣI2i）	a							
17	4976	300	110.07	0.03	3969						
18	直销比例	不低于	0.40								
19	选洗比例	不低于	0.20								ENPV
20	煤化工	不低于	0.30								1179437.99
21											
22											

图 5－14　煤炭资源综合利用系统模型 $Q_1Q_2Q_5$ 方案组合电子表格计算结果

$Q_1Q_2Q_4Q_5$ 方案组合，最优 $ENPV=999705.148$（见图 5－15）。

	A	B	C	D	E	F	G	H	I	J	K
1	技术选择系统										
2	单位：万元										
3		数量	转化率	产品售价	经营成本	第一年投资	第二年投资	固定资产余值	流动资金		
4	方式及资源	Qi（万吨/万m3）	ri	Pi（元/t、m3	Ci	I1	I2	Gi	Fi		Qi*ri*Pi-Ci
5	直销	60.00		550							
6	选洗	45.00	0.9	1300	221	853	99	78	29		52429.00
7	煤化工	20.00	0.8	1850	110.43	695	121	139	50		29489.57
8	发电	25.00	0.65	650	177.9	512	359	118	19		10384.60
9	煤层气	140	0.4	3.8	43.79	296	185	30.3	40		169.01
10	矿井水	83.4	0.5	4.5	23	85	25	45.42	18		164.65
11	煤泥、煤矸石	43.2	0.45	60	41	75	16	64	20		1125.4
12		150.00									
13		原煤产量				ΣI1i	ΣI2i	ΣGi	ΣFi		Σ
14	集到最大资金	150				2516	805	474.72	176		93762.23
15	Im			环保投资比例	总投资						
16	4976	Ie	a*（ΣI1i+ΣI2i）	a							
17	4976	300	99.63	0.03	3621						
18	直销比例	不低于	0.40								
19	选洗比例	不低于	0.30								ENPV
20	煤化工	不低于	0.10								999705.148
21	发电	不低于	0.10								
22											

图 5－15　煤炭资源综合利用系统模型 $Q_1Q_2Q_4Q_5$ 方案组合电子表格计算结果

对比方案组合的最优 *ENPV*，最大值是由 Q_1Q_5 方案组合得到的 1274195.903，因此，矿区最优的煤炭资源综合利用方案是直销与煤化工并进，同时兼顾煤层气、矿井水、煤泥及煤矸石等资源的综合利用。

五、国外煤炭资源管理及综合利用成功经验借鉴

发达国家在煤炭资源管理及综合开发利用方面有成功经验、先进的技术和相对完善的管理理论体系。近年来，建设节约型社会，发展循环经济，实现可持续发展的理念为国内外所推崇，美国、德国、日本等发达国家相继走上发展循环经济的道路，并获得巨大成效。结合中国的具体国情，借鉴这些成功经验、先进技术和管理理论，以尽快提高中国煤炭资源综合开发利用水平，走新型工业化道路。

（一）德国模式

鲁尔区是德国乃至欧洲最重要的工业区之一。截止到 2008 年底，鲁尔区生

产了德国80%的硬煤，90%的焦炭和2/3的钢铁，电力、硫酸等均在全国占有十分重要的地位，是世界上在煤炭基地形成综合工业生产能力的典型代表。“二战”后，在世界一些以采煤工业起家的重工业区相继衰退的形势下，鲁尔区仍然保持着旺盛的生命力。

1. 强化和完善运输网络体系

在煤炭基地上形成的工业区多为重资源性工业的地域集合。这些工业部门的基本特点是：产品重、厚、长、大，运输任务繁重。因此建立发达的、功能完善的运网体系便成了保障工业区正常运行的先决条件。鲁尔区从一开始起，便把建设综合性运输网络放在重要地位，先后建成6条航运水道，74个内河港口，9850千米的铁路线，8500千米的运输管道和四通八达的高速公路，方便了鲁尔区与全国以及周边各国的经济联系，对于促进鲁尔区工业地域的形成发挥了巨大作用。

2. 适时调整产业结构

鲁尔区追随历次科技革命，及时调整产业结构，保证了经济的可持续发展。在“第二次科技革命”中，鲁尔区大力强化煤炭综合利用，发展了炼焦、电力、煤化等工业，同时发展了为产业工人服务的轻工业。在“第三次科技革命”中，鲁尔区把新技术用在传统工业中，把电气、电子工业作为本期经济建设的重点，使传统的煤炭工业实现了自动化、信息化，极大地提高了劳动生产率，使区域产业结构始终保持在较高的层次之上。

3. 重视发展科技

鲁尔区始终把文化教育事业作为一项根本性的战略任务，“二战”后，文化教育设施的建设则更为迅速。鲁尔区城市规模不大，但其中仅煤炭技校就有30多所。鲁尔区还有众多的研究所，如位于埃森市的煤炭研究中心是德国最大的煤炭研究机构，其取得的多项重大研究成果有力地促进了德国煤炭综合利用的发展。众多的高等院校和研究单位对于提高职工的文化素质，促进矿区煤炭资源管理及综合利用发挥了不可估量的作用。

4. 加快区域经济发展步伐

鲁尔区建设初期，曾面临资金和技术严重匮乏的问题。为此，鲁尔区一方面强化基础设施建设，另一方面制定了优惠政策，吸引了大量外国资金，加快了矿区的发展速度。鲁尔区同时还积极吸收外国新技术，还非常重视环境保护、美化矿区环境，保证了鲁尔区工业生产和人们生活的正常进行。

（二）加拿大模式

加拿大是世界最重要的矿产资源国之一，在进行矿产资源开发利用的同时，突出强调对环境的保护作用。联邦政府一般主要负责财税框架、国际贸易和投资等事务。将资源的产业管理和生态管理相结合，实现经济、社会和环境效益的和谐发展。

1. 矿产资源循环周期管理

对矿业实行循环周期管理，用于处理与矿产资源有关的健康和环境问题，其中包括生产过程周期管理和产品生命周期管理。生产过程周期管理适用于与矿产资源生产相关的某种运营及其可能带来的危险，其中包括勘探、采集、加工等过程。产品生命周期管理适用于某种特定元素、物质或产品及其可能带来的危险，并且这种管理存在于生产、使用、再使用、再循环中的每一个阶段。

2. 形成矿业管理的有效机制

加拿大促进矿业管理的有效机制：①矿址关闭及土地清理改造工作成为矿址开发阶段的一部分；②把矿址关闭所需费用放在与开矿启动投资费用同等重要的地位；③政府与矿业部门联合建立各种有效机制，为妥善关闭矿址提供资金。联邦政府规定，在国有土地上开矿，必须对土地有一个详细的改造计划；此外，政府必须参与解决关闭矿场后遗留的问题。

3. 促进矿业发展的技术政策

加拿大政府鼓励进行技术创新，对企业尤其是中、小型企业提供引进国外先进科学技术的窗口；对国外技术做评估，判断它们对加拿大矿业是否有价值以及它们能否与本国科技发展相匹配。鼓励国内的技术转让，在国际上，特别是与发展中国家分享加拿大在矿产资源领域的管理经验。与工业界合作，研究开发矿物和金属为基础的增值产品，从而为社会创造更多的福利。

（三）美国模式

1. 健全的煤炭资源管理机构

美国土地所有权与煤炭资源所有权一致，美国从20世纪20年代开始出租埋藏煤炭资源的土地。土地管理局负责煤炭资源的租借，国家资源管理委员会负责控制煤炭资源使用；美国地质调查局和矿物管理服务局首先对煤炭资源的市场价格和最大经济回收率作出严格评价，然后进行出租。

2. 煤炭资源管理实施办法

（1）土地煤炭资源租借。采取两种形式：一是采用招标方式对已勘探的矿场确定从业者；二是实行勘探和开采优先的办法对煤炭资源尚未探明的矿区进行出租。

（2）煤炭资源价格确定。在资源开采前，政府通过对煤炭资源储量、煤质、开采方式以及地产价值和银行的利率综合分析考虑并最终对勘探出的煤炭资源进行严格评估，确定矿场的出租价格。

（3）煤炭资源有偿使用。美国煤炭公司在煤炭资源方面需缴纳三种费用：土地使用费、权利金、红利，资源条件好的矿区需要多交，对于资源条件差的政府可以批准不交或少交。

3. 严格的审批过程及环保措施

美国煤炭建设项目的审批十分严格，审批机关是美国内政部露天开采局，承租者在取得租借许可后，首先要向开采局提出勘探申请，得到批准后才能进行勘探，然后进行项目可行性研究和初步设计，签订长期合同后，再向开采局申请经营许可证，批准后才可以进行设计和建设。

为加强环境保护，美国早在1963年就颁布实施了《洁净空气法》，后经三次修改，在第三次中修订了空气污染控制方针，增添各种有害物排放标准，制定了改善环境空气质量的目标和时间表。另外，美国每年都投入50亿~70亿美元，逐步关闭生产高硫煤的煤矿。

（四）俄罗斯模式

自20世纪60年代，俄罗斯由于采取优先发展石油和天然气的能源政策，煤炭在一次能源生产比重中下降到10%左右。进入21世纪，为有效合理地开发煤炭资源，俄罗斯在煤炭资源管理上采用勘探许可证和采矿许可证制度并收取资源税。

1. 勘探和采矿许可证制度

根据《矿物资源法》规定，矿物勘探许可证有效期为5年，采矿许可证有效期为20年。采矿许可证采取拍卖和招标两种途径发放，许可证到期后，持有者可申请更新。在拍卖中，提出最高报价的投标人中标，投标者必须满足经营和支付的条件，并提出最佳技术方案。

2. 征收资源税

（1）矿物原料基地再生产税。是实际开采矿藏所取得或销售经过初步加工的商品价值。此税款纳入联邦预算，用于地质矿产研究工作以及矿物原料基地再生产拨款。

（2）地下资源使用税。按俄罗斯《地下资源法》规定，地下资源使用税是针对矿床勘察以及地下设施的建设与开发征收的。该税在各级预算之间进行分配，按法律规定的比例并入联邦预算和有关的地方预算中。

3. 自然环境污染税

根据《自然环境保护法》规定，俄罗斯征收自然环境污染税。税款缴入国家生态基金，用于保护自然生态环境。凡按规定标准和超标向周围环境排放和抛弃污染物质、置放废弃物和从事其他污染环境活动的企业，均是自然环境污染税的纳税人。

六、山西煤炭资源管理及综合利用技术方法对策建议

在综合国内外现有对煤炭资源综合开发利用经验成果的基础上，结合中国煤炭资源综合开发利用的现状，基于可持续发展理论，运用管理科学、系统科学和经济学理论与方法，将煤炭资源综合开发利用作为一项系统工程来研究。因此，为了确保山西煤炭资源管理及综合利用的实现，需要采取一系列有效的对策与措施。

（一）加快能源管理体制改革

1. 转变经济发展方式

牢固树立科学发展观，走全面、协调、可持续发展的道路，积极建设资源节约型、环境友好型社会，在合理充分利用自然资源、保护生态环境的基础上，促进经济的发展。一要从法律层面将“节约能源”明确为基本国策，从能源开发使用、生产生活、供给消费等多个环节，贯彻节约原则；二要积极探索建立“绿色 GDP”核算体系，将资源环境因子引入新的国民经济核算体系；三要改进政府绩效考核体系，不能只看“政绩指标”，从根本上转变一些地方和行业不惜以牺牲能源资源和环境为代价换取 GDP 增长的错误做法；四要综合运用财政税收等经济手段，引导市场主体自觉转变发展方式。

2. 完善能源管理体制

改革开放以来，中国能源管理部门经过多次的并撤，能源工业战略管理职能比较薄弱。当前，能源管理职能分散，多头领导，政策随意，难以体现国家在能源战略上的统一意志。因此，应按照“政监分离”的原则，组建职能相对集中的能源管理及监管机构，对能源企业的市场行为实施独立监督管理，并强化省一级的能源监管机构建设，形成中央统一领导下的能源监管体制。

（二）强化能源法制体系建设

1. 完善能源法制体系

当前能源的开发、生产、消费等各个环节之间的关系正日益按照市场经济的规律运作，因此需要尽快建立、健全能源法规体系：一方面保障能源供应的健康

有序发展；另一方面维护能源投资者、经营者和使用者的合法权益。同时也需要搞好政策导向，促进山西省煤炭资源管理及综合开发利用健康地发展。

完善能源法制体系有助于解决如下重大问题：一是明确中国能源发展的总体战略，确立能源开发利用的战略思想、方针、目标和措施。二是确立能源行业各单行法律的指导思想和基本原则，协调各单行能源立法。三是确立能源中长期规划的法律地位，为实现能源发展目标提供法律保障。四是建立能源综合利用和能源效率的法律规范，有效推动技术创新和产业结构的调整，形成能源资源节约型的经济增长方式。五是明确能源的市场准入、价格、储备、投资等基本政策。六是建立保障能源安全和能源应急体系的法律制度。七是规范能源的国际合作与交流。

2. 强化能源法制监管

完善矿业权有偿取得制度，严格矿业权审批，规范煤炭矿业权价款评估办法。凡未经国家批准开发规划和矿业权设置方案的，一律不得办理矿业权的设置；鼓励采用先进技术，开采难采煤层和极薄煤层；煤矿新建和改扩建项目必须按照隶属关系，依法取得同级安全生产监管部门的审查批准。建立严格的煤炭资源利用监管制度，对煤炭资源回采率实行年度核查与动态监管相结合的监督办法，对于达不到标准的煤矿，责令其限期整改；逾期不达标的，依法予以查办；对拒不执行管理的，直接吊销其采矿许可证和煤炭生产许可证。

煤炭资源综合开发利用企业大多数从事多元化经营的产业，各企业需要建立一套具有专业特点的科学管理机制；健全相应的规章制度，形成一套严密有序的管理体系；实行文明生产、清洁生产和安全生产。只有这样，才能使煤炭资源综合开发利事业不断发展壮大，做到资源循环利用、环境综合治理，实现上下游产业联动的循环经济发展道路。

（三）依靠技术进步建设煤炭资源综合开发利用示范工程

1. 重视发展科技

中国正处于全面建设小康社会的关键时期，深入贯彻落实科学发展观，转变经济发展方式，实现经济社会又好又快发展，对依靠科技进步和创新，提高煤炭资源开发和利用水平，提出了迫切的要求。2009 年国务院召开了全国科技大会，作出增强自主创新能力，建设创新型国家的重大战略决策；并发布了国家中长期科学和技术发展规划纲要，要把煤炭的清洁利用、能源科技创新，作为优先发展领域，发展煤炭与新能源产业，需要加快科技进步，加强自主创新，大力开发应用煤炭与能源新技术、新工艺、新产品和新装备；需要进一步扩大开发与交流。

2. 建设示范工程

倡导煤炭资源综合开发利用，应该积极建设一批洁净煤示范工程与资源综合开发利用示范工程、共伴生矿资源综合开发利用示范工程等。建设以清洁生产、绿色化学等为特征的科技含量高、经济效益好、资源消耗低、环境污染少、人力资源优势得到充分发挥的生态工业园区。

作为年产7亿吨原煤的煤炭大省必须坚持又好又快的发展，从加快经济发展方式转变入手，着力推进节约发展、清洁发展、安全发展，最终实现可持续发展。对于煤炭工业，节约、节能，符合节约发展的要求；减排，符合清洁发展的要求；安全生产，符合安全发展的要求，这三个发展共同构成了煤炭工业可持续发展的深刻内涵，需要持之以恒，扎实推进。大力推进实施大基地、大集团战略，大力推进提升煤炭工业生产力发展水平，围绕大功率采煤机、掘进机、露天开采设备、大型运输提升和新选设备等，组织科研公关，逐步向千万吨级的综采配套设备迈进，坚持以先进实用的技术整合、改造、提升中小煤矿，积极淘汰落后的煤矿。

3. 构建优化煤炭产业链的模式

在生态学以及产业生态学等原理的指导下，把煤炭产业链按照物质循环规律布局，通过对产业链横向纵向的系统优化，实现高效率、低消耗、经济增长与生态环境相协同，形成和谐的生态功能的网络型、进化型产业体系。构建煤炭产业链的模式要遵从可持续发展和循环经济模式的特点，研究与开发适合本矿区地质条件的采掘工艺，构建产业链核心竞争力。

（四）筹措煤炭资源综合利用资金

1. 加大国家财政倾斜力度

（1）在财政和投资体制改革过程中，政府需要加大公共财政对不可再生资源利用事业的支持力度，国家应在政策上鼓励企业来回收利用，同时为企业直接创造融资条件；对不可再生资源回收加工处理中心以及信息网络等方面的项目，需要优先技术改革的投资并给予相应的财政贴息。

（2）发挥杠杆功能，制定税收优惠政策。在税收形式上，应该以间接优惠为主，更能调动企业的积极性；在税收手段上，可以实行降低税率或者再投资退税，又可以按投资额及经营年限等实行优惠。

（3）政府率先采购。政府应率先采购含有不可再生原料的产品，为不可再生资源综合开发利用事业树立正确导向。

2. 设立专项基金

国家应该设立专门机构和专项基金用来扶助不能一次性处理且生产成本高、经济效益低，但社会效益显著的不可再生资源回收利用项目。基金的来源主要由三个方面组成：一是收取的污染治理费等专项资金；二是政府财政拨款；三是国内外的赠款。基金的使用形式可以分为补助性拨款、无息或贴息贷款等。

3. 利用民间资金和开展国际合作

可以采用多种组织形式，灵活运作，将国内数目巨大的居民储蓄存款引导到不可再生资源综合利用的投资领域，以此来弥补政府投入资金的不足。另外，还可以通过积极利用国际合作和吸引国际援助资金，挖掘国际资金市场，来支持中国不可再生资源的综合利用事业。

（五）大力推进煤炭的清洁高效安全利用

能源消费结构的自然属性和产业结构的不合理，制约着可持续发展。中国能源赋存特点，决定了能源消费结构以煤为主。但是以煤为主的能源结构和粗放型的煤炭增长和消费方式，却使经济发展与环境保护之间的矛盾日益尖锐。中国产业结构长期以高消耗、低效率、重污染的重化工为主，在大力发展经济的今天，煤炭资源将进一步加剧消耗并造成污染。

由于自然资源禀赋的自身特点，决定了中国经济社会的发展必须长期依赖于煤炭资源；而因为技术落后，煤炭资源利用给中国环境生态造成巨大破坏，所以洁净煤利用技术成了解决煤炭资源利用困境的关键。洁净煤技术包括煤的洁净开采技术，煤利用前的预处理技术，煤利用的环境控制技术，先进的煤炭发电技术，提高煤利用效率技术，煤炭转化技术，煤层气废气物体的处理和利用技术，煤层气的开发及利用，二氧化碳固定和利用技术。发展循环经济型煤炭能源化工，构建多种能源的发展模式，必须通过能源资源来源的多元化、能源生产技术的多元化和能源终端技术的多元化，以公平合理的政策，实现以煤为基础的能源多元化发展。

七、本章结论

本章通过对比山西省煤炭资源开发利用现状，对煤炭资源综合利用问题进行了资源管理理论和有效实施技术方法与技术路径方案方面的系统研究，探讨了提高煤炭资源利用效率的技术途径，提出山西省煤炭企业资源最佳综合利用有效实施的技术方法和技术途径。

（1）发展洁净煤技术以及煤化工技术的同时，兼顾煤矸石、煤泥和煤层气的综合利用技术，创新煤炭资源管理模式。促进直销与煤化工并进，同时兼顾煤层气、矿井水、煤泥及煤矸石等资源的矿区最优煤炭资源综合利用方式的发展。

（2）应结合中国国情将国外煤炭资源综合利用技术方法应用到中国的煤炭

资源利用的实践中，研发和推广高效利用煤炭资源的技术，研究煤炭加工延伸增值的高新技术，推进技术进步，提高煤炭资源利用效率和煤炭资源综合利用效益。

（3）应在加快能源管理体制改革、强化能源法制体系建设、依靠技术进步建设煤炭资源综合开发利用示范工程、筹措煤炭资源综合利用资金和大力推进煤炭的清洁高效利用等方面加快发展步伐，提高山西煤炭资源管理及综合利用效率。

第六章　山西煤炭资源整合过程中的企业绩效评价研究

一、绪　论

（一）研究背景及意义

1. 研究的背景

煤炭资源是中国重要的战略资源，煤炭产业在我国经济社会发展中有着十分重要的作用和地位。煤炭产业长期以来在支撑国民经济快速发展的同时，也付出了沉重的资源环境代价。山西因煤而兴，也因煤而痛。作为中国的煤炭蕴藏大省和煤炭资源开发大省，煤炭产业粗放的发展模式所带来的问题尤为突出。

山西省从2004年开始，率先在全国范围内实行了煤炭资源整合和有偿使用，颁布了一系列地方性法规，通过市场、法律和行政等手段，为矿产权改革开辟了一条“山西路径”，从而推进山西煤炭资源整合和有偿使用。截至2007年6月，山西完成了有偿使用换发《采矿许可证》工作，山西煤炭资源从无偿划拨跨入了有偿使用的新时期。此次整顿治理与资源整合工作取得了显著成效，矿业秩序明显改善，产业集中度大幅度提高，煤炭行业技术改造步伐加快，积极引进先进设备，显著提高行业的机械化程度、资源利用率和煤炭附加值。共关闭淘汰煤矿1700座左右，山西省煤矿总量减少到了2700座，提高了山西煤炭在生产领域的集中度，其中潞安、同煤、晋煤、焦煤、平朔、阳煤六大煤炭集团占有全省50%以上的产量。

始于2004年的煤炭资源整合在取得显著成效的同时，也避免不了存在诸多的问题。一些地方以矿井整合代替资源整合，有的煤矿在没有采用新技术、新工艺，也没有进行改扩建的情况下，借整合之名行扩容之实，使得矿井核定能力成倍增长。各地的煤炭资源赋存状况与开采条件的差异没有被充分考虑，整合方式一刀切，致使花费巨资购买来的综采设备长期处于闲置状态，不但影响煤炭企业的效率，也没有提高资源回收率。

为了实现煤炭产业健康可持续发展，促进资源节约与综合利用、环境保护、安全生产，2009 年 4 月 15 日，山西省政府进一步出台了《关于加快推进煤矿企业兼并重组整合有关问题的通知》。明确了煤炭兼并整合目标："全省到 2010 年底，要加大力度，使矿井数量从 1500 座减少到 1000 座，兼并重组整合后，企业生产规模都在 300 万吨/年以上，矿井生产规模在 90 万吨/年以上，煤炭的开采全部达到机械化的综合开采。各地方矿井保留的数量达到：太原减少至 50 座，大同减少至 71 座，阳泉、朔州、忻州、运城、长治、吕梁、晋城、晋中、临汾分别减少至 50 座、65 座、63 座、18 座、95 座、100 座、118 座、110 座、127 座。国有重点煤炭集团公司的矿井数量保持在 133 座。"①

山西省政府于 2009 年 5 月印发了《山西省煤炭产业调整和振兴规划》，加快煤炭资源整合和企业兼并重组步伐就是其核心内容之一。山西省通过一年多来煤炭资源整合和煤矿企业兼并：保留下来的矿井全部实现机械化综合开采，企业主体由 2200 多家减少到 1300 家，形成 4 个达亿吨级年生产能力的特大型煤炭集团、3 个达 5000 万吨级年生产能力的大型煤炭集团，明显增强了产业集中度，办矿格局形成了以股份制为主要形式，国有、民营并存，极大提高了全省煤炭资源回收率和循环利用率、煤层气（瓦斯）抽采、原煤洗选加工率和利用量，增强了安全保障能力和可持续发展能力。

表 6－1　山西省煤炭资源整合进展表

	煤矿个数	小煤矿产能（亿吨）	总产能（亿吨）	国有重点矿井产量（%）	国有地方矿井年产量（%）	乡镇煤矿年产量（%）
2009 年 1～5 月	2500	0.58（含地方煤矿）	2.04	60.78	28.92	10.92
2008 年底	2598	2.89（含地方煤矿）	6.56	50.46	27.59	21.95
2007 年底	2810	1.61	6.30	49.76	24.72	25.52
2006 年底	2891	1.80	5.80	48.71	21.34	29.95
2005 年底	3365	2.80（含地方煤矿）	5.54	46.75	20.40	32.85
2004 年底	4598	—	—	38.95	24.75	36.31

资料来源：http：//www.sxcoal.com/mtzy/index.html。

① 《山西省人民政府关于进一步加快推进煤矿企业兼并重组整合有关问题的通知》（晋政发［2009］10 号）。

2. 研究的意义

作为煤炭大省，对煤炭产业的有效调整有助于山西全省有效联动的实现。在山西，煤炭既是产业问题和经济问题，又是社会问题和民生问题，更关系到国家能源战略安全。煤炭资源整合有“牵一发而动全身”之势，推进资源整合，可以最大限度地实现资源价值，在经济发展模式上创造多元化经济增长点，通过延展资源价值链和发展替代产业，使山西发展模式实现顺利的转变。围绕山西发动煤炭资源整合的前前后后，声讨声、质疑声仍不绝于耳。关于煤炭资源整合，政府受到的非议和责难很多，压力也很大，事实上，煤炭资源整合的过程，就是眼前利益和局部利益与全局利益和长远利益的博弈，不只是一场办矿体制的大变革，还是一场标本兼治的大战役。从长远的发展战略看，煤炭资源整合是山西由煤炭大省向煤炭强省跨越的必然选择，具有历史必然性。对于煤炭资源整合这一复杂工程而言，每一次改变都是一次利益博弈，需要细化操作程序，注重政策的连续性，进一步完善相关政策，切实兼顾好各方利益。

本章基于煤炭可持续发展和资源有效利用的要求，立足于山西煤炭资源整合的大背景，建立煤炭企业绩效评价指标体系、评价模型和评价标准，选取具有代表性的煤炭企业进行实证研究，分析山西煤炭企业从2004年至2009年的绩效水平，从而为煤炭资源整合和煤炭企业在煤炭资源整合过程中健康可持续发展提供一定的科学依据。

（二）国内外研究现状

1. 煤炭资源整合国内外研究现状

（1）国外研究概况。煤炭资源整合的理论依据是从可持续发展理论逐渐演变而来的。1972年，罗马俱乐部发表了《增长极限》提出：“人类有可能改变现有的经济增长趋势，并基于长远未来生态和经济的持续稳定条件下，以满足地球上每个人的基本物质需求和有平等机会实现其个人潜力为目标，设计出全球平衡的状态。”

1980年，在《世界保护策略》中，“可持续发展”这一名词被世界自然保护联盟首次使用，1987年，可持续发展核心思想在《我们共同的未来》报告中正式被联合国世界环境与发展委员会（WCED）提出。1992年，《里约热内卢环境与发展宣言》和《全球21世纪议程》等重要文件在联合国环境与发展大会上被通过，标志着可持续发展由理论上升到实践阶段，人们广泛接受了可持续这一思想。

在一些对国外煤炭企业的研究中可以看到：过去的10年是世界煤炭工业合并、重组和全球化的时代，在2000年，十大国外煤炭公司（美国的皮阿奇公司、博迪公司、固本能源，澳大利亚的BHP集团，英国的安格尔、力拓公司、比利顿，德国的RAG公司、格伦科雷，南非的萨索尔）共生产煤炭852兆吨，占据了世界煤炭总产量的1/5。这十大国外煤炭公司的经营呈现出跨国经营、煤炭生产集中化、煤炭出口规模化、拥有主要煤炭出口港股份等特点。

彭余生在《开滦精煤股份有限公司发展战略研究》（2002）一文中提到了世界煤炭跨国经营、工业发展趋势为：一是通过兼并联合小型煤炭企业，增强竞争力，使企业向大型化、集团化发展；二是通过技术改造，采用现代化采煤设备及采煤技术，实现集中高效生产；三是在实现煤炭生产工艺综合机械化的基础上，发达国家向遥控和自动化发展，煤炭工业由劳动密集型向资本及技术密集型转化；四是由于越来越高的煤炭开采成本，欧洲主要产煤国家的政府采取关闭经济效益差的煤矿及减少财政补贴等措施，以减少供给量调整供需市场。以上这些趋势也反映了国外煤炭资源整合的过程。

（2）国内研究概况。国内对煤炭资源整合的研究主要有三个阶段：第一阶段是改革开放之前，这一阶段的研究主要是为了满足当时工业发展的需求，围绕煤炭基地的布局和选址确定建设规模和时序的问题。第二阶段是改革开放后到20世纪90年代初，国内学者的研究主要以矿区城镇规划和合理布局为主。马清裕（1981、1983）在对资源型城镇的人口增长与规模预测的研究中，从区域的角度详细指出工矿区城镇布局要做到分散与集中相结合。樊杰（1988）对煤矿区国土规划思想方法的探讨，提出了在国土资源规划时需要注意的一些问题。第三阶段是20世纪90年代末至今，随着经济效益低下，资源型城市生态环境严重恶化等现象，煤炭城市产业发展问题进一步暴露，这引起了国家和学者对煤炭城市的广泛关注，研究热情不断高涨，随着山西煤炭资源整合的开展，关于煤炭资源整合的研究也越来越多。王青云（2003）对近20座国内资源型城市进行了个案研究后，提出资源型城市转型的基本思路和政策措施。赵国浩、车康模（2010）等人以产业集中度的视角，阐述了山西煤炭资源整合的益处和可能存在的问题，并提出了相应的建议。曹海霞、王宏英（2008）全面评价了2004年以来，山西煤炭行业实施资源整合取得的成就以及存在的问题，并对煤炭工业提出了今后的发展战略与政策建议。云凌志、王凤生（2010）在当前山西省煤炭业资源整合的背景下，构建了私有厂商企图逃避社会责任的多厂商寡占模型，以此研究煤炭资源整合中的福利问题。

纵观中国煤炭产业发展历史，煤炭资源整合主要通过政府主导式和企业主导式两种基本的途径，究竟采取哪一种方式，或是两种方式同时结合采用，取决于现存的市场形态和所处的具体环境，但不管采取何种途径，其模式主要有契约模式和直接投资模式两种。

2. 企业绩效评价国内外研究现状

企业绩效评价严格意义上是始于20世纪30年代后期。美国的Kesner在1939年首次研究了美国的经理人薪酬和绩效评价关系。之后，莫迪里亚尼和米勒在50年代通过严格科学的方法研究了企业资本结构与价值的关系，提出双M资本结构理论。之后，对企业绩效及其评价的研究越来越多。

（1）国外企业绩效评价研究。国外企业绩效评级经过了成本绩效评价时期、财务绩效评价时期、综合绩效评价时期、战略绩效评价时期四个阶段。即从19世纪达到对成本管理主动地事前预算和事中控制的目的，到20世纪初，亚历山大·沃尔提出要综合评价企业的财务效益状况，之后发明了“杜邦系统图”，到30年代克莱夫·伊曼纽尔和戴维·奥特利根据权变理论提出了由17项指标构成的“权变绩效计量”体系，企业绩效评价逐步完善和精确。20世纪后期，经济增加值（EVA）作为企业业绩评价指标被美国的斯腾斯图尔特公司在1991年提出。罗伯特和诺顿在1992年推出的评价体系平衡计分卡（Balanced Score Card）将财务指标和非财务指标进行了有机结合，从财务、顾客、内部业务流程、学习与创新四个方面建立评价指标，同时给出具体的评价可操作性实施步骤，使企业绩效综合、全面的评价变成了现实。1997年，修正的经济增加值（Refined Economic Value Added，REVA）指标被杰弗里（Jeffery）等人提出，之后由英国克兰菲尔德学院的安迪尼利和克里斯亚当斯提出绩效棱柱法，棱柱的五个面分别代表公司绩效评价的企业战略、流程、能力、利益相关者的满意和贡献，使企业与每一个利益相关者的关系得到了有效的处理。至此，进入了战略绩效评价时代。

（2）国内企业绩效评价研究综述。国内关于企业绩效评价的研究起步较晚，主要是以政府为主导的国有企业绩效评价体系的建设和以国内学者为主体的对国外企业绩效评价理论的改进性和创新研究，将这些评价理论结合其他经济理论进行研究，逐渐成为中国研究绩效评价新的趋势。

政府主导的企业绩效评价体系建设，从最初的以企业经济增长速度为考核重点，先后数次修改企业绩效评价体系，由最初的“增长速度”、“经济效益”的评价思路发展到“经营业绩”、“综合绩效”。其中，1999年财政部等四部委联合印发文件，重新规范国有企业的绩效评价，要求重点评价企业资产经营状况、资本效益状况、发展能力状况和偿债能力状况四项内容[①]等共计32项指标。至此，中国对企业进行综合绩效评价的财务与非财务指标结合的指标体系初步形成。此后几年，国家相关部门又相继出台了《评价规则》、《评价指导意见》以及《考核暂行办法》等文件，力求通过规范企业综合绩效评价工作，全面地、综合地反

① 财政部：《关于印发国有资本金效绩评价规则和操作细则的通知》，1999年。

映企业资产运营质量，以求正确引导企业经营行为。但这些办法的出台仍然只是一个目标管理的办法，并没有从实际上解决企业间的横向比较，价值管理没有形成。

国内学者较多地引入和借鉴了国外评价理论进行企业绩效评价研究，更注重理论和应用上的研究创新，刘巧芹、颜志刚、施家芳、闰梅等诸多学者均发表了相关学术研究成果。

总体上看，在企业绩效评价研究上国内取得了一定的成果，但在现有的企业绩效评价体系上，仍然存在着主要表现是面向过去的、单一的问题，对企业已经发生的经济业务问题，只是进行事后确认，局限于对过去的生产活动进行核算和监督，不能对以后的经营状况进行预期和指出改进方向。关于山西煤炭资源整合的研究也仅局限于从政策方针或者法律、技术等单方面的论述，缺少对煤炭企业实证性的研究。

二、资源整合绩效评价理论基础

（一）煤炭资源整合

1. 资源整合的概念

（1）资源指的是广泛地存在于自然界和人类社会中的一切可被人类开发和利用的物质、能量和信息的总称，它是一种自然存在物或能够给人类带来财富的财富。《经济学解说》（2000）将“资源”定义为“生产过程中所使用的投入”，通过这一定义很好地反映了“资源”一词的经济学内涵，即资源从本质上讲就是生产要素的代名词。“按照常见的方法把资源划分为自然资源、人力资源和加工资源三类。”企业资源可以分为企业的内部资源和外部资源。内部资源是指被企业直接使用和控制的人、财、物、技术和信息等资源要素。企业不具有所有权和控制权的，但可以在一定权限范围内使用的所有外在要素称为外部资源，具体可分为竞争性、互补性和垄断性三种类型。在企业所有的资源中物力、财力和无形资源是可识别的三大种类。企业的厂房设备、原材料供给、物质技术、地理区位等被归类于物力资源；债务、权益、留存收益等被归类于企业财力资源，同时也是企业获取另外两类资源的资本；商标、专利、有关工艺产品的知识产权等都是企业的无形资源。

（2）整合的英文翻译是 Integration，还可译为结合、集成、整体或者同化等词汇。这几个意思正是整合的综合表现。资源整合就是为了实现资源整体的最优化配置，实现最大效益，按照资源要素动态的系统性思路，通过对各种资源要素的集成、再造和重组，使其具有整体性，相互联系与渗透，能够协调发展，形成科学合理的结构。资源建设的重要措施之一就是资源整合，其内涵是对系统现有资源优化与重组。总之，资源整合是战略思维层面上系统论的思维方式；是战术选择层面上的优化配置，是企业战略调整的手段，也是企业经营管理的日常工作。整合就是要通过有进有退、有取有舍地进行资源的优化配置获得整体效果的最优。归纳起来，资源整合就是企业为了使不同的来源、层次、结构和内容的资源具有较强的柔性、条理性、系统性和价值性，对其进行识别与选择、汲取与配置、激活和有机融合，并创造出适合企业新资源的复杂的动态过程。

2. 煤炭资源整合

煤炭资源整合是山西省积极响应国家煤炭产业政策，推进煤炭经济可持续发展，促进能源安全，以可持续发展理论、循环经济理论、规模经济理论为基础，提出的重大战略决策，通过对山西煤炭行业进行整顿、兼并重组煤炭企业，淘汰落后产能，达到煤炭资源利用的有效配置。提高资源的使用效率，主要是指为了提升矿井生产、技术、安全保障等综合能力，以现有合法煤矿为基础，合并两座以上煤矿的井田，合并已关闭煤矿的资源储量及其空白资源储量，实现统一规划，关闭布局不合理和整改后依然不具备安全生产条件的煤矿。

3. 山西煤炭资源整合的方式

依据相关政策法规，山西省煤炭资源整合的主体企业与被兼并重组整合企业均要经共同确认的有资质单位对资源和所有矿井资产进行评估，双方在当地通过企业并购、联合重组、控股参股等形式注册具有独立法人资格的，企业性质均为有限责任公司的子公司。保证主体企业控股不小于51%，所有被整合的矿井股份最高占49%，采取主体企业控股经营，市场化运作的经营方式。

（二）绩效评价

1. 绩效评价的概念

绩效，单纯从语言学的角度来看包含有成绩和效果的意思，在经济管理上指其活动的结果和成效；在人力资源管理方面表现为主体行为或者结果的投入产出比；在公共部门中政府活动的效果用其来衡量，则这个概念就包含了多元目标。管理学将绩效定义为组织期望的、为实现组织目标而体现在不同层面上的有效输出，是目标组织或个人在一定时间范围内的投入产出情况。

评价属于一种观念性的活动，具有四种最基本的功能：判断、预测、选择、导向。导向功能是四个功能中最重要的一个，在评价体系中居于核心地位，前三个功能构成了后一功能的基础和发展过程。评价是主体根据一定的目的和标准对客体的价值进行认识的评定活动。评价是人类发现价值、获取合理价值判断的一种方法，是建立在评价主体目标的明确性、参考体系的科学性、评价方法的可行性和真实性基础上的，在此基础上，做出关于价值主体与价值客体之间关系的结论。

关于绩效评价的含义有很多表述，比较具有代表性的表述主要有：Kane 与 Lawler 提出的“绩效评价是评价者通过对被评价者一段时间的表现加以综合判断而得出的结果”；韦恩·蒙迪等人的绩效评价是一种正式制度；劳伦斯·克雷曼和斯蒂芬·罗宾斯的绩效评价过程论。综合各种观点，绩效评价是指运用经济学原理、数理统计和现代分析技术，选取特定的指标体系，按照统一的评价标准，遵循一定的程序，通过定性定量对比分析，对目标客体一定期间的效益和效率进行计算比较，改进的整体程序，做出客观、公正、科学和准确的综合评判，明确行业整体与单位个体的状态。

2. 企业绩效评价要素

绩效评价对企业改进经营管理，增强企业竞争优势发挥着十分重要的作用。企业绩效评价体系作为管理控制系统中相对独立的一个系统，是企业管理的关键环节，主要由评价主体、评价客体、评价指标、评价标准和评价方法等要素构成。

（1）评价主体。这是评价行为的发起者一般指：“与评价对象的利益密切相关、关心评价对象绩效状况的相关利益方”。在企业评价主体上，主要有两大代表观点：一是“单一主体观”，该观点认为企业是所有者的企业，所有者是企业评价主体，其目的在于实现企业所有者的收益最大化；二是“多元主体观”，认为企业评价的主体是企业的相关利益方，包括所有者、经营者、员工、顾客、债权人、政府以及行业的监管者。“多元主体观”把企业评价工作建立在各个相关利益人对企业的充分关心上，有利于做出客观评价，形成具有可比性的评价结论；同时“多元主体观”也并不否定所有者在企业各项绩效评价中的作用，而是把企业评价工作和经营管理活动有机结合起来，充分调动各方面因素对企业的发展关心，促进企业形成长期的竞争优势，运用持续的、旺盛的生命力最终实现企业长期利益最大化的目标。整个评价活动是受评价目的指导的，评价主体的不同决定了评价目的的不同，要有针对性地开展评价活动，要想得出科学、公正的评价结论，必须得明确评价目的。

（2）评价客体。也称评价对象，就是实施评价行为的对象，包括既有联系又有区别的被评价的企业和经营者两个方面。评价客体是一个变动的范畴，任何客体都是相对于确定的主体而言的，它由评价主体依据评价的目的而决定。企业绩效评价的内容通常关系企业是否扩张、维持、重组、收缩、转向或退出；企业经营者的评价关系到其奖惩、升降等利害问题，也包括反映企业经营状况的盈利能力、资产经营水平、偿债能力、发展能力和综合竞争能力等。因此，必须清楚地认识到评价客体的重要性，因为评价结果会对评价对象会产生深远影响。

（3）评价指标。是指对评价客体的哪些方面进行评价，是根据评价目标和主体的需要而确定的，反映评价对象特征的因素。企业评价客体可以说是多方面的，而对其所有特征都进行评价是难以做到的。所以，就需要选择关键因素来对评价对象进行分析评价。所确定的关键因素即为评价系统的指标。评价指标按照不同的分类方法分为：定量指标和定性指标；财务指标和非财务指标；短期指标和长期指标；前置指标和滞后指标。

指标是实施企业绩效评价的基础和客观依据，因此，确定评价指标是企业绩效评价系统设计的重要问题。在进行评价指标研究时，要注意对企业评价和对管理者的评价二者之间的区分，根据不同的评价主体设计不同的指标体系。

（4）评价标准。这是分析评判评价客体绩效优劣的基准，企业绩效评价标准，是判断企业效绩、价值的标尺。在企业绩效评价过程中，作为评价基准的标准的选择取决于评价目标，常用的有预算标准、行业标准和历史标准等。一般根据数理统计方法，经测试和调整后确定评价标准。评价标准也会随着社会的不断进步，经济的不断发展以及外部条件的变化而发生变化，虽然评价标准是相对的、发展的、变化的，但是在特定的时间和范围内，评价标准应具有相对的稳定性。

（5）评价方法。这是获取企业绩效评价信息的有效手段，在确定了评价指标与标准的同时，还需要选取科学的评价方法，从而运用评价指标和评价标准取得科学、准确、公正的评价结果。目前国内外有多种综合评价方法，主要有功效系数法、专家评价法、经济分析法、层次分析法、综合指数法、主成分法、因子分析法、模糊综合评判法等。

上述五个要素共同保证了绩效评价体系的完整性，它们相互之间既联系又制约，不同评价主体决定着评价目的的不同，不同的评价目的又决定了不同的评价客体、指标和标准的选择。

3. 绩效评价的方法

当前国内企业绩效评价力法的研究已逐渐演化为两个分支，基本与国际同步：一部分学者推广 EVA、平衡计分卡、360 度反馈评价方法等理论，将国外成熟理论本土化。同时以杜胜利、孟建民、张涛、文新三等人为代表，也力图结合中国国情构建中国特色的企业绩效评价体系。另一部分学者注重运用各类数理统计分析方法，研究企业各个要素对企业整体绩效的影响，通过数理统计方法对企业绩效进行综合评价，寻找各个要素与企业整体绩效的关系，以此来分析提高企业整体绩效的方法和途径。常用的企业绩效评价方法主要有层次分析法、模糊综合评价、主成分分析法、数据包络分析法。

（1）层次分析法（Analytic Hierarchy Process，AHP）。是由美国匹兹堡大学教授 Saaty 在 20 世纪 70 年代中期提出的一种定性与定量相结合的决策分析方法，具有较广泛的决策问题分析实用性。AHP 方法可以提供层次思维框架，通过对比进行标度增加判断的客观性，结合定性判断与定量推断，便于整理思路，做到结构严谨且思路清晰，增强科学性和实用性。因此该方法应用广泛，但在处理许多大规模、复杂的指标体系上同样也有很多不足之处，容易因为标度工作量太大，引起标度专家反感和判断混乱；不能充分利用已有定量信息，对于既有定性指标也有定量指标的问题（这种问题更普遍）讨论得不够。而往往在企业绩效指标体系中，有大量的定量指标。

（2）模糊综合评价法（Fazzy Comprehensive Evaluation Method）。20 世纪 60 年代由 Zadeh LA 首先提出，该方法是借助模糊数学的一些概念，将边界不清、不易定量的因素定量化，对实际问题进行综合评价的方法。模糊数学理论可以通过精确的数学方法来描述模糊性的现象。目前已经广泛地应用于设计方案、企业的经济效益的评定等各个领域。模糊评价通过精确的数字手段对蕴藏信息呈现模糊性的资料做出科学、合理的量化评价；评价结果包含了丰富的信息。但当指标集较大其计算就复杂，对指标权重向量的确定主观性较强，也容易出现超模糊现象，导致分辨率很差，无法区分谁的隶属度更高，甚至造成评判失败的现象。

（3）主成分分析法（Principal Components Analysis，PCA）。这是一种基于客观信息，通过对指标体系内在结构关系的研究，把多个指标转化为包含原指标系统绝大部分信息（80%或更高）以上的少数几个互不相关的综合指标（主成分）来评价事物的一种综合评价方法。它克服了主观因素对指标权重选择上的影响，有效避免了因为人为因素造成的偏差，有助于样本间的客观现实关系的反映。但主成分分析法需要大量历史数据或调查数据作支持，对于涉及众多因素的企业绩效评价来说，要对大量运作数据进行标准化处理是相当繁杂和困难的。

（4）数据包络分析法（Data Envelopment Analysis，DEA）。是著名运筹学家 Ehames、Cooper 和 Rhodes 等人以相对效率概念为基础，用于评价具有相同类型的多输入、多输出的决策单元是否为技术有效而提出的一种非参数统计方法，用来评价效率的一种方法，其基本思路是把每个被评价单位看作一个决策单元（Decision Making Units，DMU），众多的决策单元再构成被评价群体，以 DMU 的各个投入和产出指标的权重为变量进行评价运算，通过综合分析决策单位投入和产出比率，依据得出的每个 DMU 的综合数量指标将其定级排队，确定 DMU 的有效性（即相对效率最高的），并指出非有效 DMU 的影响因素和程度，提供管理决策的依据给主管部门。同时判断各 DMU 的投入规模效率，并给出其调整投入的规模应扩大还是缩小，改变多少是为好的正确方向和程度。由于 DEA 方法被推广到了多输入多输出的同类决策单元的相对评价的概念中，避免了预先估计参数和主观因素的影响，在简化运算、减少误差等方面使得其表现出不可低估的优越性，已成为管理科学、评价技术、系统工程和决策分析领域中的一种常用分析工具和重要的研究手段。

DEA 方法能一次综合系统地测量多项评估指标的投入和产出；评估过程可以避免运用其他方法时难以克服的主观随意性，以精确的数据为基础，为评估及其结果的客观可信提供保障；作为一种评估结果可以比较同行业各企业之间绩效的相对有效性，提供可靠的依据给评估对象，帮助其改进工作、调整决策、实现资源配置最优化；DEA 综合模型避免了加权、排序等外界人为因素的影响。由于 DEA 具有以上特点，使得其特别适用于具有多输入多输出的复杂系统。

4. 山西煤炭资源整合企业绩效评价方法的确定

综合分析各种评价方法，其他方法几乎仅限于单输出的情况。相比之下，DEA 方法在处理多输入，特别是多输出问题方面是具有绝对优势的。DEA 方法不仅能对企业效率进行评价，还能辨别出无效率的程度和原因；不需要对反应投入、产出的数据单位（如货币单位、员工人数、交易次数）进行标准化，同时 DEA 方法应用线性规划的思想，不仅可以判断决策单元对应的点是否处于有效生产前沿面上，还可以识别出有投入及产出效率的决策单元，这可以用来制定目标单元绩效标杆，同时又可为决策层获得许多有用的管理信息来提供增加效率的最佳途径。

作为一种客观的多指标决策方法，DEA 方法不需要预先给出各指标的权重系数或通过人为做出一些判断来决定权重系数，因此使主观因素的影响减少了，更易得出反应被决策单元所处的实际状态的评价结果。经过综合对比分析，本章选取 DEA 方法对山西煤炭资源整合过程中的企业绩效进行评价研究。

（三）数据包络分析法（DEA）

1. DEA 应用领域

DEA 方法自 1978 年被提出以来，吸引了众多的学者对其进行研究，对 DEA 的模型进行了拓展，提出了建立新的指标体系的建议和方案，进一步拓宽 DEA 的应用领域等一系列成果，这些改进都极大地丰富和完善了 DEA 理论。发展到现在拥有几十种 DEA 评价模型评价不同产业领域。目前，国内学者相继提出了全局 DEA 模型，随机 DEA 模型，成分 DEA 模型，与模糊数学相结合的模糊 DEA 方法，评价相对效率的输入/输出型 DEA，综合 DEA 模型等一系列 DEA 模型，并且还在不断完善和发展中。主要应用于评估企业技术进步、城市经济状况、电力工业发展效率、资源配置问题、金融机构效率、矿产资源开发利用、公共事业管理和系统预测预警等领域。

通过对 DEA 方法在企业绩效评价领域的应用文献的阅读，DEA 的应用过程中应注意以下问题：

（1）当样本数量过多时，不能利用 DEA 独特的投影分析，给出企业绩效改进的方向，只能验证一些指标与绩效的相关性或者作为样本群体特征的技术有效状态，此时便会有使结果的有效性受样本影响的风险。

（2）小样本的研究能够更加突出 DEA 深度挖掘样本信息的能力，而大部分指标选取过程中没有进行相关性分析，以对其财务指标进行进一步筛选，从而影响结果的有效性。

（3）目前国内外的研究大部分以行业为主，主要原因是便于指标的同质选取，实际上，只要评价指标没有过多的行业特征，多采用财务比率指标，是可以对跨行业样本进行同样有效的绩效评价与分析的。

因此，可见 DEA 方法适合小样本的深入研究，而且指标的选取需要结合样本特征，与其他方法相比，从研究范围到研究内容上，都有其独特的优势。

2. DEA 模型

定义 6.1：DEA 模型假设有 n 个决策单元（简称 DMU），每个 DMU 都有 m 种类型输入来表示“资源”的耗费量，有 s 种类型输出来表示“资源”消耗后的“成效”的信息量。可以将 n 个 DMU 对应的输入数据和输出数据表示为下面的矩阵：

$$
\begin{array}{ccccccccc}
 & DMU_1 & DMU_2 & \cdots & DMU_j & \cdots & DMU_n & & \\
v_1 \longrightarrow & x_{11} & x_{12} & \cdots & x_{1j} & \cdots & x_{1n} & & \\
v_2 \longrightarrow & x_{21} & x_{22} & \cdots & x_{2j} & \cdots & x_{2n} & & \\
 & \vdots & \vdots & & \vdots & & \vdots & & \\
v_i \longrightarrow & x_{i1} & x_{i2} & \cdots & x_{ij} & \cdots & x_{in} & & \\
 & \vdots & \vdots & & \vdots & & \vdots & & \\
v_m \longrightarrow & x_{m1} & x_{m2} & \cdots & x_{mj} & \cdots & x_{mn} & & \\
 & y_{11} & y_{12} & \cdots & y_{1j} & \cdots & y_{1n} & \longrightarrow & u_1 \\
 & y_{21} & y_{22} & \cdots & y_{2j} & \cdots & y_{2n} & \longrightarrow & u_2 \\
 & \vdots & \vdots & & \vdots & & \vdots & & \\
 & y_{r1} & y_{r2} & \cdots & y_{rj} & \cdots & y_{rn} & \longrightarrow & u_r \\
 & \vdots & \vdots & & \vdots & & \vdots & & \\
 & y_{s1} & y_{s2} & \cdots & y_{sj} & \cdots & y_{sn} & \longrightarrow & u_s
\end{array}
$$

图 6-1　DEA 输入/输出数据示意

其中：

x_{ij}：第 i 种类型输入的第 j 个决策单元的投入总量，$x_{ij}>0$；

y_{rj}：第 r 种类型输出的第 j 个决策单元的产出总量，$y_{rj}>0$；

v_i：第 i 种类型输入的权；

u_r：第 r 种类型输出的权；（$i=1, 2, \cdots, m$；$r=1, 2, \cdots, s$；$j=1, 2, \cdots, n$）。

已知数据 x_{ij} 及 y_{rj} 可以根据历史资料或预测的数据得到，变量 v_i 和 u_r 对应的权系数向量为 $v=(v_1, v_2, \cdots, v_m)^T$，$u=(u_1, u_2, \cdots, u_s)^T$。

定义第 j 个决策单元的效率为：

$$h_j=\frac{\sum_{r=1}^{s}u_r y_{rj}}{\sum_{i=1}^{m}u_i x_{ij}}, \ j=1, 2, \cdots, n$$

定义 6.2：称集合：$T=\{(x, y) \mathrm{I}$ 产出 y 能用输入 x 生产出来$\}$ 为所有可能的生产活动构成生产可能集。

另外，通常称由 (x_j, y_j)，$j=1, 2, \cdots, n$ 组成的集合 $\tilde{T}=\{(x_1, y_1), (x_2, y_2), \cdots, (x_n, y_n)\}$ 为参考集。

根据实际情况和具体的研究环境，一般假设生产可能性集满足以下公理：

（1）凸性：对任意的 $(x, y)\in T$ 和 $(x', y')\in T$，以及 $\mu\in[0, 1]$ 都有

$\mu(x, y)+(1-\mu)(x', y')\in T$

即如果分别以 x 和 x' 的 μ 和 $1-\mu$ 倍之和作为新的输入，则可得到原产出相同比例之和的新的产出。满足凸性表明 T 是一个凸集。

（2）锥性：若 $(x, y)\in T$ 且 $k\geqslant 0$，则 $k(x, y)=(kx, ky)\in T$。

这表明，如果以原输入的 k 倍作为新的输入，则也可能得到产出是原产值的 k 倍。

（3）无效性：若 $(x, y)\in T$，若 $x'\geqslant x$，则 $(x', y)\in T$；若 $y'\leqslant y$，则 $(x, y')\in T$。

经过 Charnes－Cooper 变换处理后，可得 DEA 的 C^2R 与 BC^2 模型。

3. C^2R 模型的理论分析

假设有 n 个 DMU_j（$1\leqslant j\leqslant n$），DMU_j 的输入/输出向量分别为：

$x_j=(x_{1j}, x_{2j}, \cdots, x_{mj})^T>0, \ j=1, 2, \cdots, n$

$y_j=(y_{1j}, y_{2j}, \cdots, y_{mj})^T>0, \ j=1, 2, \cdots, n$

在生产经营过程中，企业的各种输入和输出的地位是不同的，每种输入对输出的贡献程度不一样，需要给出各自的权重及输入和输出向量的权向量，才可以

对其绩效进行评价，因此设 x_j，y_j 的权向量分别为 v_j，u_j（$1 \leqslant j \leqslant n$）

$v = (v_1, v_2, \cdots, v_m)^T$

$u = (u_1, u_2, \cdots, u_s)^T$

DEA 方法的理念是先不给定其权向量，而是把它们看成是变向量，把输入和输出进行综合，看成一个总体输入和总体输出的过程。根据定义 6.1 有：

$$h_j = \frac{u^T y_j}{v^T x_j} = \frac{\sum_{k=1}^{s} u_k y_{kj}}{\sum_{t=1}^{m} v_t x_{tj}}, j = 1,2,\cdots,n \quad (6-1)$$

式中：h_j 为第 j 个决策单元的效率评价指数。从该式可知，总有适当的 u 和 v 可以使 $h_j \leqslant 1$。简单地说，h_j 越大，则表明与其对应的 DMU_j 能够以较少的输入（$\sum_{t=1}^{m} v_t x_{tj}$）获得较多的输出（$\sum_{k=1}^{s} u_k y_{kj}$），因此，如果我们要考察 DMU_j 在所有的 DMU 单元中是否为最优，就要知道在不同的 u，v 值下，h_j 的最大值，于是，可以建立 C^2R 模型如下：

$$(\bar{P})\begin{cases} \max \dfrac{\sum_{k=1}^{s} u_k y_{kj0}}{\sum_{t=1}^{m} v_t x_{tj0}} = V_{\bar{P}} \\ s.t. = \dfrac{\sum_{k=1}^{s} u_k y_{kj}}{\sum_{t=1}^{m} v_t x_{tj}} \leqslant 1, j = 1,2,\cdots,n \\ u_k \geqslant 0, k = 1,2,\cdots,s \\ v_t \geqslant 0, t = 1,2,\cdots,m \end{cases} \quad (6-2)$$

式（6-2）为一个分式的规划模型，通过 Charnes - Cooper 变化，设 $t = \frac{1}{v^T x_0}$，$w = tv$，$u = tu$，由 $t = \frac{1}{v^T x_0} \Rightarrow \omega^T x_0 = 1$ 则可将（$\bar{P}$）转化为下列线性规划模型：

$$(P)\begin{cases} \max \mu^T y_0 = \bar{V}_P \\ s.t.\ \omega^T x_j - \mu^T y_j \geqslant 0,\ j = 1, 2, \cdots, n \\ \omega^T x_0 = 1,\ \omega \geqslant 0,\ \mu \geqslant 0 \end{cases} \quad (6-3)$$

通过线性规划的最优解定义决策单元 j_0 的有效性，从模型（P）可以看出，决策单元 j_0 的有效性是相对其他所有决策单元而言的。可以用规划（P）表达 C^2R 模型，而建立对偶模型，则更有利于从理论和经济意义上进行深入的分析。

线性规划（P）的对偶形式为：

$$(\bar{D})\begin{cases}\min(\lambda'_1,\cdots,\lambda'_n,\theta)E^T = V_D \\ s.t.\ \sum_{j=1}^{n}\lambda'_j x_j + \theta x_0 \geqslant 0 \\ -\sum_{j=1}^{n}\lambda'_j y_j \geqslant y_0 \\ \lambda'_j \leqslant 0,\theta\text{ 无符合限制}\end{cases} \tag{6-4}$$

引入新变量 $s^+, s \geqslant 0$，同时令 $-\lambda'_j = \lambda_j$ 可将 $\bar{D}$ 式表示为：

$$(D) = \begin{cases}\min\theta \\ s.t.\ \sum_{j=1}^{n}\lambda_j y_j + s^- = \theta x_0 \\ \sum_{j=1}^{n}\lambda_j y_j - s^+ = y_0 \\ \lambda_j \geqslant 0, j = 1,\cdots,n \\ s^+ \geqslant 0 \\ s^- \geqslant 0\end{cases} \tag{6-5}$$

s^+ 与 s^- 是松弛变量，式（6－5）的经济学含义是：各个有效点 λ_j 被联结起来，形成有效的前沿面。非零的松弛变量即过剩量 s^+（表示产出变量的差额）或不足量 s^-（表示投入变量的差额）使得有效面可以沿着水平或者垂直的方向延伸，从而形成“最小凸面”也称“有效前沿面”，θ 则表示 DMU 距离包络面的投影。

定理 6.1：规划（P）和（D）均存在可行解，故都存在最优值 $V_D = V_P \leqslant 1$。

定义 6.3：若线性规划（P）的解 ω^*，μ^*，满足 $V_P = \mu^{*T}y_0 = 1^*$ 则称 DMU_{j0} 为弱 DEA（C^2R）有效的。

定理 6.2：

1）DMU_{i0} 为弱 DEA 有效的充分必要条件是规划（D）的最优值 $V_D = 1$。

2）DMU_{i0} 为整体有效 DEA 有效的充分必要条件是规划（D）的最优值 $V_D = 1$，并且其每个最优解 λ^*，s^{*-}，s^{*+}，θ^*，都有 $s^{*-} = 0$，$s^{*+} = 0$。

设某生产活动的输入量和输出量分别为 $X \in E^m$ 和 $Y \in E^s$，其中：

$X =$（x_1，x_2，…，x_n）^{T}，$Y =$（y_1，y_2，…，y_n）^{T}

生产可能集 T 是由输入量 X 和输出量 Y 所构成的向量对（X，Y）所组成，生产可能集（这里约定 $X \geqslant 0$，$Y \geqslant 0$）为式（6－6）：

$T = \{(X, Y) \mid$ 投入为 $X \in Em$ 时，可能产出 $Y \in E^s\}$ （6－6）

设生产函数为 $y = f(x)$，$x \in E$，$x \geqslant 0$ 表示生产要素的输入量 x 与总输出量 y

之间的一种技术关系。这种技术关系是指在当前的生产和管理水平条件下，当生产处于最佳的理想状态时，输入量为 x 所能实现的最大输出量是 y。这种输入 x 与输出 y 之间的函数关系可以表示为 $y=f(x)$，曲线上的点 $(x, f(x))$ 对应的都处于“技术有效”的状态。

图 6－2 给出了一种简化的生产函数 $y=f(x)$ 的曲线，其中 $y=f(x)$ 的二阶导数满足函数式（6－7）：

$$f''(x)\begin{cases} >0, & x\in[0, x^*) \\ <0, & x\in[x^*, +\infty) \end{cases} \tag{6-7}$$

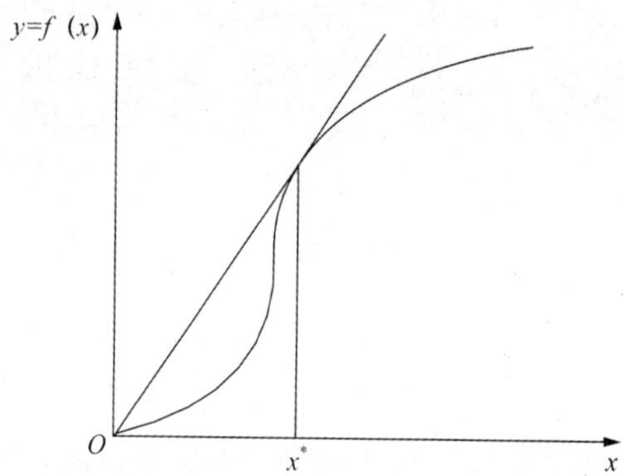

图 6－2 简化的生产函数 $y=f(x)$ 曲线

$f''(x)=(f'(x))'$是边际产量 $f'(x)$ 的变化率，当 $x\in[0, x^*)$ 时，即每当增加一个单位的输入量，总产量和其增加的速度都是增加的，这就表明生产处于“规模收益递增”状态；当 $x\in[x^*, +\infty)$ 时，$f''(x)<0$ 即表示每增加一个单位输入量，虽然总产量是增加，但是增加的速度是逐渐下降的，这就是生产处于“规模收益递减”的状态；“规模有效”则是指当输入规模为 x^* 时，生产处于最佳的规模状态。

在 C^2R 模型中，θ 是该决策单元的有效值（表示投入相对于产出的有效利用程度），该模型的经济含义为：

（1）当 $\theta=1$，且 $S^-=0$ 或 $S^+=0$ 时，DMU_j 为整体有效的 DEA。说明了决策单元无法在不减少产出的情况下，等比例地减少各种消耗，也不能只减少某一种消耗或增加某一种产出，对比其他非 DEA 有效和弱 DEA 有效的决策单元，运作的绩效是最好的，输入和输出比例达到最优，规模也达到最佳状态，这时 DMU_j 表现为既为技术有效又为规模有效。

（2）当 $\theta=1$，且 $S^-\neq0$ 或 $S^+\neq0$ 时，DMU_j 为弱 DEA 有效，表明决策单元

在不减少产出的情况下，等比例地减少各种消耗是不可能的，但可以通过减少决策单元的某项消耗 S^- 仍可保持原产出不变，或在消耗资源不变的情况下提高某项输出 S^+。

(3) 当 $\theta<1$ 时，称 DMU_j 为非 DEA 有效，说明在不减少决策单元输出的情况下，可以等比例地减少各种输入，或者在不增加决策单元消耗的同时，使得各种产出等比例地增加。但是，决策单元仍然有可能还在生产可能集上，即可能为技术有效，不过这时候的决策单元一定不是规模有效的。

C^2R 模型可以得出是技术效率（简称 TE），它衡量没有技术创新的技术稳定使用过程中，生产者能够获得的最大产出能力，反映生产者的生产活动接近其生产边界最大产出的程度，即表示了生产者利用现有技术的有效程度。其由固定规模报酬下的模型所求得。若技术效率值为 TE<1，则需要以 1-TE 的比例，将要素投入量予以递减。其经济含义是当第 j 家企业的产出水平保持不变（投入导向）时，如以样本中最佳表现的企业（处于效率前沿面上的单元即参考集合）为标准，实际所需要的投入比例。1-TE 就是第 j 企业多投入的比例，也就是可以减少投入的最大比例。

4. BC^2 模型简介

BC^2 模型是将 C^2R 改进后得到的，在 C^2R 模型中，$\lambda_j\geqslant0$ 是满足规模报酬不变的条件的，这一假设隐含着小企业等比例的扩大产出规模只要通过增加投入就可以达到，也就是说企业规模的大小受其效率的影响。但是，这一假设是非常严格的，在现实的经济活动中，不完全竞争、经济环境乃至政策限制都可能使企业不可能在理想的规模下运行，对于山西的煤炭企业则更是如此。因此，无效率的生产因素有可能是由于规模效率递减的因素，而并不是生产技术的低效率；假设规模报酬不变与实际差距较大，并导致当被考察企业不是全部处于最佳规模时，技术效率和规模效率就混在一起。为解决这个问题，Banker、Charnes 和 Cooper（1984）加入限制条件 $\sum\lambda_j=1$ 以满足规模效率可变的假设，提出了 BC^2 模型，在 C^2R 条件下求解线性规划问题，使得计算技术效率时可以去除规模效率的影响，由此得到的效率就是纯技术效率（Pure Technical Efficiency，PTE），表示任一企业在同一规模的最大产出下，最小的要素投入成本，衡量在投入导向下企业的技术无效率有多少是由纯技术无效率所造成的。

5. 规模效益分析

企业的规模效率（Scale Efficiency，SE）就是技术效率 TE 与纯技术效率 PTE 的比值，表示任何一个企业在最大产出情况下，技术效率生产边界的输入量与最适合规模下输入量的比值，即由固定规模报酬下的技术效率值除以变动规模报酬下的纯技术效率值所得到的效率值 $SE_j=\dfrac{TE_j}{PTE_j}$，可以由此分析在输入导向下，企业最适合的生产规模状态，如果处于规模报酬递减，则应减少要素的输入，减少生产规模；反之，如果处于规模报酬递增的情况，就应根据需要增加要素的输入，扩大生产规模。依此，可以得出判断规模效益的依据：

（1）若 $SE_j = 1$，则 DMU 的规模收益不变。

（2）若 $SE_j < 1$,则 $\sum \lambda_j < 1$，DMU 的规模收益递增。

（3）若 $SE_j > 1$,则 $\sum \lambda_j > 1$，DMU 的规模收益递减。

这里的 $\sum \lambda_j$ 为 C^2R 模型下，决策单元 j 输入输出指标所对应的权重，该方法建立在基于输入的 DEA 模型上。

6. 投影分析

投影分析又称差额变量分析，借助投影分析我们可以找出非 DEA 有效单元与 DEA 有效单元的差距以及在输入端的调整方向。这种分析方法为绩效的评价增加了建设性的意义。

（1）差额变量（松弛变量 Slacks）。可以看出，图 6－3 中有两个 DEA 有效的决策单元 A、B 以及两个 DEA 无效的决策单元 C、D，而且，由技术有效的定义可以知道（Farrell（1957）衡量技术效率）DMU_C 和 DMU_D 的效率分别为 OC′ | OC 以及 OD′ | OD。由图 6－3 可以看出，虽然 C′被视为有效率的企业，但是 C′的投入项 X_2 减少 C′A 时，仍可以达到相同产出（C 点仍在最小凸包上），我们称这种情况为投入差额（Input Slack），相应的，从产出面看，则称为产出差额（Output Slack）。值得注意的是，投入差额 C′A 与无效率差额 CC′是不同的概念，为予以区别，我们称 CC′为投入过剩，二者之和即为投入过多，在产出面则称未达效率边界部分为产出不足，达到效率边界后可再裁减部分称为产出差额。

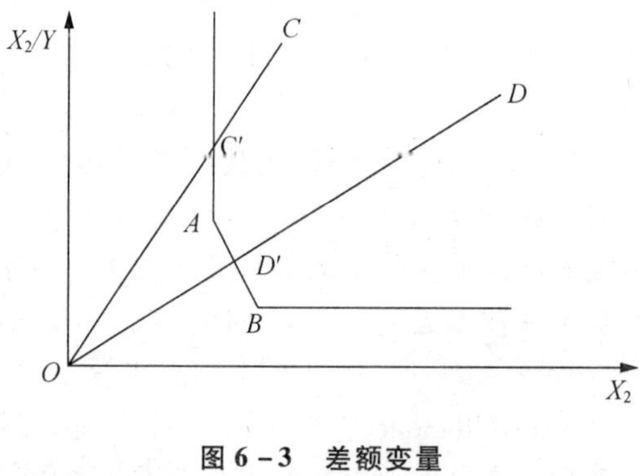

图 6－3　差额变量

（2）差额变量或（松弛变量 Slacks）的求解。由 C^2R 和 BC^2 模型的最优解可知：

$S^+ = -y_j + Y\lambda$

$S^- = \theta^* - X\lambda$

S^+、S^-分别是 $S\times1$ 维产出差额变量向量和 $M\times1$ 维投入差额变量向量，因此 BC^2 模型可进一步演变为如下模式：

$$\begin{cases} \min[\theta-\varepsilon(S^TS_j^+)+M^TS_j^-] \\ s.t.\ -y_j+Y\lambda-S_j^+=0 \\ \theta x_j-X\lambda-S_j^-=0 \\ \sum\lambda_j=1 \\ \lambda\geqslant0,S_j^+\geqslant0,S_j^-\geqslant0,j=1,2,\cdots,n \end{cases}$$

其中，ε 为阿基米德无穷小量，可取为正的无穷小，一般取 10^{-8}，如果将 $\sum\lambda_j=1$ 除去，也可得到 C^2R 条件下的模型。

除了给出 DMU 的技术效率，即只有当 $\theta=1$ 且 $s^+=0$，$s^-=0$ 时，该 DMU 有效，否则就表示该 DMU 相对于其他单元是无效的，当然是在规模不变的假设下，此外，根据投影分析，可将该 DMU 的投入与产出量调整为：

$X^*=\theta^*X_{jk}-s_j^{-*}$

$Y^*=Y_{jk}-s_j^{+*}$ （*表示最佳值）

该式说明，投入做出多少减少，产出做出多少增加，DMU 才可以回到有限有效前沿面上来，成为有效的决策单元。因此，C^2R 还可以给出评价单元输入输出量改进的方向，现实应用中，这被称为投影分析。

三、山西煤炭资源整合过程中的企业绩效评价指标体系设计

（一）山西煤炭资源整合企业绩效影响因素分析

在山西省煤炭资源整合的大背景下，山西煤炭企业的绩效受到的影响因素主要包括经济环境、政治法律环境、自然环境、科技环境、煤炭企业的自身条件等几个方面。

1. 经济环境分析

宏观经济环境是影响煤炭企业绩效的主要环境因素，它主要包括三个方面的因素：耗煤企业方面的因素，主要包括耗煤企业的产量及增长速度等因素；整个社会的产业结构、经济增长率；政府的宏观调控因素，包括货币供应量、银行利率、政府支出等。下面分别对其进行分析：

（1）耗煤企业因素。煤炭行业的主要消费者是耗煤企业，耗煤企业的需煤量是

构成煤炭企业市场的重要因素，因为煤炭行业市场规模的大小，归根结底取决于耗煤企业需煤量的多少，而耗煤企业的煤炭需求量取决于它们自身的发展速度及消费者需求。最典型的耗煤产业主要包括电力行业、冶金行业、化工和建材行业。

（2）社会的经济增长率因素。整个社会经济的增长率对煤炭企业绩效的影响是通过最终消费来影响的，煤炭企业的绩效和社会经济增长率之间的关系是相互影响的关系，从一定程度来讲煤炭企业的绩效与整个社会经济的增长具有正相关性。

（3）政府的宏观经济调控因素。指政府运用相关的经济政策和计划，通过对经济利益的调整来影响和调节经济活动。政府宏观经济调控的主要方法包括：财政政策和货币政策的调整；制定和实施相应的经济发展规划以及计划等用以对经济活动进行一定的引导，是一种间接手段，也是主要的手段，会对煤炭企业产生重要的影响。

2. 政治法律环境分析

政治法律环境也是影响煤炭企业绩效的重要宏观环境因素之一，包括政治环境和法律环境。政治环境引导着煤炭企业经营活动的方向，法律环境则为煤炭企业规定了经营活动的行为准则，当前影响中国煤炭企业经营行为的法律主要有《煤炭经营监管法》和《煤炭法》等。政治和法律二者相互联系，共同对煤炭企业的经营活动产生影响和发挥作用。具体分析如下：

（1）政治环境影响分析。政治环境是指煤炭企业经营活动所面临的外部政治形势。具体包括一个国家的政局稳定情况以及国家制定的政策方针。稳定的政局是煤炭企业顺利经营的先决条件，煤炭企业在经营的过程中特别是在外贸活动中一定要特别关注贸易伙伴国的政治环境条件。此外，政府的政策对煤炭企业的影响也是不言而喻的。

当前，山西省煤炭企业面临的政策环境就是煤炭资源整合，因为煤炭产业的“暴利”使得小煤矿退出煤炭行业难以实现，小煤矿发展所带来的问题也愈发严峻，其产生的社会影响日益增强，影响到了山西地方政治的稳定，因而政府引导的煤炭资源整合就势在必行。山西煤炭企业要想不断提高自己的经营绩效就必须顺应资源整合的宏观政策，在政府的引导下进行生产和经营。

（2）法律环境分析。煤炭企业所面临的法律环境是指企业所在国家或者地方政府所颁布的各项法规、法令和条例等，它是煤炭企业经营活动的准则，煤炭企业在经营过程中必须依法进行各种经营活动，并构建健全的法律风险方法机制，才能受到所在国法律的有效保护，保证自身的健康发展。煤炭行业是一个高风险的行业，煤炭企业所面临的法律环境是比较复杂的，具体而言有以下几种：

1）合同法。煤炭企业在合同订立、生效、履行、变更和转让、终止及违约责任的确定过程中，必须遵守相关的合同法的规定，并且要注意防范合同风险的发生，尽可能使自身利益受损的可能性降到最低。在合同订立过程中应严格审查合同内容以及合同主体的合法性，并应依法履行必要的登记和公证手续。此外，还应注意合同文本的格式应合规范要求。

2）资源整合法。资源整合是山西煤炭行业所面临的必然趋势，资源整合法也是山西煤炭企业在进行资源整合所需要也必须遵守的法律。当前山西煤炭企业的整体情况主要表现为小煤矿数量众多，产业集中度低；产业技术水平低；煤矿安全生产形势严峻；资源环境破坏严重；煤炭及相关产业发展不平衡等，在这种情况下进行资源整合的形式主要是规模较大、经济技术实力较雄厚的煤炭企业对小煤炭企业的兼并和收购。资源整合法为进行资源整合的煤炭企业提供了整合过程中的法律依据。

3）人力资源管理法。煤炭企业属于劳动密集型企业，人力资源管理法是其在生产经营过程中所必须熟知的法律。首先，煤炭企业在聘用与解雇煤矿工人的过程中应遵循相关的法律，避免产生争议；其次，在员工的教育培训及工资福利方面也应该遵守劳动法的相关规定，把员工教育培训作为一项重要的内容，且应该给员工最基本的生活保障及福利。

4）安全生产法。中国煤炭企业在经营过程中必须严格遵守国家颁布和实施的《煤炭法》和《安全生产法》等一系列法律法规，这些法律不仅督促煤炭企业要加强管理，在安全的环境中进行生产，提高煤炭企业的绩效，还为煤炭企业的矿工提供了一种法律保障，使其在遭遇人身安全危险时能够依法保护自己的权益。

3. 自然环境分析

任何企业都处于一定的自然和社会环境中，煤炭企业也不例外，处在特定社会和资源环境下的企业经营活动的绩效必然会受到其所在社会及自然环境的影响和制约，而煤炭企业属于资源型的企业，因此，其所在自然环境也是煤炭企业绩效影响因素分析的一个重要方面。

煤炭企业所面临的自然环境是指自然界能够为其提供的各种形式的物质资料，最重要的两种自然资源就是煤炭和土地。随着人类社会的进步和科学技术日新月异的发展，世界各国都加速了工业化进程，长期以来的发展虽然为人类社会创造了丰富的物质财富，满足了人们日益增长的物质需求，但是这些发展有很多是以对自然环境破坏作为代价的，全球所面临的资源短缺以及环境污染等问题就是工业发展的恶果。世界各国关注经济发展对自然环境的影响始于 20 世纪 60 年代，许多世界环境保护组织的成立以及国家政府有关加强环境保护的立法也是从那时开始的。煤炭企业的经营管理者，应该从整体上关注并分析自然环境变化的趋势，并能从中分析出煤炭企业经营所面临的机会和威胁，并根据分析结果制定相应的对策。

当前山西煤炭企业所面临的自然环境可以从如下几个主要方面进行说明：

（1）煤炭资源日益短缺。相比于其他地区而言，山西省煤炭资源的特点储量相对大，目前已探明的煤炭保有储量约有2660.46亿吨，煤质相对较好，基础设施完善，便于外运，这使得山西省煤炭资源的开采速度过快，由于大部分煤炭企业的经营模式属于粗放式经营，且没有足够的技术，使得山西省的煤炭资源在高强度、粗放式与带有掠夺性的开采中正加速走向衰竭，同时优质煤种的浪费与不合理开发也较为严重。

资源型地区所面临的一个重要问题就是由于资源的过度开采，而面临资源枯竭的问题，且近年来山西煤炭基本上是以焦炭、原煤等初级产品进行出售。近几年，由于国家产业政策的调整、环保政策的实施以及其他一些原因使得企业注重新技术的应用，这也使得山西煤炭资源的产、销、运呈现出明显下降的趋势。

（2）环境污染问题日趋严重。这是山西煤炭企业所面临的也是一个亟待解决的重大问题，是在过度开采和工业化后必然会出现的问题，当前，在世界范围内，由于工业化、城镇化的发展，自然环境承受了很大的压力，尤其是环境污染问题日趋严重已经严重影响到所在地区甚至是周边地区人们的身体健康和自然生态平衡。环境污染问题已引起各国政府和公众的密切关注，这对煤炭企业的发展是一种压力和约束，要求煤炭企业为治理环境污染付出一定的代价，但同时也为煤炭企业提供了新的机会，促使其研究和开发控制污染的技术不断向集约型的生产和发展方式转变。

（3）政府干预不断加强。从以上分析可知，煤炭企业面临着资源日益短缺的危机和环境污染加重的问题，这也使得中国政府不断加强环境保护的措施，颁布了一系列相关行业的环保政策法规。这就要求煤炭企业必须进行相应的污染治理投资，此类投资在一定程度上影响了煤炭企业的扩大再生产的能力，但是从对社会负责的角度看，煤炭企业应以大局为重，不断加强环保意识，在煤炭开采过程中自觉遵守相关的环保法令，担负起环境保护的社会责任。同时，煤炭企业也应根据相应的环保法律制定有效的营销策略，既要为自身对环境的损害支付必要的环境保护成本，还应在生产经营活动中不断挖掘自身的潜力，保证营销目标的实现。

4. 科技环境分析

科学技术是社会生产力中最活跃的因素，从古到今，它都在不断影响着人类社会的历史进程和社会生活的各个方面，在当前低碳经济要求的趋势下，科学技术对煤炭企业的生产经营活动的影响更是日益明显。对煤炭企业而言，科学技术的影响尤其突出，但当前山西煤炭企业的生产方式还处于比较粗放的阶段，先进科学技术的引进任重而道远。现代科学技术突飞猛进对煤炭企业的生产和经营活动影响作用主要表现在以下两个方面：

（1）提升煤炭企业的产能。煤炭行业新技术的发现和推广能够为煤炭的企业带来新的市场机会，为其带来产能的提升和技术效率的提高。

（2）促进煤炭企业安全生产。中国政府对煤炭企业的安全生产是相当重视的，随着科学技术的发展，煤炭企业的安全生产将会更有保障，这从一定程度上帮助煤炭企业控制了其安全生产的法律风险，并具有较好的社会效益，顺应了科学发展观以人为本的核心。

5. 煤炭企业的自身条件分析

（1）组织形式。与煤炭企业绩效之间具有密不可分的关系。好的组织形式能够为煤炭企业的生产管理带来极大的好处，当前，中国煤炭企业管理组织机构设置和管理模式大多数以建立统一的生产指挥系统为特点，各职能部门的职责比较明确，属于直线式的组织结构形式。

这种组织形式在发展煤炭企业的生产、完成企业的国家计划任务以及提高企业的经济效益等方面发挥了重要的作用。但是，这种组织机构也具有其相对的缺点和局限性，即不能完全适应中国经济体制改革深入发展的需要。主要表现为：经营机构薄弱，对市场需求的变化的适应能力差；机构臃肿，人浮于事，办事效率低；横向联系差，协调比较困难；熟悉生产、懂技术、懂管理、会经营的干部较少；技术与经济隔离，生产与经营脱节，使得煤炭企业的绩效提升受阻，是煤炭企业绩效的主要影响因素之一。

（2）员工素质及权益保障。员工素质在煤炭企业竞争中起着重要的作用：①随着科学技术的不断发展，煤炭企业的生产方式也发生了很大的变化，机械化、信息化程度不断增强。在这种情况下，煤炭企业要想在激烈的竞争中取胜就需要有更多能够熟练掌握新的机械操作技术的工人。②高素质的管理人才在煤炭企业绩效提高过程中也有不可估量的作用，主要表现在其能帮助煤炭企业做出正确的技术引进决策及生产流程设计的活动，大大提高煤炭企业的绩效。

在拥有了高素质员工的基础上，要想不断提高自身的绩效还需为员工提供基本的权益保障。特别是煤矿工人，从事高危井下作业，工作环境非常艰苦，且要承担较大的生命安全风险，若其基本权益得不到保障，员工就很容易将不满情绪带到工作中，导致不能专心工作，降低煤炭企业的生产效率。

（3）相关机械设备的效率及质量。在煤炭企业生产经营过程中，相关机械设备的质量及效率对煤炭企业的绩效有很大的影响。良好的机械设备是企业安全生产的重要物质条件，也是企业经济效益的最基本保障，对煤炭企业而言，机械设备的好坏，是其经济实力的体现，用好、管好煤炭企业的机械设备，使其充分发挥功能，是进一步提高企业经济效益、增强煤炭企业绩效的重要途径。可见，煤炭企业为了不断提高自身绩效不但需要高素质的员工，还需要高效率和高质量的机械设备。

（二）山西煤炭资源整合企业绩效评价指标体系构建原则

在资源整合背景下，山西煤炭企业的绩效评价应当着重考虑以下几个方面：首先，煤炭资源整合是一个动态的过程，在整合过程中，山西煤炭企业是山西煤炭资源整合的主体，整个煤炭资源整合绩效除了社会效益外，就是企业绩效的体现；其次，煤炭企业在资源整合背景下的绩效评价是一个系统的评价，要注意各要素之间的相互联系和相互作用，以及其对整个系统的影响，以达到对资源整合整体绩效的全面评价；再次，要明确企业绩效影响因素的复杂性，在选取定量指标进行评价的基础上一定要结合定性的分析方法对评价结果进行详细和系统的分析；最后，要结合 DEA 评价方法的输入和输出指标选取特征进行指标选取。综上所述，在选取山西省煤炭资源整合背景下山西煤炭企业的绩效评价指标体系时，应遵循科学性、可操作、系统性、可比性、定性与定量相结合的原则。

1. 科学性原则

科学性原则是企业绩效评价指标体系设计的一般原则，在资源整合背景下，山西省煤炭企业绩效评价指标体系的构建应遵循理论结合实际的原则，所选取的指标应能够对煤炭资源整合背景下煤炭企业绩效的现实进行客观科学的描述，能够反映山西煤炭企业的绩效现实。煤炭企业绩效的影响因素较多，特别是在资源整合的大背景下，如何根据自身特征对其进行科学客观的描述是指标体系设计的关键和难点。

2. 可操作原则

评价指标体系构建完成后最终要用于实证评价及分析，用 DEA 方法对煤炭资源整合背景下山西煤炭企业绩效进行评价，最终也是要对具有典型性的山西煤炭企业的资源整合绩效进行评价，因此所选取的指标及其数据必须容易获取，且能够得到广泛的认可，只有这样，构建的评价指标才有意义。

3. 系统性原则

山西煤炭资源整合企业绩效水平的高低是由煤炭企业自身的组织结构、设备水平以及人力资源等因素共同决定的，且同时也受到外部经济、政治及社会因素的影响，是一个各要素相互作用的共同体。对煤炭企业资源整合绩效进行评价是一个系统评价的过程，因此，在对绩效评价的指标体系进行选取的过程中必须遵循系统设计、系统评估的原则，才能做出全面、合理的评价。

4. 可比性原则

可比性原则是指所选取的指标一定要能够反映各个典型企业的共同特征，DEA 评价的最终结果是给出各企业的纯技术效率值及规模效率值排名，因此，对煤炭企业绩效评价指标体系的选取一定要能够体现出共性，使其能够进行横向的比较，且绩效评价的最终目的是为了找出各企业绩效特点并从中分析山西煤炭资源整合的效果，因此，所选取的绩效评价指标应具有可比性，不但能够反映单个企业自身的绩效特征，还应该能够与其他样本企业的总体绩效水平进行比较，从比较结果中分析其自身的竞争力。

5. 定性与定量相结合的原则

在选取可量化指标的基础上还应结合定量的分析来对山西煤炭资源整合背景下煤炭企业的绩效进行整体的评价，其中可量化指标是指所选取的指标要能够用数值进行描述，能够定量化，因为仅通过定性分析来评价煤炭资源整合背景下山西煤炭企业的绩效水平是不足以反映整个山西煤炭资源整合的效果的，只有通过定量化的指标才能够科学地度量企业的整体绩效水平，将复杂的问题直观化，使评价更有说服力和科学依据。

（三）山西煤炭资源整合企业绩效评价指标体系构建

指标体系的建立是指确定山西煤炭资源整合企业绩效评价的输入和输出指标。根据当前企业绩效评价理论及煤炭企业绩效评价指标体系构建的原则，以及所选取评价方法的可操作性，借鉴了潘世明等人对外资并购长期绩效的 DEA 评价指标的选取，并在其指标的基础上进行了一定的改善，建立了如下的指标评价体系：

1. 输入变量选择了各煤炭企业的总资产和员工的人数

因为总资产是煤炭企业生产及绩效来源的最重要的因素，且具有很强的综合性，煤炭企业总资产的数量在一定程度上表明了煤炭企业的总体实力及其能为绩效提供多少保障；员工人数则反映了煤炭企业的人力资源投入，对于煤炭企业来说人力资源投入是其成本的重要组成部分，是煤炭企业绩效投入的一个重要方面，这两个投入变量都是对煤炭企业主营业务收入具有重要贡献的。

2. 产出变量选择了各煤炭企业的利税总额和主营业务收入

因为煤炭企业的利税总额不但体现了煤炭企业追求利润最大化的动机，还包含表示煤炭企业对社会贡献的税费。主营业务收入是指煤炭企业经常性的、主要业务产生的收入，是其绩效的重要体现，它的多少反映了煤炭企业的核心能力，同时一个有竞争能力的煤炭企业必定有较强的主营业务。

煤炭企业资源绩效评价指标的设计要克服单项指标评价的片面性，强调综合性，科学地反映煤炭企业的整体实力。在指标的设计过程中，避免片面追求产值增长速度、粗放经营、盲目增加投资的指标，选择能反映经济增长的质量和效益的指标。引导企业把注意力放到提高效益和均衡发展企业整体素质等方面上。因此本章选取山西煤炭企业的总资产、员工的人数、利税总额和主营业务收入作为企业绩效评价 DEA 模型的输入和输出指标，通过分析，以期对煤炭企业的发展和政策的制定提供借鉴和指导。

四、山西煤炭资源整合企业绩效评价的实证分析

（一）山西煤炭资源整合企业绩效评价数据的搜集

一般来说，DEA 方法要求 DMU 数量为输入输出指标之和的 2 ~ 3 倍，根据分析的需要，及数据的可获得性，研究样本选择：①山西焦煤西山煤电集团有限责任公司（简称：焦煤西山煤矿公司）；②山西潞安矿业（集团）有限责任公司（简称：潞安矿业集团）；③山西阳泉煤业（集团）有限责任公司（简称：阳泉煤业集团）；④山西大同煤矿集团有限责任公司（简称：大同煤矿集团）；⑤山西晋城无烟煤矿业集团有限责任公司（简称：晋城无烟煤矿业集团）；⑥山西兰花煤炭实业集团有限公司（简称：兰花煤炭集团）；⑦山西沁新能源集团股份有限公司（原为山西沁新煤焦股份有限公司，2009 年改名）（简称：沁新能源集团）；⑧山西三元煤业股份有限公司（简称：三元煤业公司）；⑨山西汾河焦煤股份有限公司（简称：汾河焦煤公司）；⑩山西省长治经坊煤业有限公司（简称：长治经坊煤业公司）；⑪山西平阳重工机械有限责任公司（原为山西平阳机械厂，2005 年改名）（简称：平阳重工机械公司）；⑫山西省阳泉荫营煤矿（简称：阳泉荫营煤矿）；⑬山西太原东山煤矿有限责任公司（简称：太原东山煤矿公司）；⑭中煤平朔煤业有限责任公司（前身为平朔煤炭工业公司）（简称：平朔煤业公司）；⑮中煤集团山西金海洋能源集团有限公司（成立于 2009 年 8 月，前身为山西金海洋能源集团有限公司）（简称：金海洋能源公司）共 15 家煤炭企业（下文样本数据按此编号列出），样本中既有国有控股的集团，也有民营企业，其中 13 家属于中国煤炭工业协会公布的 2010 年度“中国煤炭企业 100 强”企业；山西潞安矿业（集团）有限责任公司、山西大同煤矿集团有限责任公司、山西阳泉煤业（集团）有限责任公司、山西晋城无烟煤矿业集团有限责任公司、山西兰花煤炭实业集团有限公司 5 家企业也位列 2010 全国煤炭企业产量 50 强。选取的样本综合考虑了各种因素，以期反映山西煤炭企业总体的绩效状况。

根据山西煤炭资源整合的发展过程，本章选取这 15 家煤炭企业 2004 ~ 2009 年的数据进行分析，其数据主要由历年山西省统计年鉴整理获得（见表 6 - 2）。

表 6－2　山西省 15 家煤炭企业 2004～2009 年数据

分年指标名称		15 家煤炭企业分年数据指标														
		焦煤西山煤矿公司	潞安矿业集团	阳泉煤业集团	大同煤矿集团	晋城无烟煤矿业集团	兰花煤炭集团	沁新能源集团	三元煤业公司	汾河焦煤公司	长治经坊煤业公司	平阳重工机械公司	阳泉荫营煤矿	太原东山煤矿公司	平朔煤业公司	金海洋能源公司
2009	总资产（万元）	3211370	4117980	7040390	7725541	456988	1779936	492873	366014	309504	257098	263533	178454	160174	3454326	297287
	员工年平均人数（人）	72368	48605	108154	127598	4723	21847	6572	1682	5947	2010	3231	3884	4058	8411	1153
	主营业务收入（万元）	1667332	1425226	2844216	3255161	222100	891975	489659	156869	159444	143128	144536	88885	61740	2263896	453663
	利税总额（万元）	534765	320288	512106	512911	－8757	364873	40425	131438	38922	118344	9872	24175	14464	748403	48439
2008	总资产（万元）	2808355	3864507	5043324	6385453	364076	1445497	490484	288312	137615	176946	214497	157687	99725	3154687	334767
	员工年平均人数（人）	61313	48111	83061	125646	3873	21117	7144	1523	5622	1745	3168	3835	4303	10659	935
	主营业务收入（万元）	1926331	1341986	2184146	3250037	144827	751935	429321	157510	278719	72023	113226	84241	66547	1994843	493659
	利税总额（万元）	559176	383387	364555	512927	－3991	345552	135747	114064	49614	48073	6241	15768	23513	538153	47729

续表

年份	分年指标名称	焦煤西山煤矿公司	潞安矿业集团	阳泉煤业集团	大同煤矿集团	晋城无烟煤矿业集团	兰花煤炭集团	沁新能源集团	三元煤业公司	汾河焦煤公司	长治经坊煤业公司	平阳重工机械公司	阳泉荫营煤矿	太原东山煤矿公司	平朔煤业公司	金海洋能源公司
2007	总资产（万元）	2405716	3204731	3655196	4345414	2424018	450997	276044	193746	108997	151432	196739	127097	82315	2234358	245432
	员工年平均人数（人）	63352	46088	63907	129158	19247	11208	6144	1445	5131	1620	3171	3905	4470	11177	935
	主营业务收入（万元）	1355421	877456	1783059	2409428	1072898	266049	241532	72680	158655	67737	95407	70097	51368	1501319	310850
	利税总额（万元）	226137	255786	229426	233776	110622	109639	60496	46599	56019	47356	4097	14036	13114	261553	35873
2006	总资产（万元）	2230743	2267023	2752887	3375060	3234090	738453	156742	177987	100777	84244	135200	104804	76956	2234358	184141
	员工年平均人数（人）	64115	45940	65583	156965	56461	17300	4166	1345	4845	1405	3815	3964	4486	11177	375
	主营业务收入（万元）	1160965	964325	1245681	1912929	1682097	316770	86126	63297	123263	56590	60898	57015	43237	1501319	228223
	利税总额（万元）	189300	177508	181705	207645	251115	106194	36957	43344	37220	36909	4134	9776	11077	261553	13672

续表

分年指标名称		焦煤西山煤矿公司	潞安矿业集团	阳泉煤业集团	大同煤矿集团	晋城无烟煤矿业集团	兰花煤炭集团	沁新能源集团	三元煤业公司	汾河焦煤公司	长治经坊煤业公司	平阳重工机械公司	阳泉荫营煤矿	太原东山煤矿公司	平朔煤业公司	金海洋能源公司
		15 家煤炭企业分年数据指标														
2005	总资产（万元）	2140578	1246378	2219557	2966028	2567148	525817	116002	100845	107400	80414	105126	95170	75522	1138834	118795
	员工年平均人数（人）	63538	38927	75045	152778	51000	16328	4166	1313	4313	1340	3918	3906	4406	9638	375
	主营业务收入（万元）	974528	652427	938761	1927167	1330604	265443	64803	64480	78392	48557	43539	53120	47723	838565	56739
	利税总额（万元）	176032	133162	153256	163603	222010	91523	23775	44069	12527	34536	2286	8370	10751	110985	2018
2004	总资产（万元）	1858899	980209	1126575	1619131	1773330	446519	82989	78776	74723	64608	74551	88958	58862	1099735	54408
	员工年平均人数（人）	60650	32240	30085	84513	54630	15354	3400	1272	3712	1495	3748	3923	4694	10270	359
	主营业务收入（万元）	665191	400896	202064	1135492	757189	166408	63902	40624	60331	31329	25563	40629	31307	745279	30933
	利税总额（万元）	126585	80050	24734	126647	126651	64187	37977	29457	12208	19809	258	4742	7124	33429	1701

（二）山西煤炭资源整合过程中的企业绩效评价模型构建及计算

1. 模型建立

根据以上分析，本章选择了 CCR－I 模型和 BCC－I 模型，即以投入为导向的 CCR 模型和剔除了规模效率不变假设的以投入为导向的 BCC 模型来求解线性规划问题。

（1）假定各煤炭企业分别表示的决策单元如下所示：

DMU_1——焦煤西山煤矿公司

DMU_2——潞安矿业集团

DMU_3——阳泉煤业集团

DMU_4——大同煤矿集团

DMU_5——晋城无烟煤矿集团

DMU_6——兰花煤炭集团

DMU_7——沁新能源集团

DMU_8——三元煤业公司

DMU_9——汾河焦煤公司

DMU_{10}——长治经坊煤业公司

DMU_{11}——平阳重工机械公司

DMU_{12}——阳泉荫营煤矿

DMU_{13}——太原东山煤矿公司

DMU_{14}——平朔煤业公司

DMU_{15}——金海洋能源公司

（2）假设各指标表示如下：

$x_1 = (x_{11} \quad x_{12} \quad \cdots \quad x_{115})$ 为总资产

$x_2 = (x_{21} \quad x_{22} \quad \cdots \quad x_{215})$ 为员工年平均人数

$y_1 = (y_{11} \quad y_{12} \quad \cdots \quad y_{115})$ 为主营业务收入

$y_2 = (y_{21} \quad y_{22} \quad \cdots \quad y_{215})$ 为利税总额

2. 模型求解

本章使用 DEA－Solver－LV 软件中的 CCR－I 及 BCC－I 模型对样本进行分析。在模型建立及数据的基础上可得如下结果：

（1）2009 年各煤炭企业效率的 DEA 求解情况。

1）求解结果。

2）2009 年 DEA 评价年各煤炭企业效率排名。

表 6－3 2009 年 DEA（CCR 模型）评价年各煤炭企业效率情况

序号	决策单元 DMU	效率得分	正偏差变量年末总资产合计（万元）S－（1）	正偏差变量全部从业人员年平均人数（人）S－（2）	负偏差变量主营业务收入（万元）S＋（1）	负偏差变量利税总额（万元）S＋（2）
1	焦煤西山煤矿公司	0.5163269	0	27739.062	0	0
2	潞安矿业集团	0.2914864	0	7860.1294	0	0
3	阳泉煤业集团	0.3116409	0	23147.371	0	0
4	大同煤矿集团	0.3100257	0	28644.4	0	0
5	晋城无烟煤矿业集团	0.3184832	0	939.72076	0	32471.137
6	兰花煤炭实业集团	0.5684246	0	5844.4523	0	0
7	沁新能源集团	0.6510292	0	3034.0787	0	11857.188
8	三元煤业公司	1	0	0	0	0
9	汾河焦煤公司	0.449692	0	1919.31	0	0
10	长治经坊煤业公司	1	0	0	0	0
11	平阳重工机械公司	0.3594033	0	793.89002	0	5560.4381
12	阳泉荫营煤矿	0.4567833	0	1313.6817	0	0
13	太原东山煤矿公司	0.3304582	0	1058.3541	0	0
14	平朔煤业公司	1	0	0	0	0
15	金海洋能源公司	1	0	0	0	0

表 6－4 2009 年 DEA（BCC 模型）评价年各煤炭企业效率情况

序号	决策单元 DMU	效率得分	正偏差变量年末总资产合计（万元）S－（1）	正偏差变量全部从业人员年平均人数（人）S－（2）	负偏差变量主营业务收入（万元）S＋（1）	负偏差变量利税总额（万元）S＋（2）
1	焦煤西山煤矿公司	0.7657924	0	49670.857	0	0
2	潞安矿业集团	0.4836567	0	18459.721	0	103825.75
3	阳泉煤业集团	0.8458112	0	13290.732	0	98431.834
4	大同煤矿集团	1	0	0	0	0
5	晋城无烟煤矿业集团	0.517286	0	0	57505.403	42106.901
6	兰花煤炭实业集团	0.8472814	0	13995.979	80964.901	0
7	沁新能源集团	0.7305397	0	3503.7838	0	21932.402
8	三元煤业公司	1	0	0	0	0

续表

序号	决策单元 DMU	效率得分	正偏差变量年末总资产合计（万元） S－（1）	正偏差变量全部从业人员年平均人数（人） S－（2）	负偏差变量主营业务收入（万元） S＋（1）	负偏差变量利税总额（万元） S＋（2）
9	汾河焦煤公司	0.6644765	0	856.40693	0	0
10	长治经坊煤业公司	1	0	0	0	0
11	平阳重工机械公司	0.8453839	0	0	96175.614	20106.28
12	阳泉荫营煤矿	0.9799319	0	59.052429	0	0
13	太原东山煤矿公司	1	0	0	0	0
14	平朔煤业公司	1	0	0	0	0
15	金海洋能源公司	1	0	0	0	0

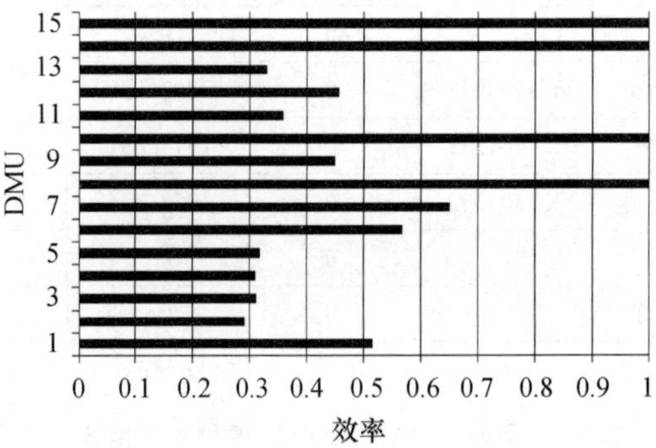

图 6－4 2009 年 DEA（CCR 模型）

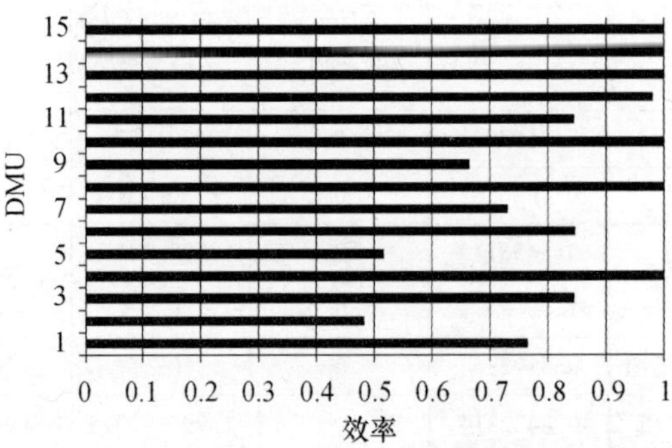

图 6－5 2009 年 DEA（BCC 模型）

（2）2008 年各煤炭企业效率的 DEA 求解情况。

1）求解结果。

表 6－5 2008 年 DEA（CCR 模型）评价年各煤炭企业效率情况

序号	决策单元 DMU	效率得分	正偏差变量年末总资产合计（万元）S－（1）	正偏差变量全部从业人员年平均人数（人）S－（2）	负偏差变量主营业务收入（万元）S＋（1）	负偏差变量利税总额（万元）S＋（2）
1	焦煤西山煤矿公司	0.5372686	0	0	0	0
2	潞安矿业集团	0.3098867	0	0	0	0
3	阳泉煤业集团	0.2826931	0	0	0	0
4	大同煤矿集团	0.3103597	0	0	0	0
5	晋城无烟煤矿业集团	0.2504765	0	0	0	21089.594
6	兰花煤炭实业集团	0.6165482	0	1942.294	0	0
7	沁新能源集团	0.7994266	0	0	0	0
8	三元煤业公司	1	0	0	0	0
9	汾河焦煤公司	1	0	0	0	0
10	长治经坊煤业公司	0.6885649	0	426.61752	0	0
11	平阳重工机械公司	0.3203205	0	0	0	8267.1632
12	阳泉荫营煤矿	0.3280143	0	0	0	0
13	太原东山煤矿公司	0.6158143	0	1531.8862	0	0
14	平朔煤业公司	0.7558616	397659.31	0	0	0
15	金海洋能源公司	1	0	0	0	0

表 6－6 2008 年 DEA（BCC 模型）评价年各煤炭企业效率情况

序号	决策单元 DMU	效率得分	正偏差变量年末总资产合计（万元）S－（1）	正偏差变量全部从业人员年平均人数（人）S－（2）	负偏差变量主营业务收入（万元）S＋（1）	负偏差变量利税总额（万元）S＋（2）
1	焦煤西山煤矿公司	1	0	0	0	0
2	潞安矿业集团	0.5124007	0	0	0	0
3	阳泉煤业集团	0.7042942	0	0	0	180226.72
4	大同煤矿集团	1	0	0	0	0
5	晋城无烟煤矿业集团	0.5258823	0	0	0	47842.975
6	兰花煤炭实业集团	1	0	0	0	0
7	沁新能源集团	1	0	0	0	0
8	三元煤业公司	1	0	0	0	0

续表

序号	决策单元 DMU	效率得分	正偏差变量年末总资产合计（万元）S－（1）	正偏差变量全部从业人员年平均人数（人）S－（2）	负偏差变量主营业务收入（万元）S＋（1）	负偏差变量利税总额（万元）S＋（2）
9	汾河焦煤公司	1	0	0	0	0
10	长治经坊煤业公司	1	0	0	0	0
11	平阳重工机械公司	0.7842251	0	0	0	33905.175
12	阳泉荫营煤矿	0.8577354	0	0	0	17177.011
13	太原东山煤矿公司	1	0	0	0	0
14	平朔煤业公司	1	0	0	0	0
15	金海洋能源公司	1	0	0	0	0

2）2008 年 DEA 评价年各煤炭企业效率排名。

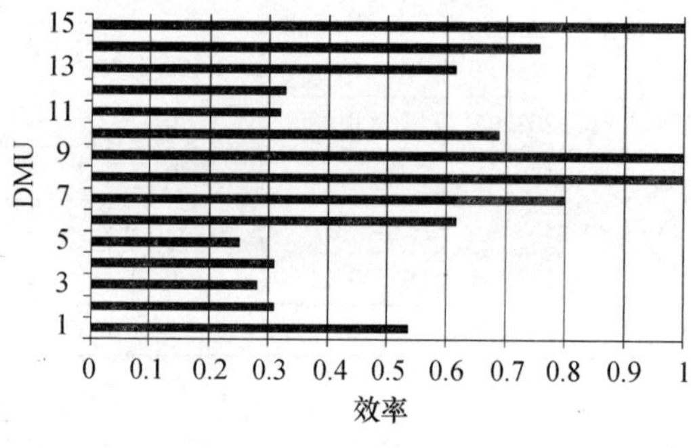

图 6－6　CCR 模型效率排名

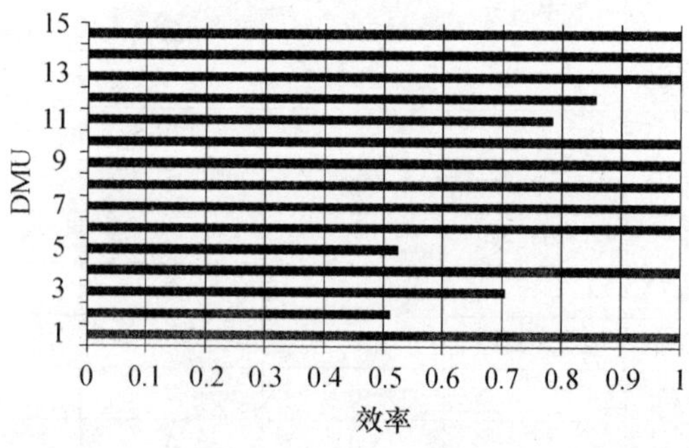

图 6－7　BCC 模型效率排名

（3）2007 年各煤炭企业效率的 DEA 求解情况。

1）求解结果。

表 6－7　2007 年 DEA（CCR 模型）评价年各煤炭企业效率情况

序号	决策单元 DMU	效率得分	正偏差变量年末总资产合计（万元） S－（1）	正偏差变量全部从业人员年平均人数（人） S－（2）	负偏差变量主营业务收入（万元） S＋（1）	负偏差变量利税总额（万元） S＋（2）
1	焦煤西山煤矿公司	0.4127722	0	0	0	109141.92
2	潞安矿业集团	0.2844752	0	0	0	0
3	阳泉煤业集团	0.3678045	0	0	0	123350.71
4	大同煤矿集团	0.4018626	0	0	0	406134.14
5	晋城无烟煤矿业集团	0.3445553	0	0	0	40779.969
6	兰花煤炭实业集团	0.6390691	0	0	0	0
7	沁新能源集团	0.6966537	0	0	0	0
8	三元煤业公司	1	0	0	0	0
9	汾河焦煤公司	1	0	0	0	0
10	长治经坊煤业公司	1	0	0	0	0
11	平阳重工机械公司	0.3672925	0	0	0	14025.622
12	阳泉荫营煤矿公司	0.3984585	0	0	0	4953.2263
13	太原东山煤矿公司	0.4287231	0	255.12099	0	5023.6185
14	平朔煤业公司	0.6632371	0	0	0	0
15	金海洋能源公司	1	0	0	0	0

表 6－8　2007 年 DEA（BCC 模型）评价年各煤炭企业效率情况

序号	决策单元 DMU	效率得分	正偏差变量年末总资产合计（万元） S－（1）	正偏差变量全部从业人员年平均人数（人） S－（2）	负偏差变量主营业务收入（万元） S＋（1）	负偏差变量利税总额（万元） S＋（2）
1	焦煤西山煤矿公司	0.8274476	0	42498.672	0	7757.936
2	潞安矿业集团	0.6760819	0	19981.087	576972.07	0
3	阳泉煤业集团	0.7904668	0	2735.8633	0	23509.449
4	大同煤矿集团	1	0	0	0	0
5	晋城无烟煤矿业集团	0.6264772	0	4566.6539	0	69713.911
6	兰花煤炭实业集团	1	0	0	0	0

续表

序号	决策单元 DMU	效率得分	正偏差变量年末总资产合计（万元）S－（1）	正偏差变量全部从业人员年平均人数（人）S－（2）	负偏差变量主营业务收入（万元）S＋（1）	负偏差变量利税总额（万元）S＋（2）
7	沁新能源集团	0.7985729	0	324.75414	0	0
8	三元煤业公司	1	0	0	0	0
9	汾河焦煤公司	1	0	0	0	0
10	长治经坊煤业公司	1	0	0	0	0
11	平阳重工机械公司	0.7345048	0	0	0	32123.21
12	阳泉荫营煤矿	0.8784868	0	0	0	10515.928
13	太原东山煤矿公司	1	0	0	0	0
14	平朔煤业公司	1	0	0	0	0
15	金海洋能源公司	1	0	0	0	0

2）2007 年 DEA 评价年各煤炭企业效率排名。

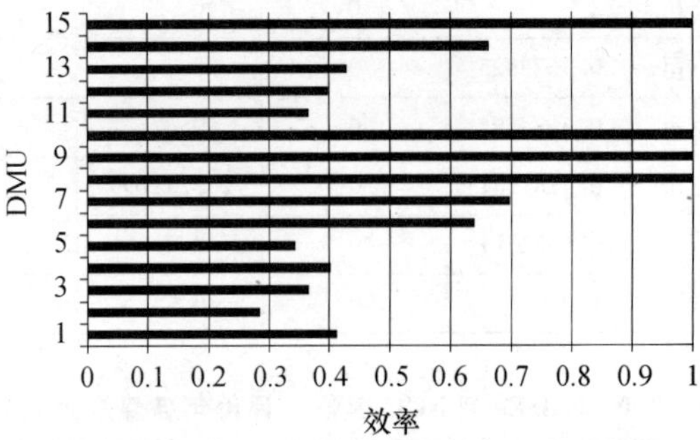

图 6－8 CCR 模型效率排名

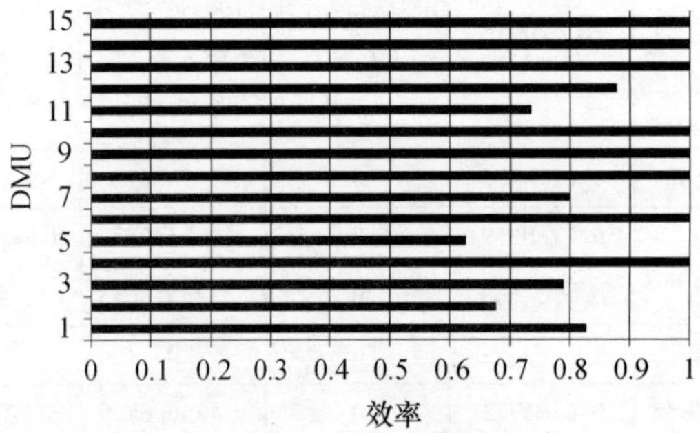

图 6－9 BCC 模型效率排名

(4) 2006 年各煤炭企业效率的 DEA 求解情况。

1) 求解结果。

表 6-9 2006 年 DEA (CCR 模型) 评价年各煤炭企业效率情况

序号	决策单元 DMU	效率得分	正偏差变量年末总资产合计(万元) S-(1)	正偏差变量全部从业人员年平均人数(人) S-(2)	负偏差变量主营业务收入(万元) S+(1)	负偏差变量利税总额(万元) S+(2)
1	焦煤西山煤矿公司	0.4222931	0	6534.4908	0	0
2	潞安矿业集团	0.3608103	0	0	0	0
3	阳泉煤业集团	0.3668217	0	5348.7923	0	0
4	大同煤矿集团	0.4585292	0	54351.547	0	0
5	晋城无烟煤矿业集团	0.4276297	0	0	0	0
6	兰花煤炭实业集团	0.435694	0	0	0	0
7	沁新能源集团	0.6074637	0	0	0	0
8	三元煤业公司	1	0	0	0	0
9	汾河焦煤公司	1	0	0	0	0
10	长治经坊煤业公司	1	0	0	0	0
11	平阳重工机械公司	0.3635836	0	1211.4103	0	0
12	阳泉荫营煤矿	0.4416257	0	667.17623	0	0
13	太原东山煤矿公司	0.4582128	0	663.98516	0	0
14	平朔煤业公司	0.739506	0	0	0	0
15	金海洋能源公司	1	0	0	0	0

表 6-10 2006 年 DEA (BCC 模型) 评价年各煤炭企业效率情况

序号	决策单元 DMU	效率得分	正偏差变量年末总资产合计(万元) S-(1)	正偏差变量全部从业人员年平均人数(人) S-(2)	负偏差变量主营业务收入(万元) S+(1)	负偏差变量利税总额(万元) S+(2)
1	焦煤西山煤矿公司	0.7559121	0	40176.147	0	5983.4546
2	潞安矿业集团	0.631086	0	21284.96	0	0
3	阳泉煤业集团	0.6620952	0	34414.235	0	30073.889
4	大同煤矿集团	1	0	0	0	0
5	晋城无烟煤矿业集团	1	0	0	0	0
6	兰花煤炭实业集团	1	0	0	0	0

续表

序号	决策单元 DMU	效率得分	正偏差变量年末总资产合计（万元）S－（1）	正偏差变量全部从业人员年平均人数（人）S－（2）	负偏差变量主营业务收入（万元）S＋（1）	负偏差变量利税总额（万元）S＋（2）
7	沁新能源集团	0.6164812	0	0	0	0
8	三元煤业公司	1	0	0	0	0
9	汾河焦煤公司	1	0	0	0	0
10	长治经坊煤业公司	1	0	0	0	0
11	平阳重工机械公司	0.6250934	0	0	0	27616.988
12	阳泉荫营煤矿	0.7877567	0	0	0	15542.936
13	太原东山煤矿公司	1	0	0	0	0
14	平朔煤业公司	1	0	0	0	0
15	金海洋能源公司	1	0	0	0	0

2）2006 年 DEA 评价年各煤炭企业效率排名。

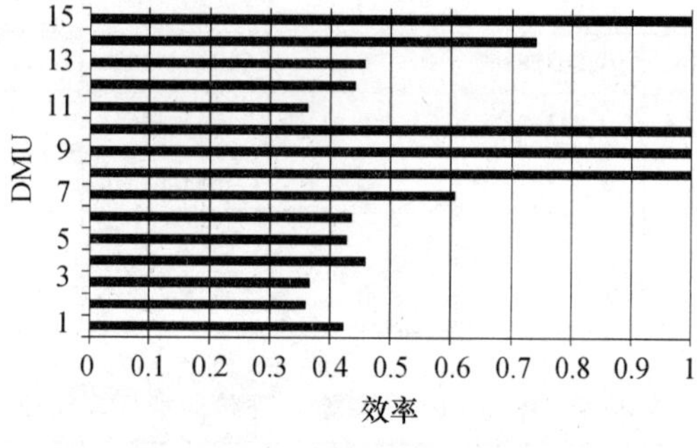

图 6－10　CCR 模型效率排名

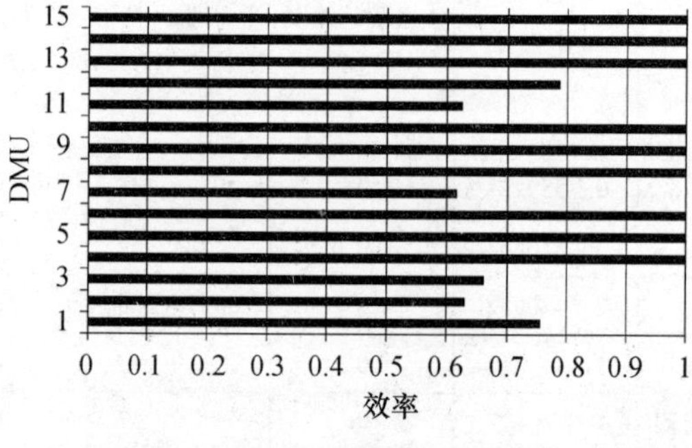

图 6－11　BCC 模型效率排名

(5) 2005 年各煤炭企业效率的 DEA 求解情况。

1) 求解结果。

表 6-11 2005 年 DEA (CCR 模型) 评价年各煤炭企业效率情况

序号	决策单元 DMU	效率得分	正偏差变量年末总资产合计（万元）S－ (1)	正偏差变量全部从业人员年平均人数（人）S－ (2)	负偏差变量主营业务收入（万元）S＋ (1)	负偏差变量利税总额（万元）S＋ (2)
1	焦煤西山煤矿公司	0.6264949	0	27848.276	0	0
2	潞安矿业集团	0.7249276	0	19967.218	0	0
3	阳泉煤业集团	0.5792807	0	32215.623	0	0
4	大同煤矿集团	0.8824043	0	112662.19	0	91459.186
5	晋城无烟煤矿业集团	0.7105976	0	20208.482	0	0
6	兰花煤炭实业集团	0.7256497	0	7889.9978	0	0
7	沁新能源集团	0.80761	0	2375.1007	0	0
8	三元煤业公司	1	0	0	0	0
9	汾河焦煤公司	0.9987475	0	3371.9852	0	0
10	长治经坊煤业公司	0.9827995	0	287.96979	1975.2443	0
11	平阳重工机械公司	0.5624605	0	1703.307	0	3476.0138
12	阳泉荫营煤矿	0.7632855	0	2349.2987	0	0
13	太原东山煤矿公司	0.8801179	0	3257.9294	0	0
14	平朔煤业公司	1	0	0	0	0
15	金海能源公司	1	0	0	0	0

表 6-12 2005 年 DEA (BCC 模型) 评价年各煤炭企业效率情况

序号	决策单元 DMU	效率得分	正偏差变量年末总资产合计（万元）S－ (1)	正偏差变量全部从业人员年平均人数（人）S－ (2)	负偏差变量主营业务收入（万元）S＋ (1)	负偏差变量利税总额（万元）S＋ (2)
1	焦煤西山煤矿公司	0.8699554	0	17042.821	0	0
2	潞安矿业集团	0.9726495	0	11818.442	0	0
3	阳泉煤业集团	0.7288565	0	26815.949	0	0
4	大同煤矿集团	1	0	0	0	0
5	晋城无烟煤矿业集团	1	0	0	0	0
6	兰花煤炭实业集团	1	0	0	0	0

续表

序号	决策单元 DMU	效率得分	正偏差变量年末总资产合计（万元） S－（1）	正偏差变量全部从业人员年平均人数（人） S－（2）	负偏差变量主营业务收入（万元） S＋（1）	负偏差变量利税总额（万元） S＋（2）
7	沁新能源集团	0.8228694	0	561.98027	0	0
8	三元煤业公司	1	0	0	0	0
9	汾河焦煤公司	1	0	0	0	0
10	长治经坊煤业公司	1	0	0	0	0
11	平阳重工机械公司	0.7411898	0	0	4592.5215	20116.799
12	阳泉荫营煤矿	0.8663786	0	0	0	10484.723
13	太原东山煤矿公司	1	0	0	0	0
14	平朔煤业公司	1	0	0	0	0
15	金海洋能源公司	1	0	0	0	0

2）2005 年 DEA 评价年各煤炭企业效率排名。

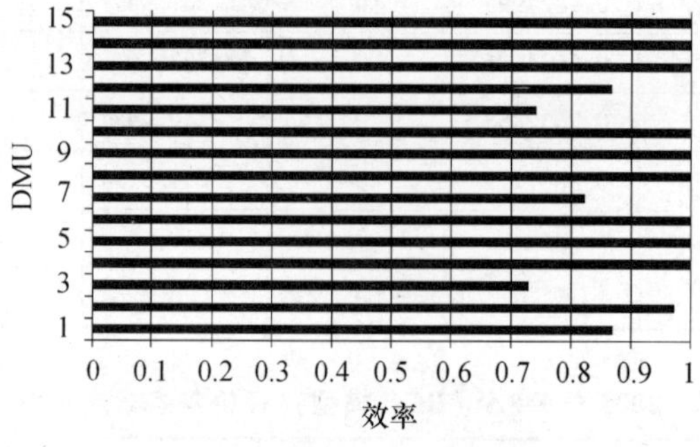

图 6－12　CCR 模型效率排名

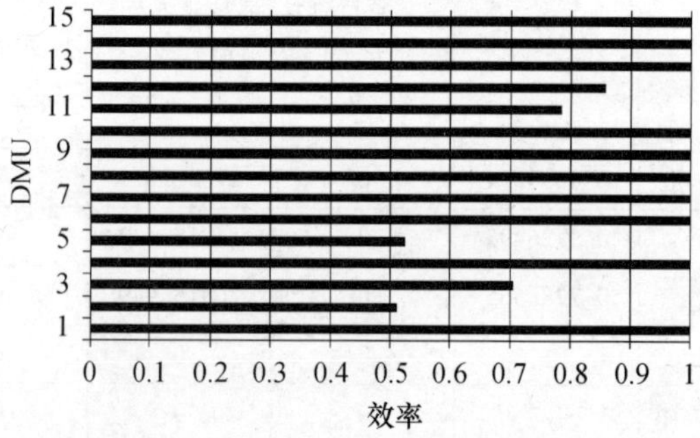

图 6－13　BCC 模型效率排名

（6）2004 年各煤炭企业效率的 DEA 求解情况。

1）求解结果。

表 6－13　2004 年 DEA（CCR 模型）评价年各煤炭企业效率情况

序号	决策单元 DMU	效率得分	正偏差变量年末总资产合计（万元）S－（1）	正偏差变量全部从业人员年平均人数（人）S－（2）	负偏差变量主营业务收入（万元）S＋（1）	负偏差变量利税总额（万元）S＋（2）
1	焦煤西山煤矿公司	0.4761501	0	0	0	0
2	潞安矿业集团	0.543728	0	0	0	0
3	阳泉煤业集团	0.2445386	0	0	0	0
4	大同煤矿集团	0.8685902	0	3543.9181	0	203110.93
5	晋城无烟煤矿业集团	0.5723433	0	0	0	0
6	兰花煤炭实业集团	0.4948794	0	0	0	0
7	沁新能源集团	1	0	0	0	0
8	三元煤业公司	1	0	0	0	0
9	汾河焦煤公司	1	0	0	0	0
10	长治经坊煤业公司	0.8077823	0	0	0	0
11	平阳重工机械公司	0.4246829	0	18.925674	0	4914.0977
12	阳泉荫营煤矿	0.5785153	0	0	0	2719.4851
13	太原东山煤矿公司	0.6608037	0	1192.3297	0	0
14	平朔煤业公司	1	0	0	0	0
15	金海洋能源公司	1	0	0	0	0

表 6－14　2004 年 DEA（BCC 模型）评价年各煤炭企业效率情况

序号	决策单元 DMU	效率得分	正偏差变量年末总资产合计（万元）S－（1）	正偏差变量全部从业人员年平均人数（人）S－（2）	负偏差变量主营业务收入（万元）S＋（1）	负偏差变量利税总额（万元）S＋（2）
1	焦煤西山煤矿公司	0.9532161	0	3223.9291	91375.469	0
2	潞安矿业集团	0.9152753	0	1193.1439	0	0
3	阳泉煤业集团	0.2533216	0	0	0	0
4	大同煤矿集团	1	0	0	0	0
5	晋城无烟煤矿业集团	1	0	0	0	0
6	兰花煤炭实业集团	1	0	0	0	0

续表

序号	决策单元 DMU	效率得分	正偏差变量年末总资产合计（万元）S－（1）	正偏差变量全部从业人员年平均人数（人）S－（2）	负偏差变量主营业务收入（万元）S＋（1）	负偏差变量利税总额（万元）S＋（2）
7	沁新能源集团	1	0	0	0	0
8	三元煤业公司	1	0	0	0	0
9	汾河焦煤公司	1	0	0	0	0
10	长治经坊煤业公司	1	0	0	0	0
11	平阳重工机械公司	0.7298034	0	2376.3031	5370.2	1442.4
12	阳泉荫营煤矿	0.6869289	0	1229.9864	0	423.92627
13	太原东山煤矿公司	0.9773145	0	3882.2466	0	0
14	平朔煤业公司	1	0	0	0	0
15	金海洋能源公司	1	0	0	0	0

2）2004 年 DEA 评价年各煤炭企业效率排名。

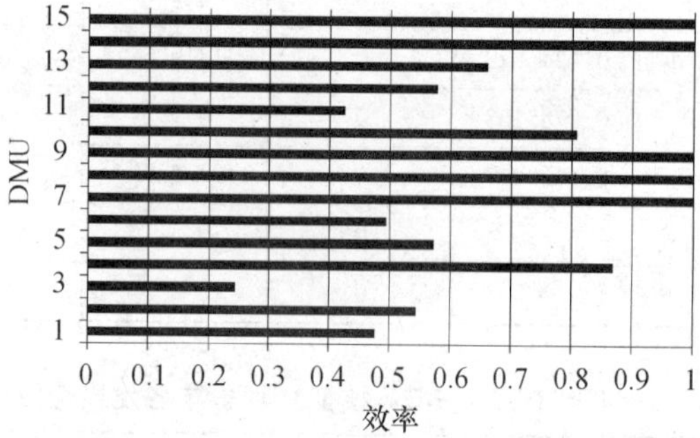

图 6－14　CCR 模型效率排名

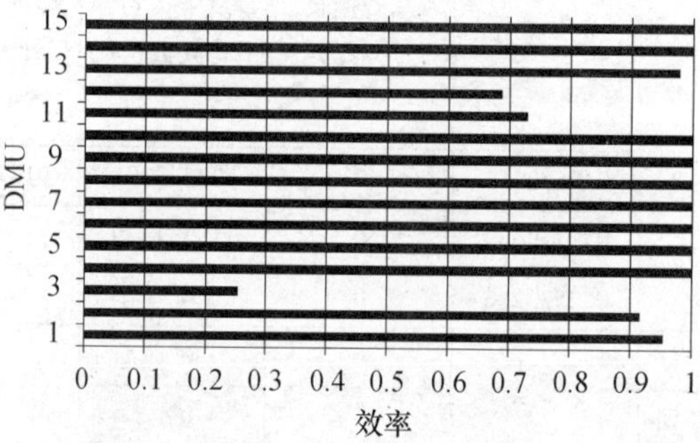

图 6－15　BCC 模型效率排名

3. 各煤炭企业技术效率及规模效率分解

技术效率 TE 与纯技术效率 PTE 之比，就是企业的规模效率（Scale Efficiency，SE），经过对 6 年数据的分别计算，绩效评价的指标如下：

表 6－15　2004～2009 年山西各煤炭企业技术效率表（CCR）　单位：%

DMU	2004 年	2005 年	2006 年	2007 年	2008 年	2009 年	平均	排名
焦煤西山煤矿公司	0.4762	0.6265	0.4223	0.4128	0.5373	0.5163	0.4986	10
潞安矿业集团	0.5437	0.7249	0.3608	0.2845	0.3099	0.2915	0.4192	13
阳泉煤业集团	0.2445	0.5793	0.3668	0.3678	0.2827	0.3116	0.3588	15
大同煤矿集团	0.8686	0.8824	0.4585	0.4019	0.3104	0.3100	0.5386	9
晋城无烟煤矿业集团	0.5723	0.7106	0.4276	0.3446	0.2505	0.3185	0.4373	12
兰花煤炭实业集团	0.4949	0.7256	0.4357	0.6391	0.6165	0.5684	0.5800	7
沁新能源集团	1.0000	0.8076	0.6075	0.6967	0.7994	0.6510	0.7604	6
三元煤业公司	1.0000	1.0000	1.0000	1.0000	1.0000	1.0000	1.0000	1
汾河焦煤公司	1.0000	0.9987	1.0000	1.0000	1.0000	0.4497	0.9081	4
长治经坊煤业公司	0.8078	0.9828	1.0000	1.0000	0.6886	1.0000	0.9132	3
平阳重工机械公司	0.4247	0.5625	0.3636	0.3673	0.3203	0.3594	0.3996	14
阳泉荫营煤矿	0.5785	0.7633	0.4416	0.3985	0.3280	0.4568	0.4944	11
太原东山煤矿公司	0.6608	0.8801	0.4582	0.4287	0.6158	0.3305	0.5624	8
平朔煤业公司	1.0000	1.0000	0.7395	0.6632	0.7559	1.0000	0.8598	5
金海洋能源公司	1.0000	1.0000	1.0000	1.0000	1.0000	1.0000	1.0000	1
年各企业平均效率	0.7115	0.8163	0.6055	0.6003	0.5877	0.5709	0.6487	—

表 6－16　2004～2009 年山西各煤炭企业纯技术效率表（BCC）　单位：%

DMU	2004 年	2005 年	2006 年	2007 年	2008 年	2009 年	平均	排名
焦煤西山煤矿公司	0.9532	0.8700	0.7559	0.8274	1.0000	0.7658	0.9532	9
潞安矿业集团	0.9153	0.9726	0.6311	0.6761	0.5124	0.4837	0.9153	14
阳泉煤业集团	0.2533	0.7289	0.6621	0.7905	0.7043	0.8458	0.2533	15
大同煤矿集团	1.0000	1.0000	1.0000	1.0000	1.0000	1.0000	1.0000	1
晋城无烟煤矿业集团	1.0000	1.0000	1.0000	0.6265	0.5259	0.5173	1.0000	12
兰花煤炭实业集团	1.0000	1.0000	1.0000	1.0000	1.0000	0.8473	1.0000	7

续表

DMU	2004 年	2005 年	2006 年	2007 年	2008 年	2009 年	平均	排名
沁新能源集团	1.0000	0.8229	0.6165	0.7986	1.0000	0.7305	1.0000	11
三元煤业公司	1.0000	1.0000	1.0000	1.0000	1.0000	1.0000	1.0000	1
汾河焦煤公司	1.0000	1.0000	1.0000	1.0000	1.0000	0.6645	1.0000	8
长治经坊煤业公司	1.0000	1.0000	1.0000	1.0000	1.0000	1.0000	1.0000	1
平阳重工机械公司	0.7298	0.7412	0.6251	0.7345	0.7842	0.8454	0.7298	13
阳泉荫营煤矿	0.6869	0.8664	0.7878	0.8785	0.8577	0.9799	0.6869	10
太原东山煤矿公司	0.9773	1.0000	1.0000	1.0000	1.0000	1.0000	0.9773	6
平朔煤业公司	1.0000	1.0000	1.0000	1.0000	1.0000	1.0000	1.0000	1
金海洋能源公司	1.0000	1.0000	1.0000	1.0000	1.0000	1.0000	1.0000	1
年各企业平均效率	0.9011	0.9335	0.8719	0.8888	0.8923	0.8453	0.8888	—

表 6-17 2004~2009 年山西各煤炭企业规模效率表（CCR/BCC） 单位:%

DMU	2004 年	2005 年	2006 年	2007 年	2008 年	2009 年	平均	排名
焦煤西山煤矿公司	0.4762	0.6265	0.4223	0.4128	0.5373	0.5163	0.4986	11
潞安矿业集团	0.5437	0.7249	0.3608	0.2845	0.3099	0.2915	0.4192	10
阳泉煤业集团	0.2445	0.5793	0.3668	0.3678	0.2827	0.3116	0.3588	9
大同煤矿集团	0.8686	0.8824	0.4585	0.4019	0.3104	0.3100	0.5386	15
晋城无烟煤矿业集团	0.5723	0.7106	0.4276	0.3446	0.2505	0.3185	0.4373	13
兰花煤炭实业集团	0.4949	0.7256	0.4357	0.6391	0.6165	0.5684	0.5800	8
沁新能源集团	1.0000	0.8076	0.6075	0.6967	0.7994	0.6510	0.7604	6
三元煤业公司	1.0000	1.0000	1.0000	1.0000	1.0000	1.0000	1.0000	1
汾河焦煤公司	1.0000	0.9987	1.0000	1.0000	1.0000	0.4497	0.9081	4
长治经坊煤业公司	0.8078	0.9828	1.0000	1.0000	0.6886	1.0000	0.9132	3
平阳重工机械公司	0.4247	0.5625	0.3636	0.3673	0.3203	0.3594	0.3996	14
阳泉荫营煤矿	0.5785	0.7633	0.4416	0.3985	0.3280	0.4568	0.4944	7
太原东山煤矿公司	0.6608	0.8801	0.4582	0.4287	0.6158	0.3305	0.5624	12
平朔煤业公司	1.0000	1.0000	0.7395	0.6632	0.7559	1.0000	0.8598	5
金海洋能源公司	1.0000	1.0000	1.0000	1.0000	1.0000	1.0000	1.0000	1
年各企业平均效率	0.7935	0.8708	0.6888	0.6596	0.6398	0.6688	0.7202	—

表 6－18　2004～2009 年山西各煤炭企业规模效率统计

2004 年				2005 年			
规模报酬	有效的	可以改进的	总数	规模报酬	有效的	可以改进的	总数
递增决策单元数	1	1	2	递增决策单元数	3	3	6
不变决策单元数	5	2	7	不变决策单元数	3	0	3
递减决策单元数	3	3	6	递减决策单元数	3	3	6
总数	9	6	15	总数	9	6	15
2006 年				2007 年			
规模报酬	有效的	可以改进的	总数	规模报酬	有效的	可以改进的	总数
递增决策单元数	1	2	3	递增决策单元数	1	2	3
不变决策单元数	4	0	4	不变决策单元数	4	0	4
递减决策单元数	4	4	8	递减决策单元数	3	5	8
总数	9	6	15	总数	8	7	15
2008 年				2009 年			
规模报酬	有效的	可以改进的	总数	规模报酬	有效的	可以改进的	总数
递增决策单元数	2	3	5	递增决策单元数	1	4	5
不变决策单元数	3	0	3	不变决策单元数	4	4	8
递减决策单元数	5	2	7	递减决策单元数	1	1	2
总数	10	5	15	总数	6	9	15

（三）山西煤炭资源整合的绩效评价

从技术效率看，根据表 6－16 中 BCC 模型的评价结果，各煤炭企业的平均技术效率普遍较高。从 2004 年至 2009 年的评价结果可以看出：大同煤矿集团、三元煤业公司、长治经坊煤业公司、平朔煤炭公司、金海洋能源公司这 5 家企业每年都是第一位，即其效率值每年均为 1，表现出较高和较稳定的技术效率；晋城无烟煤矿业集团前 3 年（2004～2006 年）的技术效率值均为 1，在其后的 3 年（2007～2009 年）技术效率值有一直在下降；太原东山煤矿公司排在第 6，除了 2004 年技术效率值均为 0.9773 外，其余各年技术效率值均为 1，较为稳定；兰花煤炭实业集团和汾河焦煤公司分别排在第 7 名和第 8 名，在前 5 年技术效率值为 1，表现为 DEA 有效，在 2009 年均略有下降；焦煤西山煤矿公司、潞安矿业集团、阳泉煤业集团、平阳重工机械公司、阳泉荫营煤矿每年的效率值都比较低，排名比较靠后。

从规模效率看，所考察的企业，除了金海洋能源公司、三元煤业公司、长治经坊煤业公司、汾河焦煤公司外，其余11家企业规模效率普遍不高，从山西煤炭企业6年数据的评价结果可看出，2004年处于规模报酬递增状态的样本有2个，处于规模报酬不变状态的样本有7个，处于规模报酬递减状态的样本数有6个；2005年处于规模报酬递增状态的样本有6个，处于规模报酬不变状态的样本有3个，处于规模报酬递减状态的样本数有6个；2006年处于规模报酬递增状态的样本有3个，处于规模报酬不变状态的样本有4个，处于规模报酬递减状态的样本数有8个；2007年处于规模报酬递增状态的样本有3个，处于规模报酬不变状态的样本有4个，处于规模报酬递减状态的样本数有8个；2008年处于规模报酬递增状态的样本有5个，处于规模报酬不变状态的样本有3个，处于规模报酬递减状态的样本有7个；2009年处于规模报酬递增状态的样本有5个，处于规模报酬不变状态的样本有8个，处于规模报酬递减状态的样本有2个。

1. 各年的企业规模效率成因分析

图6-16为山西煤炭企业绩效评价结果规模效率值对比的折线图，图6-17、图6-18为山西2004~2009年煤炭企业各企业、各年规模效率平均值折线图，这几幅图清晰体现出山西15家煤炭企业在2004~2009年企业规模效率数值、平均值及其变化趋势。

从图6-16、图6-17可直观地看出，在2004~2009年沁新能源公司、三元煤业公司、汾河焦煤公司、长治经坊煤业公司、金海洋能源公司5家企业的规模一直保持效率较高，其余各企业的规模效率值居中，而且在2004~2009年波动较大，各企业效率平均值在0.53~0.94且随时间的推演而明显变化：2004年兰花煤炭实业集团规模效率值最低，焦煤西山煤矿公司的技术效率值也不高，处于规模递增状态，说明其规模效率低的原因有一部分是由于技术效率低下所造成的；

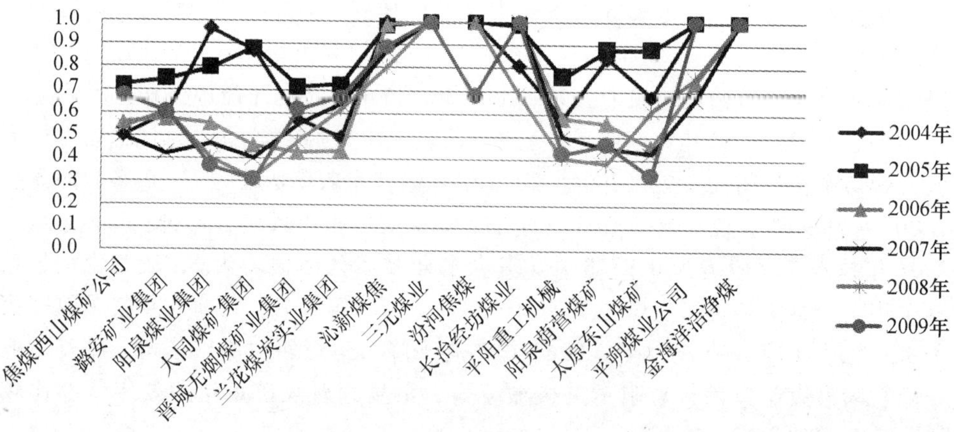

图6-16　山西煤炭企业各企业规模效率

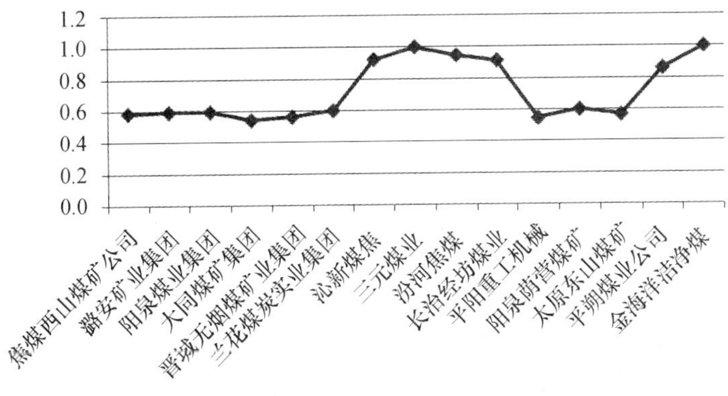

图 6－17　山西煤炭企业 2004～2009 年各企业规模效率平均值折线

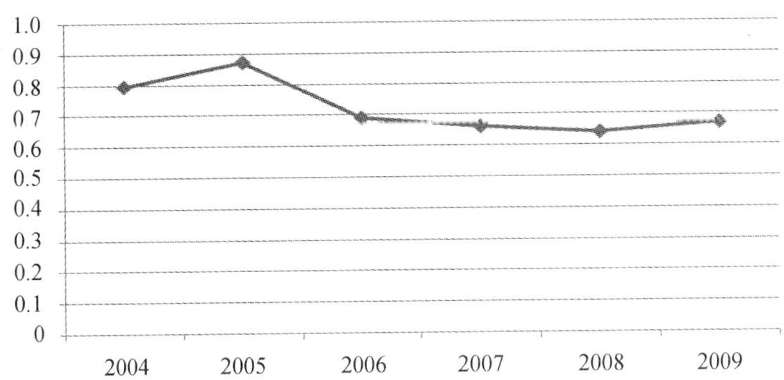

图 6－18　山西 2004～2009 年各年煤炭企业规模效率平均值折线

2005～2006 年各企业规模效率变化幅度较大，大同煤矿集团和太原东山煤矿公司下降幅度最大，但是二者的技术效率保持较高水平，分析影响其规模效率低下主要是由于 2006 年开始的煤炭资源整合的影响；2007 年各企业的规模效益较 2006 年有所回升，主要是由于煤炭资源整合效果的推动；2008 年大同煤炭集团的规模效率最低，但其技术效率保持较高水平，说明影响其规模效率不是技术问题。分析造成规模效率值变化的主要原因是这几年来两次大的煤炭资源整合给各企业带来的影响。

由图 6－18 可以看出，2004～2009 年山西煤炭企业的平均规模效率水平是从 2005 年开始有了下降的趋势，直到 2009 年才开始增长。结合山西煤炭产业的发展历程可以看出，煤炭资源整合过程对煤炭企业的规模效率有着较大的影响，2005～2009 年正是山西煤炭资源整合的时期，由于资源整合还未全部完成，所以带来的规模效益还未全部显现，由于资源整合是涉及企业各个资源多方面的重组，并不是一朝一夕所能完成的，所以后续的工作还很多，需要进一步加强整合的力度。

2. 各年各企业技术效率成因分析

图 6－19 为山西煤炭企业绩效评价结果技术效率值对比的折线图，图 6－20、图 6－21 为山西 2004～2009 年煤炭企业各企业、各年技术效率平均值折线图，这几幅图清晰体现出山西 15 家煤炭企业在 2004～2009 年企业技术效率数值、平均值及其变化趋势。

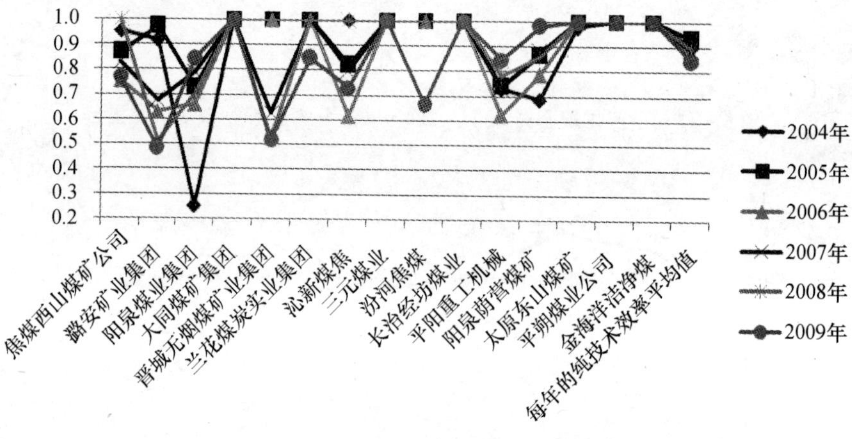

图 6－19　山西煤炭企业各企业技术效率

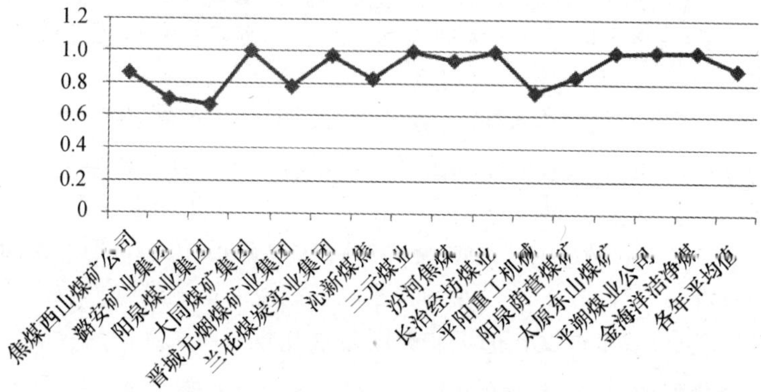

图 6－20　山西煤炭企业 2004～2009 年各企业技术效率平均值折线

从图 6－19、图 6－20 可直观地看出，在 2004～2009 年大同煤矿集团、三元煤业公司、长治经坊煤业公司、太原东山煤矿公司、平朔煤炭公司、金海洋能源公司这 6 家企业的技术效率一直保持较高水平，比较稳定，其余各煤炭企业的技

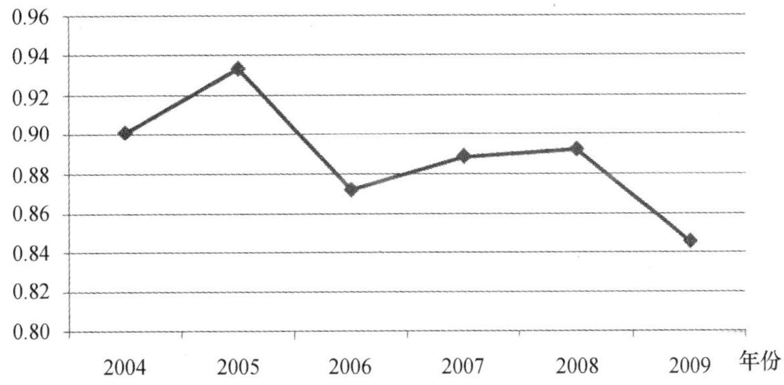

图 6－21　山西 2004～2009 年各年煤炭企业技术效率平均值折线

术效率变化幅度较大，其中潞安矿业集团、沁新能源公司的波动最大，2004～2009 年技术效率平均值在 0.5～0.9，并随时间的推演而明显变化。2004 年阳泉煤业集团技术效率值最低，规模效率值也不高，处于规模递增状态，说明其技术效率低的原因有一部分是由于规模效率低下所造成的；2005～2006 年各企业技术效率差别较小；2009 年汾河焦煤公司技术效率最低，而规模效率值为 0.95，说明 2009 年该企业的技术效率低下的主要原因是纯技术效率较低。

从图 6－21 可以看出，随着山西煤炭资源整合的进行，煤炭企业的平均技术效率指数逐年降低，分析其原因，主要是因为在资源整合过程中，整合的主体往往是技术实力较强的大型企业去整合兼并那些技术落后的小企业，而在整合的初期，由于对技术落后企业的兼并整合，导致兼并后的企业整体技术水平降低，要看到资源整合带来的效果，还需等整个整合过程全部完成后的一段时间才能显现出来。

3. 各企业差额变量分析

DEA 分析结果中松弛变量和剩余变量的值基本上说明了哪些因素对企业技术效率值的影响较大，而哪些因素无影响。通过对企业投入产出在前沿面上的投影可以得出企业需要改进的方向和程度。通过模型运算，DEA－Solver－LV 软件中给出了各 DMU 的松弛变量表和其生产函数在 DEA 有效面上的投影（即改进的数额）。

2009 年山西煤炭企业各企业 DEA（BCC 模型）评价的松弛变量表及投影表见表 6－19 和表 6－20。

之所以产生上面的结果，总体来说是因为 DEA 无效的煤炭企业在当前技术水平下的生产活动或多或少存在着投入（总资产、从业人员）的不足或冗余以及输出（主营业务收入、利税总额）的不足。这可以通过 DEA 模型（BCC 模型）

表 6-19 2009 年山西各煤炭企业 DEA 松弛变量表

决策单元 DMU	效率得分	正偏差变量年末总资产合计万元 S- (1)	正偏差变量全部从业人员年平均人数(人) S- (2)	负偏差变量主营业务收入万元 S+ (1)	负偏差变量利税总额万元 S+ (2)
1	0.7657924	0	49670.857	0	0
2	0.4836567	0	18459.721	0	103825.75
3	0.8458112	0	13290.732	0	98431.834
4	1	0	0	0	0
5	0.517286	0	0	57505.403	42106.901
6	0.8472814	0	13995.979	80964.901	0
7	0.7305397	0	3503.7838	0	21932.402
8	1	0	0	0	0
9	0.6644765	0	856.40693	0	0
10	1	0	0	0	0
11	0.8453839	0	0	96175.614	20106.28
12	0.9799319	0	59.052429	0	0
13	1	0	0	0	0
14	1	0	0	0	0
15	1	0	0	0	0

表 6-20 2009 年山西煤炭企业 DEA（BCC 模型）投影

DMU/Score	投入/产业	Data	Projection	Difference	(%)
DMU 1 0.7657924	年末总资产合计（万元）	3211369.5	2459242.3	-752127.25	-23.42
	全部从业人员年平均人数（人）	72968	6207.4804	-66760.52	-91.49
	主营业务收入（万元）	1667832.2	1667832.2	0	0.00
	利税总额（万元）	534764.9	534764.9	0	0.00
DMU 2 0.4836567	年末总资产合计（万元）	4117979.6	1991688.4	-2126291.2	-51.63
	全部从业人员年平均人数（人）	48605	5048.4123	-43556.588	-89.61
	主营业务收入（万元）	1425225.8	1425225.8	0	0.00
	利税总额（万元）	320288	424113.75	103825.75	32.42
DMU 3 0.8458112	年末总资产合计（万元）	7040389.7	5954840.6	-1085549.1	-15.42
	全部从业人员年平均人数（人）	108154	78187.135	-29966.865	-27.71
	主营业务收入（万元）	2844216.1	2844216.1	0	0.00
	利税总额（万元）	512105.9	610537.73	98431.834	19.22

续表

DMU/Score	投入/产业	Data	Projection	Difference	(%)
DMU 4 1	年末总资产合计（万元）	7725540.7	7725540.7	0	0.00
	全部从业人员年平均人数（人）	127598	127598	0	0.00
	主营业务收入（万元）	3255160.8	3255160.8	0	0.00
	利税总额（万元）	512910.7	512910.7	0	0.00
DMU 5 0.517286	年末总资产合计（万元）	456987.6	236393.31	-220594.29	-48.27
	全部从业人员年平均人数（人）	4723	2443.142	-2279.858	48.27
	主营业务收入（万元）	222100.3	279605.7	57505.403	25.89
	利税总额（万元）	-8756.9	33350.001	42106.901	480.84
DMU 6 0.8472814	年末总资产合计（万元）	1779935.5	1508106.3	-271829.21	-15.27
	全部从业人员年平均人数（人）	21847	4514.5779	-17332.422	-79.34
	主营业务收入（万元）	891975	972939.9	80964.901	9.08
	利税总额（万元）	364873.1	364873.1	0	0.00
DMU 7 0.7305397	年末总资产合计（万元）	492873.1	360063.39	-132809.71	-26.95
	全部从业人员年平均人数（人）	6572	1297.3234	-5274.6766	-80.26
	主营业务收入（万元）	489659	489659	0	0.00
	利税总额（万元）	40425	62357.402	21932.402	54.25
DMU 8 1	年末总资产合计（万元）	366014.2	366014.2	0	0.00
	全部从业人员年平均人数（人）	1682	1682	0	0.00
	主营业务收入（万元）	156869.2	156869.2	0	0.00
	利税总额（万元）	131437.7	131437.7	0	0.00
DMU 9 0.6644765	年末总资产合计（万元）	309504.3	205658.32	-103845.98	-33.55
	全部从业人员年平均人数（人）	5947	3095.2345	-2851.7655	-47.95
	主营业务收入（万元）	159443.9	159443.9	0	0.00
	利税总额（万元）	38921.9	38921.9	0	0.00
DMU 10 1	年末总资产合计（万元）	257097.6	257097.6	0	0.00
	全部从业人员年平均人数（人）	2010	2010	0	0.00
	主营业务收入（万元）	143127.5	143127.5	0	0.00
	利税总额（万元）	118344.3	118344.3	0	0.00
DMU 11 0.8453839	年末总资产合计（万元）	263532.6	222786.2	-40746.395	-15.46
	全部从业人员年平均人数（人）	3231	2731.4352	-499.56477	-15.46
	主营业务收入（万元）	144535.5	240711.11	96175.614	66.54
	利税总额（万元）	9872	29978.28	20106.28	203.67

续表

DMU/Score	投入/产业	Data	Projection	Difference	(%)
DMU 12 0.9799319	年末总资产合计（万元）	178453.6	174872.38	-3581.2183	-2.01
	全部从业人员年平均人数（人）	3884	3747.0032	-136.99679	-3.53
	主营业务收入（万元）	88884.5	88884.5	0	0.00
	利税总额（万元）	24175.1	24175.1	0	0.00
DMU 13 1	年末总资产合计（万元）	160173.9	160173.9	0	0.00
	全部从业人员年平均人数（人）	4058	4058	0	0.00
	主营业务收入（万元）	61739.9	61739.9	0	0.00
	利税总额（万元）	14463.5	14463.5	0	0.00
DMU 14 1	年末总资产合计（万元）	3454325.6	3454325.6	0	0.00
	全部从业人员年平均人数（人）	8411	8411	0	0.00
	主营业务收入（万元）	2263895.7	2263895.7	0	0.00
	利税总额（万元）	748402.9	748402.9	0	0.00
DMU 15 1	年末总资产合计（万元）	297286.5	297286.5	0	0.00
	全部从业人员年平均人数（人）	1153	1153	0	0.00
	主营业务收入（万元）	453663	453663	0	0.00
	利税总额（万元）	48438.8	48438.8	0	0.00

注：表中 DMU 指各决策单元；Score 指各决策单元的效率得分；Date 表示各投入产出指标的实际值；Projection 表示各投入产出指标在有效前沿面上的投影，即要达到有效前沿面所需的数值；Difference 表示各投入产出指标与实际值的差，也就是各指标距有效前沿面的距离，差值为正的表示实际值小于投影值，意味着产出不足，差值为负的则表示实际值大于投影值，意味着投入过剩；% 则表示差值和实际值之比。

中的松弛值（即上述模型中所列的 S-(1)、S-(2)、S+(1)、S+(2)）来说明，松弛值大于 0 说明存在浪费或不足，松弛值等于 0 则不存在浪费和不足。某煤炭企业只有在效率指标等于 1 并且松弛值等于 0 时，才是 DEA 有效的；若效率值等于 1 但松弛值不等于 0，则属于 DEA 弱有效；而效率值小于 1，则 DEA 无效。表 6-19 给出了 15 家煤炭企业 2009 年得分和相应的松弛变量，可以看出决策单元大同煤矿集团、三元煤业公司、长治经坊煤业公司、太原东山煤矿公司、平朔煤炭公司、金海洋能源公司为 DEA 有效，其余企业均为 DEA 无效。表 6-20 给出了 DEA 无效企业在前沿面上的投影，即改进的方向，如决策单元 1 中可以通过总资产和从业人员人数分别减少 271829.21 万元和 17332.422 人后，主营业务收入可以增加 80964.901 万元，进而达到 DEA 有效的状态。通过对 15 家企业的投影分析可以看出，山西煤炭企业普遍存在资产过剩、人员冗余的现象，这也是山西煤炭行业机械化开采程度低的现实体现。

五、资源整合过程中提高煤炭企业绩效的对策建议

山西省大规模的资源整合将绝大部分产能低的小煤矿并购重组，实施规范的管理，构建科学的组织结构和安全的生产环境，可以有效提升山西煤炭产业的竞争力，有助于山西煤炭企业品牌影响力的塑造，改善了山西煤炭产业的整体形象。但是作为全国煤炭行业整治的先锋，在面临将煤炭企业做大做强机遇的同时，也充满了挑战。

根据上述DEA评价结果及结论分析，在资源整合过程中对山西煤炭企业提出一些对策和建议。

（一）重视企业兼并重组的系统性原则

企业的兼并重组本身就是一项系统工程，涉及企业方方面面要素的整合，任何一个因素的忽视，都可能带来整个过程的失败。企业整合内容应从以下六个方面考虑：

1. 战略整合

即企业在兼并重组后重新定位新企业的战略方向，是决定企业长远发展的方针和策略的重要因素。

2. 组织结构与制度整合

这是新组织结构被建立，重新部门化、制度化企业的各项活动，也是各部门明确责权利关系确定的关键环节。

3. 人力资源整合

企业要进行员工的重组和调整，从管理人员到技术人员等都需要重新调整和分配，保证企业正常有效地运营和健康的发展。

4. 资产整合

通过对财务整合，使各方在财务上能够保持稳定性、连续性和统一性，让企业兼并重组后在资本市场上能够尽快地树立起良好的形象。

5. 文化整合

让兼并重组主体和客体的企业精神、价值观、领导风格和行为方式等相互融合和吸纳，构筑能够被双方企业接受的文化氛围，构建企业共同的心理前提。

6. 品牌整合

品牌资产无论对兼并主体公司还是被兼并公司来说，都是影响企业经营和发

展的重要因素，构建品牌整合的战略措施是企业兼并重组不可或缺的方面，整合工作所带来的协同作用能否实现就决定于此。

山西煤炭资源整合过程中，企业要找准切入点，制定适合企业自身的发展战略，重视企业兼并重组活动的系统性，做到真整合、真重组，发挥资源整合带来的应有的规模效益和技术效益。

（二）加强对兼并企业的技术改造和安全建设

山西煤炭资源整合确定兼并主体的重要依据之一就是技术先进的企业整合技术落后的企业，在重组的过程中兼并主体企业必须慎重对待被兼并企业的技术改造问题，淘汰落后的技术设备，提高兼并企业的技术水平；重视技术部门的组织结构调整，被整合企业关键技术部门的技术团队要尽量保持其完整性，促进整合双方在优势上的互补；加强企业知识管理，促进有效知识共享机制的建立，使得显性知识和隐性知识的转化和交流在整合双方员工之间沟通顺畅。同时安全也是煤炭企业永不改变的重心，加强对兼并企业的安全生产监督，提升其安全生产水平，建立健全安全制度，完善安全设施，强化职工培训，加大安全生产专项资金的投入，对存在的安全隐患及时排查，解决历史安全隐患。

从实证部分的数据分析可以看出，在资源整合过程中，所选取的样本企业的平均技术效率有下降的趋势，这就足以说明兼并企业对兼并主体企业整体技术效率的影响。如果不对兼并的小型煤矿和技术相对落后企业进行技术改造和安全建设，整体技术效率的降低会影响资源整合本身的规模效益，那么兼并对于企业来说反而是制约其发展的障碍。因此，企业在资源整合过程中，不能只是片面地追求数量上的整合，更应注重技术和质量上的整合。提升被兼并企业的技术水平，全面发挥资源整合给企业带来的规模效益。

（三）延长煤炭企业产品链

从以上分析可以看出，煤炭企业的资源利用效率是其技术效率的重要影响因素，要想提高技术效率就要不断提高资源利用效率，对于企业的投入资源，本章着重分析了资产投入和人力资源投入对各企业绩效的影响，这也反映了山西长期以来经济的增长都是以大量消耗资源为代价的，煤炭企业产品链不完善，与发达国家相比煤炭产品的附加值低，单位 GDP 资源消耗量大，经济效益低，环境污染严重。

当前我们处于知识经济时代，在各行各业都面临着激烈的竞争，而要想在竞争中获胜就要不断提高自己的实力。山西煤炭企业不仅是一个社会经济体，更是关系着山西乃至国家能源安全的主体，其企业绩效的高低，在很大程度上决定着我们国家能源的生产和消费水平，山西煤炭企业应不断转变经济增长方式，提高其人力资源的质量和机械化程度，延长企业产品链，增加产品的附加值，发挥资源型城市的优势，发展煤炭相关产业，完善煤炭企业产品结构，增强企业竞争力。

（四）促进企业效率提高

企业竞争制胜的全部基础在于经营绩效的提高，竞争优势的本质是效率优势，正确的竞争策略应能最大限度地提高竞争者的相对效率。煤炭企业的规模效率作为其相对效率的一个重要影响因素，尤其对煤炭企业来说，是企业竞争力的一个重要来源，根据 DEA 分析的结果可以看出，所选山西煤炭企业中有很多企业都存在人员冗余、资产利用不充分、规模效率低的情况，从根本上导致了其技术效率低下，说明了这些企业需要合理优化经营格局，提高企业技术效率，这也论证了山西煤炭企业进行资源整合的必要性和迫切性。

山西煤炭企业在兼并重组，优化资源配置的同时还应积极开展产学研联合，结合企业资源特点积极引进国内外高端科技人才，培养、壮大煤炭科技队伍，提升科技创新能力，积极推进采煤工艺改革，将技术效益和规模效益紧紧地结合起来，发挥综合效益，延长产业链，实现机械化开采，提高资源回收率和安全生产保障能力，提升企业经营能力，提高市场竞争力。

此外，从本章的分析结果可以看出，大部分规模效率较低的企业都处于规模效率递增的状态，这是由于更大规模的经营使劳动分工更加精细、专业化水平不断提高，且能充分利用大规模的装备及空间和闲置的人力资源。煤炭企业作为国家能源的生产方，承担了国家资源优化配置的重大责任，山西的部分煤炭企业有比较沉重的历史包袱，经过煤炭资源整合，提高经营绩效的路还很长。具体来说，山西煤炭企业提高规模效率应从以下方面着手：首先，应按照经济和效率的原则，对效率低下企业进行兼并重组，实现有限资源在社会经济体之间的合理配置，改善规模效率低下的情况；其次，应不断努力，尽快提高其经营管理水平和技术水平，扩大自身经营规模边界。

六、本章结论

DEA 方法作为一种有效的定量化评价方法，不仅减少了主观因素对评价结果的影响，还能够帮助我们根据评价结果提出一些有益的改进措施和建议。本章选择 DEA 方法对具有代表性的 15 家山西煤炭企业的绩效进行评价，得出如下结论：

（1）资源整合过程中煤炭企业资源利用效率相对低。通过对山西15家煤炭企业DEA实证分析可知，山西煤炭企业普遍存在着资源利用的低效率现象，这种现象表现在如下方面：首先从DEA评价结果看，有些企业的资源投入量相对过多，导致资源浪费；其次从第一大输入指标总资产看，一些效率较低的企业在资产的投入和理想值之间都存在较大的差额，对已有的资源的质量重视不够，只是片面追求数量，增长方式相对粗放。

（2）资源整合过程中各企业的规模效率偏低。DEA评价的BCC模型使得我们能够将技术效率的构成因素分解开来，一部分是纯技术效率，一部分是规模效率，这样就使得评价结果能够更加切实可靠，提出的建议也更加能够针对各企业的实际情况。所谓规模报酬是指在技术水平和要素价格不变的情况下，当厂商所有投入要素都按同一比例变动后产量变动的情况，规模报酬递增状态则是指当所有的生产要素都以相同的比例增加时，产出会以更大的比例增加。从DEA评价结果可以看出，2006年以前大部分企业的规模效率都处于规模报酬递增的状态，2006年以后通过对资源的合理利用，情况逐渐转好，大部分企业都处于规模报酬不变的状态。

（3）企业在山西煤炭资源整合中的效果还未显现。任何事物的发展都有其阶段性，煤炭资源整合不是一个口号或者一次交易，不是企业为了简单地扩大而整合，而是战略选择的一个过程。在准备整合时，需要考虑企业整合的战略准备、调整原有发展战略和重新对企业进行定位，同时也需要策划对目标企业的战略实施方案。而要想通过整合实现给企业创造价值的目的，制定一个清晰、明确的整合战略愿景是整合的第一步；当确定企业整合的战略目标和使命后，就要选择整合对象去实现已经规划的目标和使命；通过整合主体和客体之间及时和坦诚的沟通，各方达成合理的整合协议。从制定战略方案到达成整合协议，这个过程其实只是企业资源整合的第一阶段，在这之后的具体整合实施阶段包括资产重组、结构调整、技术改造、人员调动、文化建设等一系列工作，还需要耗费大量的时间、人力和物力。等到将最初的战略实施方案一步步实施，达到预期的目标和效果后，可以说整合才算完成，这个时候整合所带来的效益才能显现出来。而在此之前的阶段，可以说是企业必须经历的“阵痛”，而且也是决定整合是否成功的关键阶段。

山西煤炭企业正是处于这个“阵痛”的时期，也是关键的时期，整合的长期效益是显而易见的，也是必然的，但能否实现这个长期的目标，这就决定于这一阶段企业对整合战略目标的制定和能否按照适合企业自身的战略方案有效实施，达到预期的目的。就目前资源整合过程看，整合的效果还未显现，甚至对企业自身的发展造成了一些不利的影响，但是只要有科学的战略规划，相信会达到应有的效果。

参考文献

[1] 安亚林，王元月．关于煤炭期货品种的初步研究［J］．煤炭经济研究，2006（11）．

[2] 安晓明．自然资源价值及其补偿问题研究［D］．吉林大学博士学位论文，2004.

[3] 白仲才．中国煤炭需求分析与价格预测［D］．复旦大学硕士学位论文，2008.

[4] 卞正富，张国良．矿山土地复垦费用构成与成本核算［J］．有色金属，1996（1）．

[5] 常建华．理顺成本价格机制促进煤炭企业可持续发展［J］．煤炭企业管理，2005（1）．

[6] 成伟．内蒙古自治区煤炭产业可持续发展研究［D］．中国地质大学博士学位论文，2007.

[7] 陈玉和，张幼蒂．中国矿区可持续发展模式选择的客观基础研究［J］．中国矿业大学学报，2002（2）．

[8] 陈德敏．资源循环利用论——中国资源循环利用的技术分析［D］．重庆大学博士学位论文，2004.

[9] 陈德敏，秦鹏．中国资源综合利用的技术政策及法制环境研究［J］．有色金属再生与利用，2002（2）．

[10] 陈涛．德国鲁尔区衰退与转型研究［D］．吉林大学博士学位论文，2009.

[11] 陈德敏．中国资源综合利用的技术政策和法制环境［J］．中国资源综合利用，2002（7）．

[12] 陈飚．山西焦煤集团公司综合加工利用的思路［J］．煤炭经济研究，2004（5）．

[13] 陈劲，张方华．社会资本与技术创新［M］．杭州：浙江大学出版社，2002.

[14] 陈新汉．评价论导论——认识论的一个新领域［M］．上海：上海社

会科学院出版社，1995.

[15] 曹海霞，王宏英．山西煤炭行业资源整合的实践与对策［J］．中国煤炭，2008（4）．

[16] 戴平生．中国电力市场价格形成机制研究［D］．厦门大学博士学位论文，2004.

[17] 段治平等．试论煤炭价格形成机制的改革［J］．价格理论与实践，2002（11）．

[18] 段治平，周传爱等．中国煤炭成本核算存在的问题及对策建议［J］．价格理论与实践，2007（6）．

[19] 丁子信．中国能源矿产开发利用的经济学分析［D］．中央民族大学博士学位论文，2007.

[20] 丁日佳，朱亚平．矿区循环经济理论与技术［M］．徐州：中国矿业大学出版社，2008.

[21] 董美珍．山西煤炭资源形式与对策［J］．中共山西省委党校学报，2000（2）．

[22] 董继学等．煤炭市场价格的灰色预测［J］．哈尔滨师范大学自然科学学报，2005（2）．

[23] 董立民．价格扭曲对煤炭工业可持续发展的影响［J］．煤炭经济研究，2002（12）．

[24] 董维武．国外煤炭资源管理实证分析［J］．中国煤炭，2001（2）．

[25] 樊杰．煤炭地区国土总体规划的初步研究［J］．地质研究，1988（1）．

[26] 高晋生，张德生，王锦平．21 世纪煤化工技术发展展望［J］．煤化工，2002（5）．

[27] 高文静，赵国浩．中国煤炭相关产业价格影响机制研究［J］．中国市场，2010（11）．

[28] 关凤峻．资源税和补偿费理论辨析［J］．中国地质矿产经济，2001（8）．

[29] 关凤峻．矿产资源综合开发利用技术经济评价方法［J］．石家庄经济学院学报，1992（4）．

[30] 龚辉文，沈东辉，王建民．资源课税问题研究［J］．税务研究，2007（7）．

[31] 黄祖梁．中国矿产资源综合开发利用现状及对策［J］．世界有色金属，1994（8）．

[32] 国家发展改革委“循环经济：模式分析与对策研究”课题组．煤炭行业发展循环经济的模式和对策［J］．中国经贸导刊，2006（1）．

[33] 国务院发展研究中心“澳大利亚矿业管理”考察团．澳大利亚的矿业管理及其启示［J］．中国发展观察，2008（10）．

[34] 郭艳玲，周舒野，吴美庆．俄罗斯煤炭资源开发利用现状［J］．现代矿业，2010（1）．

[35] 顾和和等．中国煤矿区的生态环境保护［J］．中国煤炭，1997（6）．

[36] 葛世龙．不确定性条件下可耗竭资源最优开采研究［D］．南京航空航天大学博士学位论文，2009.

[37] 葛世龙等．储量不确定对可耗竭资源优化开采的影响研究［J］．中国管理科学，2008（6）．

[38] 耿殿明．矿区可持续发展的系统分析与评价［D］．山东科技大学博士学位论文，2003.

[39] 耿殿明，董美珍．浅议山西煤炭工业面临的挑战和对策［J］．经济问题，2000（7）．

[40] 黄振中．世纪之交的中国煤炭气化技术［J］．世界科技研究与发展，2004（10）．

[41] 贺秀丽．山西煤炭企业循环经济的发展与生态工业园的构建［D］．太原理工大学硕士学位论文，2006.

[42] 黄腾．煤炭市场全球化趋势及国内外煤炭市场的相互影响［J］．煤炭经济研究，2007（9）．

[43] 秦丽娟，邓峰．基于贝叶斯框架的最小二乘支持向量机煤价预测［J］．煤炭经济研究，2009（11）．

[44] 郝传波．煤炭产业组织优化理论的研究［D］．辽宁工程技术大学博士学位论文，2004.

[45] 郝家龙等．基于 Box – Jenkins 法的煤炭价格预测研究［J］．中国物价，2007（1）．

[46] 何立慧．环境与资源保护法学［M］．北京：经济科学出版社，2009.

[47] 胡振琪．矸石山绿化造林的基本技术模式［J］．煤矿环境保护，1995（6）．

[48] 胡振琪．半干旱地区煤矸石绿化技术研究［J］．煤炭学报，1995（3）．

[49] 翟燕妮．煤炭资源开采规模研究［D］．山西财经大学硕士学位论文，2009.

[50] 蒋娜．基于 DEA 的中国节能环保上市公司的绩效研究［D］．西南财经大学硕士学位论文，2008.

[51] 蒋衔武，孙磊，张冬梅．基于循环经济的煤炭工业可持续发展研究［J］．煤炭工程，2007（5）．

[52] 颉茂华．基于环境管理视角的矿产资源资产价值计量模型构建［J］．财会通讯，2010（10）．

[53] 纪成君．中国煤炭产业组织研究［D］．辽宁工程技术大学博士学位论文，2004.

[54] 江连洪．影响煤炭价格因素的相关性分析与预测［D］．东北财经大学硕士学位论文，2007.

[55] 江泽民．对中国能源问题的思考［J］．上海交通大学学报，2008（3）．

[56] 姜福兴．矿区 RESE 系统演化的非线性机理分析［J］．软科学，2003（3）．

[57] 姜爱萍，周传爱．中国产煤大省都应设立价格调控基金［J］．价格月刊，2007（8）．

[58] 姜文琴．国外煤炭运营管理经验及对中国的启示［J］．中国煤炭，2000（4）．

[59] 康保民，王治现．资源整合小煤矿重组后存在的问题及其对策［J］．中州煤炭，2007（4）．

[60] 康丽华．俄罗斯煤矿安全生产状况［J］．中国煤炭，2004（8）．

[61] 李金华．中国可持续发展核算体系（SsDA）［M］．北京：社会科学文献出版社，2000.

[62] 李堂军．矿区可持续发展动态分析与适应性对策［D］．中国矿业大学博士学位论文，2000.

[63] 李建刚．浅谈山西煤炭的市场竞争力［J］．中国煤炭，2005（4）．

[64] 李保龙．煤炭工业可持续发展研究［J］．山西煤炭，2004（3）．

[65] 李栋．煤矿开采的规划环境影响评价研究［D］．安徽理工大学硕士学位论文，2009.

[66] 李瑞峰，南麓等．煤矿级差收益理论与方法研究［J］．中国煤炭，1995（11）．

[67] 李堂军等．煤炭开发西移对环境的影响与对策［J］．煤矿环境保护，2000（2）．

[68] 李英德，谢芳．煤炭资源最佳回采率的经济学分析［J］．矿业研究与

开发，2008，6（28）.

［69］李堂军等．矿区开发对环境的影响与评价方法［J］．煤矿环境保护，2000（4）.

［70］李锡林．世界煤炭工业发展报告［M］．北京：煤炭工业出版社，1999.

［71］李爱彬，用敏，卞丽丽．基于外部性理论的绿色开采经济学分析及政策建议——系统工程在矿业领域的应用［C］．第十一届全国矿业系统工程学术会议论文集，2008.

［72］李运强，黄海辉．世界主要产煤国家煤矿安全生产现状及发展趋势［J］．中国安全科学学报，2010，20（6）.

［73］李艳舫．中国煤炭价格机制改革政策初探［D］．吉林大学硕士学位论文，2007.

［74］李远，姬长生．基于系统动力学的矿产资源价值构成研究［J］．中国矿业，2010（7）.

［75］李金昌．资源经济新论［M］．重庆：重庆大学出版社，1995.

［76］李长生．黑龙江省煤炭产业发展模式研究［D］．哈尔滨工程大学博士学位论文，2006.

［77］李莉．矿产资源综合利用的研究与对策［J］．现代矿业，2009（6）.

［78］李杰，王东胜．煤炭直接液化工业探讨［J］．洁净煤技术，2005（3）.

［79］李盛群．企业绩效评价体系研究［D］．西南财经大学硕士学位论文，2003.

［80］李苹莉．经营者业绩评价［M］．杭州：浙江人民出版社，2001.

［81］李德全，翟新献．小煤矿煤炭资源特征及其整合问题［J］．能源技术与管理，2007（4）.

［82］刘文奇等．变权方法在可持续发展评价中的应用［C］．中国系统工程学会第十届年会论文集，1998.

［83］刘劲松．中国煤炭价格形成机制分析［J］．煤炭经济研究，2009（2）.

［84］刘新民，段治平．煤炭全成本定价应体现煤炭价格稳定成本［J］．中国煤炭，2007（4）.

［85］刘采英，严国荣．面向可持续发展的三重煤炭价值与价格理论和实践［J］．煤炭经济研究，2004（2）.

［86］刘硕，何永秀等．基于最优加权法的煤炭市场价格组合预测模型［J］．华

东电力，2009（4）.

［87］刘满平．建立中国煤炭价格指数的理论设计与探讨［J］．中国能源，2005（6）.

［88］刘满平．通过市场化运作根本解决煤电价格之争［J］．中国电力，2005（3）.

［89］刘斌．关于在中国恢复煤炭期货的必要性及可行性研究［J］．集团经济研究，2006（3）.

［90］刘青松．期货市场与市场经济的关系［J］．山西财经大学学报，2007（12）.

［91］刘玉平，谭洪旗，叶霖等．关于矿产资源综合利用的几点思考［J］．高科技与产业化，2008（11）.

［92］刘养洁，王国梁．鲁尔区对山西能源基地建设的启示［J］．科技情报开发与经济，1997（1）.

［93］刘晓玲，耿林．促进中国矿区可持续发展的对策探讨［J］．煤炭加工与综合利用，2006（6）.

［94］刘星．试论企业效绩评价体系［J］．广西大学学报，2000（6）.

［95］刘巧芹．从价值创造的角度构建企业业绩评价体系［J］．商业研究，2004（1）.

［96］罗大锋．当代中国矿产资源开发存在的问题及对策［J］．中国工程科学，2005（4）.

［97］罗庆华．基于DEA的供应链绩效评价体系研究［D］．暨南大学硕士学位论文，2007.

［98］罗伯特·卡普兰等．高级管理会计［M］．吕长江译．大连：东北财经大学出版社，1999.

［99］陆军．煤矸石发电是扩大煤矸石综合利用的有效途径［J］．中国煤炭，2001（7）.

［100］陆立军，郑燕伟．东部企业“西进”的模式与行为［M］．北京：中国经济出版社，2004.

［101］卢晓庆，赵国浩．煤炭安全生产中政府与企业的博弈分析［J］．能源技术与管理，2009（5）.

［102］连璞，黄桦．关于中国煤炭价格市场化形成机制第一周期的思考［J］．中国煤炭，2010（4）.

［103］梁钰．煤炭矿区循环经济发展研究［D］．中国矿业大学（北京）博士学位论文，2009.

［104］梁若皓．矿产资源开发与生态环境协调机制研究［D］．中国地质大学博士学位论文，2009.

［105］门梅．企业业绩评价平衡计分卡与 EVA，ABC 法的有机结合［J］．价值工程，2002（6）．

［106］茅于轼，盛洪，杨富强．煤炭的真实成本［M］．北京：煤炭工业出版社，2008.

［107］苗阳，代少军．基于熵的煤炭资源型城市可持续发展评价［J］．资源与产业，2008（6）．

［108］苗阳．山西省煤炭资源可持续发展利用研究［D］．中国地质大学（北京）硕士学位论文，2006.

［109］马云东，王大国．煤炭城市可持续发展能力评估方法及应用［J］．辽宁工程技术大学学报（社会科学版），2002（3）．

［110］马蓓蓓，鲁春霞，张雷．中国煤炭资源开发的潜力评价与开发战略［J］．资源科学，2009（2）．

［111］马海琨，刘传哲．中国煤炭期货市场构建研究［J］．中国煤炭，2006（12）．

［112］马月琴．古书院矿型煤示范厂项目后评价研究［D］．西安交通大学硕士学位论文，2002.

［113］马司玺．基于模糊神经网络法的山西省煤炭资源整合及发展健康度研究［D］．太原理工大学硕士学位论文，2010.

［114］马清裕．煤炭城镇化规划的几个问题［J］．煤炭经济研究，1983（5）．

［115］马清裕，孙俊杰．关于城市布局问题的探讨［J］．城市规划，1981（6）．

［116］倪斌．中国煤炭资源状况对煤炭工业持续发展的影响与对策［J］．中国煤炭，1995（3）．

［117］牛文元等．1999 中国可持续发展战略报告［M］．北京：科学出版社，1999.

［118］牛一．中国煤炭价格和供需数量分析［J］．科技情报开发与经济，2005（24）．

［119］普红．中国矿产资源综合利用现状及对策分析［J］．露天采矿技术，2010（3）．

［120］潘伟尔．破除煤炭价格机制市场化改革的障碍［J］．中国煤炭，2004（12）．

［121］潘伟尔．加速煤炭价格机制市场化改革的基本思路［J］．中国能源，2005（1）．

［122］覃觅．保护矿产资源刻不容缓［J］．资源与人居环境，2005（9）．

［123］秦军．煤炭市场及其稳定供给的策略研究［D］．浙江大学硕士学位论文，2009.

［124］秦建芝，郝庆军．中国煤炭资源开发利用中存在问题的分析及对策［C］．林业、森林与野生动植物资源保护法制建设—2004 年中国环境资源法学研讨会论文集．

［125］R. E. 杜利尔．世界煤炭远景仍然看好［J］．中国煤炭，1996（8）．

［126］任传鹏，丁日佳等．中国煤炭回采率低下的原因及对策［J］．辽宁工程技术大学学报（自然科学版），2010，5（29）．

［127］任一鑫，李英德等．资源回采率与费用关系研究［J］．矿冶工程，2006，6（26）．

［128］任传鹏，丁日佳等．中国煤炭采出率标准研究［J］．煤矿开采，2010，6（15）．

［129］任瑞晨，徐志强．煤炭资源综合开发与利用［M］．徐州：中国矿业大学出版社，2008.

［130］芮素生．煤炭工业的持续发展与环境［M］．北京：煤炭工业出版社，1994.

［131］孙宏原．以可续发展观指导走煤炭资源综合利用之路［J］．煤炭企业管理，2004（8）．

［132］舒方才．大屯矿区实现煤炭综合利用的分析［J］．选煤技术，2008（4）．

［133］邵汝军，黄佐钘．解决煤炭期货交易难点的设想［J］．中国煤炭，2006（8）．

［134］孙艳，张洪波．金融危机下中国煤炭定价机制的思考［J］．改革与战略，2010（6）．

［135］沈洪．基于欧式期权的煤炭资源价值的估价［J］．中国煤炭，2001（7）．

［136］粟勤农．煤炭价格的时间序列模型分析与设计研究［D］．武汉科技大学硕士学位论文，2007.

［137］苏显中．徐州矿区可持续发展的环境对策［J］．中国煤炭，1994（6）．

［138］苏立功．关于完善煤炭成本核算框架的构想［J］．煤炭经济研究，

2006（6）.

［139］宋绍峰，周德群．试论煤炭工业可持续发展的涵义［J］．煤炭学报，1999（4）.

［140］土青云．资源型城市经济转型研究［M］．北京：中国经济出版社，2005.

［141］唐勇，发展煤炭循环经济提高资源综合利用度［J］．煤炭技术，2006（9）.

［142］田华．煤炭产品价格扭曲及合理化分析［D］．内蒙古师范大学硕士学位论文，2006.

［143］唐军华．潞安矿区煤炭资源绿色开采发展思路［J］．煤炭，2009（3）.

［144］Tesing Ye. 美国如何管理小煤矿［J］．资源与人居环境，2008（10）.

［145］T. 弗里．英克尔能源集团治理环境污染的几项措施［J］．中国煤炭，1999（6）.

［146］谭跃进．定量分析方法［M］．北京：中国人民大学出版社，2002.

［147］田俊峰．西部煤炭可持续发展评价指标体系及评价方法研究［D］．西安科技大学硕士学位论文，2006.

［148］乌兰．中国煤炭矿区可持续协调发展研究［D］．中国海洋大学博士学位论文，2007.

［149］汪应洛．系统工程［M］．北京：机械工业出版社，2003.

［150］汪小寒，陈洁等．基于核覆盖算法的煤价预测［J］．计算机技术与发展，2006（12）.

［151］吴强．矿产资源开发环境代价及实证研究［D］．中国地质大学博士学位论文，2008.

［152］吴志杰．煤矿区环境价值的评估方法及其模型［J］．资源环境与工程，2006，2（20）.

［153］吴元元．矿产资源价格理论及调控政策研究［D］．中国地质大学博士学位论文，2008.

［154］吴学平．中部地区煤炭城市持续产业发展研究［D］．南昌大学硕士学位论文，2008.

［155］吴春莺．中国资源型城市产业转型研究［D］．哈尔滨工程大学博士学位论文，2006.

［156］吴炜伟．基于 DEA 的房地产上市公司绩效评价模式研究［D］．浙江

大学硕士学位论文，2008.

[157] 吴奇修，陈晓红．资源型城市的转型与发展：一个文献综述［J］．江汉论坛，2005（3）．

[158] 王学军，郭亚军．基于 G1 法的判断矩阵的一致性分析［J］．中国管理科学，2009（3）．

[159] 王立杰．煤炭资源经济评价的理论与方法研究［M］．北京：煤炭工业出版社，1996.

[160] 王锋，刘传哲．中国煤炭期货合约设计与运作构想［J］．中国煤炭，2007（1）．

[161] 王正喜．关于煤炭价格政策及相关问题的思考［J］．价格理论与实践，2005（3）．

[162] 王立杰，陶树人．矿产资源计价模型的研究［J］．中国矿业大学学报，1994（12）．

[163] 王翔宇．矿产资源潜在价值计算方法探析［J］．中国矿业，2010（1）．

[164] 王正智．浅谈煤炭价格改革的基本思路［J］．煤炭经济研究，1997（2）．

[165] 王广成．中国资源税费理论与实践［J］．中国煤炭经济学报，2006（6）．

[166] 王其藩．系统动力学［M］．北京：清华大学出版社，1988.

[167] 王立红．循环经济——可持续发展战略的实施途径［M］．北京：中国环境科学出版社，2005.

[168] 王岩．鹤岗矿区煤炭资源综合开发利用方案探讨［J］．煤炭工程．2008（6）．

[169] 王悦汉，汪理全，翟德元．矿井“掘、采、治”开采技术体系的理论探讨——煤炭开采新理论与新技术．中国煤炭学会开采专业委员会 2006 年学术年会论文集．

[170] 王建设，陈仲元，李慧民等．煤炭综合利用系统分析与评价［J］．煤炭经济研究，2006（4）．

[171] 王景波．基于平衡计分卡的煤炭企业绩效评价研究［D］．山东科技大学硕士学位论文，2007.

[172] 王森山．基于 DEA 的民营企业上市公司绩效评价与实证研究［D］．苏州大学硕士学位论文，2010.

[173] 魏同等．中国煤炭工业可持续发展的系统分析［J］．中国煤炭，

1997（2）.

［174］魏晓平．煤炭资源的最佳耗竭速度与可持续利用探讨［J］．煤炭学报，1997（1）.

［175］魏晓平．可持续发展战略中矿产资源最适耗竭理论的研究［M］．徐州：中国矿业大学出版社，1999.

［176］魏晓平，毛敏芳．耗竭资源最优开采顺序的理论、方法及发展趋势［J］．科技导报，2006（1）.

［177］魏振宽，吴刚，朱超．对建设煤炭生态企业的初步设想［J］．煤炭经济研究，2007（3）.

［178］夏佐铎．矿产资源资产评估体系研究［J］．科技进步与对策，2004（11）.

［179］夏佐铎，姚书振．矿产资源资产经济价值的研究［J］．中国矿业，2002（4）.

［180］薛文彬，周科等．谈矿山企业制定年度开采回采率指标的方法［J］．矿产保护与利用，2003，5（10）.

［181］许书平，孔宁．中国煤炭资源开采合理布局研究［J］．资源导刊，2009（3）.

［182］徐文强．环保型煤炭开采与利用技术［J］．山西煤炭管理干部学院学报，2008（2）.

［183］徐友宁，何芳，张江华等．西北地区矿山环境地质问题及动态数据库建设［J］．西北地质，2002，35（4）.

［184］徐金发，朱晓燕．中国电力管制价格模型研究［J］．价格理论与实践，2002（5）.

［185］颜志刚．超越平衡计分卡的探索：业绩三棱镜与动态多维业绩框架［J］．财会通讯（综合版），2004（10）.

［186］云凌志，王凤生．国有化改革能改善福利吗？——山西省煤炭业资源整合方案的经济学分析［J］．中南财经政法大学学报，2000（2）.

［187］殷涛，孙涛．煤炭工业可持续发展中存在的问题及其对策［J］．煤矿环境保护，2001（3）.

［188］严国荣．创建中国煤炭价格指数之我见［J］．煤炭经济研究，2009（3）.

［189］余明勤．区域经济利益分析［M］．北京：经济管理出版社，2004.

［190］于立宏．需求波动下的中国煤电产业链纵向安排与经济规制研究［D］．复旦大学博士学位论文，2006.

[191] 尹国勋．煤矿环境地质灾害及其分类、环境效应和影响特点［J］．煤矿环境保护，2000（2）．

[192] 叶文虎．关于可持续发展的理论思考［M］．北京：中国环境科学出版社，1996.

[193] 杨伟民．基于煤炭资源区域经济可持续发展［D］．辽宁工程技术大学博士学位论文，2006.

[194] 杨本志等．中国东部矿区生态系统退化机理初探［J］．煤矿环境保护，2000（4）．

[195] 杨本志等．浅议中国东部矿区的生态重建技术［J］．煤矿环境保护，2000（3）．

[196] 杨选民等．神府东胜矿区生态环境问题及对策［J］．煤矿环境保护，2000（1）．

[197] 杨彤．基于价格传导网络的煤电价格传导研究［D］．中国矿业大学博士学位论文，2008.

[198] 杨庆舟．关于完善中国煤炭市场体系的几点思考［J］．煤炭工程，2008（5）．

[199] 杨秋媛．基于煤炭完全成本的煤炭定价［J］．中国煤炭，2009（9）．

[200] 杨玉凤，魏晓平．市场经济条件下矿产资源最优价格策略研究［J］．中国管理科学，2001（8）．

[201] 杨艳琳．资源经济发展［M］．北京：科学出版社，2004.

[202] 杨婷．循环经济背景下基于供应链的物流企业绩效评价研究［D］．武汉理工大学硕士论文，2007.

[203] 袁碧玉．陕西省煤炭资源投入产出分析［D］．西安科技大学硕士学位论文，2003.

[204] 袁怀雨，李克庆．资源税与资源补偿费制度改革［J］．矿产资源，2000（3）．

[205] 袁宗仪．建立中国矿产资源综合开发利用评价体系［J］．矿产综合利用，1993（5）．

[206] 袁静梅．矿业企业的循环经济发展战略模式研究——云南锡业集团循环经济发展模式研究［D］．云南大学硕士学位论文，2004.

[207] 袁学良．煤炭行业循环经济发展理论及应用研究［D］．山东大学博士学位论文，2008.

[208] 邹胜谋．葛联合．强化矿山管理及资源综合利用［J］．矿业快报，

2001（17）.

[209] 赵国浩．煤炭工业可持续发展研究［M］．北京：经济管理出版社，2008.

[210] 赵国浩．资源管理系统工程理论与实践［M］．北京：经济管理出版社，2008.

[211] 赵国浩．刍议自然资源管理理论的研究方法，经济系统分析：理论与应用［M］．北京：社会科学文献出版社，2006.

[212] 赵国浩．煤炭资源综合开发利用对策研究［J］．能源技术与管理，2007（5）.

[213] 赵国浩，裴卫东，张冬明．中国煤炭工业与可持续发展［M］．北京：中国物价出版社．2000.

[214] 赵国浩，李月长．煤炭资源利用效益最大化对策研究［J］．中国管理科学，2007，10（15）.

[215] 赵国浩，王浣尘．煤炭工业可持续发展系统评价［J］．数量经济技术经济研究，2000（4）.

[216] 赵国浩，凌涛．可持续发展视角下的山西煤炭工业发展研究［J］．煤炭经济研究，2010（5）.

[217] 赵国浩，车康模，卢晓庆．基于产业集中度视角的山西煤炭资源整合分析［J］．煤炭经济研究，2010（2）.

[218] 赵鹏大，陈建平．21 世纪矿产资源经济展望［J］．自然资源学报，2000（3）.

[219] 赵震宇．中国煤炭资源可持续利用的经济学研究［D］．吉林大学博士学位论文，2010.

[220] 张所地．管理决策论［M］．北京：中国科学技术出版社，2005.

[221] 张广军．关于山西煤炭外运通道建设的思考［J］．铁道运输与经济，1998（3）.

[222] 张建平．山西煤炭工业可持续发展评价方法及应用研究［J］．太原理工大学学报，2002（11）.

[223] 张柒明．煤炭产业发展循环经济模式及政策研究——以丰城市为例［D］．南昌大学硕士学位论文，2007.

[224] 张莹．安全生产监管博弈分析［D］．山东大学硕士学位论文，2007.

[225] 张金锁，王喜莲．煤炭开采规模的影响因素及模型研究［J］．能源技术与管理，2007（5）.

[226] 张云．非再生资源开发中价值补偿的研究［M］．北京：中国发展出

版社，2007.

［227］张米尔，邸国永．从中国煤炭产业看产业组织低效率问题［J］．经济理论与经济管理，2002（1）．

［228］张华新．中国能源价格形成机制及其优化研究［D］．辽宁大学博士学位论文，2008.

［229］张华明，赵国浩．煤炭价格形成机制存在的问题及对策分析［J］．资源科学，2010（11）．

［230］张士运，刘好．矿产资源开采前价值评估模型分析［J］．煤炭经济研究，2009（9）．

［231］张欢．中国煤炭价格的ARIMA模型的建立及其预测分析［J］．工业技术经济，2007（7）．

［232］张光文．资源价格机制论［J］．现代经济探讨，2004（6）．

［233］张汀．利用期货市场规避现货市场价格风险［J］．山西财经大学学报，2008（6）．

［234］张麟，陈金堂．论建立煤炭期货市场的必要性和可能性［J］．煤炭经济研究，2007（9）．

［235］张明慧．煤炭清洁生产和利用的经济分析及对策研究［D］．太原理工大学硕士学位论文，2003.

［236］张晋陶，刘伯荣．煤炭资源浪费的主要原因及其对策［J］．内蒙古煤炭经济，2008（1）．

［237］张蕊．企业战略经营业绩评价指标体系研究［M］．北京：中国财政经济出版社，2002.

［238］郑龙、陈武等．煤炭完全成本构成研究［J］．煤炭经济研究，2010（7）．

［239］郑爱华，朱学义，林爱梅．论中国矿产资源的税费改革［J］．煤炭经济研究，2000（1）．

［240］周德群等．可持续发展测度原理：述评［J］．中国煤炭经济学院学报，1997（1）．

［241］周传爱．山西省煤炭价格形成机制研究［D］．山东科技大学硕士学位论文，2007.

［242］周爱前．煤炭价格对中国经济增长的影响［D］．南京航空航天大学硕士学位论文，2009.

［243］庄严．煤炭资源型城市可持续发展研究［D］．哈尔滨工业大学硕士学位论文，2006.

[244] 朱学义，黄国良．论国有煤炭资源管理体制改革方向［J］．煤炭经济研究，1999（11）．

[245] 宗培．基于DEA的电信运营企业绿色管理绩效评价研究［D］．北京邮电大学硕士学位论文，2009.

[246] 中国能源研究会，国家电力公司战略研究与规划部．中国能源五十年［M］．北京：中国电力出版社，2002.

[247] 2009中国能源发展报告［R］．国际能源网，2009.

[248] Ann S. Causey Environmental Action Cuide: Action for a Sustainable Future. Published by Brooks/Cole, 1998.

[249] A. Bruce & Anthony F., Probabilistic Forecasts from Probabilistic Models A Case Study in the Oil Market [J]. International Journal of Forecasting, 1995, 11 (1).

[250] A. L. Saaty. The analytic hierarchy process. McGraw Hill, Inc, 1980.

[251] Ann S. Causey Environmental Action Guide, Action for Sustainable Future. Published by Brooks/Cole, 2005.

[252] Black J A, Boal K B. Strategic Resources: Traits, Configurations arid Paths to Sustainable Competitive Advantage. Strategic Management Journal, 1994 (15).

[253] Bahuguna S. Environment crisis and sustainable development Approach. Published by Brooks/Cole, 2005.

[254] Bruno Sarrasin. The Mining Industry and the Regulatory Framework in Madagascar: Some Developmental and Environmental Issues. Journal of Cleaner Production, 2006 (14).

[255] Barney J. The resource - based theory of the firm. Organization Science. September - October, 1996 (5).

[256] C. Fischer. Once - and - for - All Costs and Exhaustible Resource Markets. http://www.rff.org/documents/ RFF - DP - 98 - 25. pdf.

[257] Clove Punting Historical Perspectives on Sustainable Development [J]. Environment, 1990, 32 (9).

[258] Daly H E. Sustainable Development: Form concept and theory to operational principles. Population and development, 1998.

[259] F. Roan Philip, E. Martin Wade. Optimal production and reclamation at a mine site with an ecosystem constraint [J]. Journal of Environmental Economics and Management, 1996 (30).

[260] Geldermarn. Fuzzy Outranking for Environmental Assessment – Case Study: Iron and Steel Marking Industry. Fuzzy Sets and Systems, 2000 (115).

[261] Gavin Hilson. Pollution and Cleaner Production in the Mining Industry: An Analysis of Current Issues. Journal of Cleaner Production, 2000 (8).

[262] G. C. Oldroyd, Maintaining operational competitiveness in the Australian open – cut coal industry [J]. Transactions of the Institution of Mining and Metallurgy, Section A: Mining Technology, 1987, 96.

[263] H. Hotelling. The Economics of Exhaustible Resources [J]. Journal of Political Economy, 1931. 39 (2).

[264] J S. Kane E E Lawler, Performance Appraisal Effctiveness: Its Assessment andDeterminants [M]. Greenwich, Jai Press, 1979.

[265] James R. Kahn. Economic Approach to Environment and Natural Resources. Published by South – Western, 2005.

[266] J. R. Livernois, R. S. Uhler. Extraction Costs and the Economics of Nonrenewable Resources [J]. Journal of Political Economy, 1987, 95 (1).

[267] J. M. Eyster, T. Gaalaas. Coal price volatility is here to stay. Coal Age, 2004.

[268] J. C. Ddvid, Estimating oil price "Value at Risk" using the historical simulation approach [J]. Energy Economics, 2003, 25 (3).

[269] James R. Kahn. Economic Approach to Environment and Natural Resources. Published by Brooks/Cole, 2005.

[270] L. H. Cohen, H. L. Muller. Methanol from Coal, Cost Projections, Encyclopedia of Chemical Processing and Design, 1989.

[271] L Yu , S Y Wang, K K. Lai Forecasting crude oil price with an EMD – based neutral network ensemble learning paradigm [J]. Energy Economics, 2008, 30.

[272] L. Shen, P. Andrews Speed. An Imbalanced Development of Coal and Electricity Industries in China. Resources Policy, 2001, 18 (4).

[273] L. Hogan, S. Thorpe, P. Graham, et al. Coal price – quality relationships and the outlook for coal, Outlook, 1997.

[274] Mirm Iranis, C. A Lih comparison of VAR and neural networks with genetic algorithm in forecasting price of oil [J]. Advances in Econometrics, 2004, 19.

[275] M. Chen. Power Coal Price System Reform: In Direction of Marketization. Price and Market, 2007.

[276] M. C. Kemp, N. V. Long. On Two Folk Theorems Concerning the Extraction of Exhaustible Resources [J] . Econometrica, 1980, 48 (3) .

[277] M. Claudio A Semi - parametric Approach to Short - term Oil Price Forecasting [J] . Energy Economics, 2001, 23 (3) .

[278] O. C. Herfindahl. Depletion and Economic Theory [M] . M. Gaffney: Extractive Resources and Taxation. University of Wisconsin Press, 1967.

[279] Porter L. How Competitive Forces Shape Strategy [J] . Harvard Business Review, 1997 (4) .

[280] Peter Follet. Luis A Bojorquez Tapia and Mariano Hemandez Narvaez. Natural Resources Management Practices [M] . Blackwell Publishing, 2001.

[281] R. D. Cairns, N. V. Quyen. Optimal Exploration for and Exploitation of Heterogeneous Mineral Deposits [J] . Journal of Environmental Economics and Management, 1998, 35 (2) .

[282] R. M. Solow, F. Y. Wan. Extraction Costs in the Theory of Exhaustible Resources [J] . Bell Journal of Economics, 1976, 7 (2) .

[283] S. Paul The Determination of Oil Prices 1945 - 1995: A Diagrammatic Interpretation [J] . Energy Policy, 1995, 23 (10) .

[284] S. Marris, R. McGregor. Japanese report tells how to squeeze coal price, The Australian, 1994.

[285] S. Bahuguna Environment crisis and sustainable development. Published by Natral, 1992.

[286] S. M. Lele. Sustainable development: a critical review [J] . World Development, 1991 (1) .

[287] Steaven R. The Coming of the New Organization [J] . International Studies of Management and Organization, 2002 (1) .

[288] S. M. Lele. Sustainable development: a critical review [J] . World Development, 1991 (1) .

[289] Tyler G Miller Jr. Living in the Environment: Principles, Connections, and Solutions. Published by Brooks/Cole, 2005.

[290] T. R. Lewis. Sufficient Conditions for Extracting Least Cost Resource First [J] . Econometrica, 1982, 50 (4) .

[291] T. Atkinson & M. J. Richards, UK coal mining in prospect [J] . Mining Technology, 1989, 71.

[292] Tyler G. , Miller Jr. Living in the Environment, Principles, Connections,

and Solutions. Published by Brooks/Cole, 1998.

[293] Tyler G., Miller Jr. Sustaining the Earth, An Integrated Approach, Published by Brooks/Cole, 2005.

[294] Takashjonish. A capacity approach for sustainable urban development: an empirical study [J]. Regional studies, 1994, 28 (1).

[295] Weihrich. Analyzing the Competitive Advantage and Disadvantages of Germany with the TOWS Matrix - an Alternative to Porter's Model [M]. European Business Review, MCB University Press, 1999.

[296] X Zhang, K K Lal, S Y Wang. A new approach for crude oil price analysis based on Empirical Mode Decomposition [J]. Energy Economics, 2008, 30.

[297] Y. Mimuroto. An Analysis of Steaming Coal Price Trends - Factors behind Price Fluctuations and Outlook. Coal Resource Group, Japan, 2000.

[298] Y. Mimuroto. Impact of coal price on mine development investment, Study Report. New Energy and Industrial Technology, 2002.

[299] Y. H. Farzin. Optimal saving policy for exhaustible resource economies [J]. Journal of Development Economics, 1999 (58).

[300] Zhao Guohao. An Optimization Model to Enhance Sustainable Utilization of Resources. Informs Program, 2000 (11).

[301] Zhao Guohao. Management of natural resources for sustainable economic growth. Proceedings of 2005 CES International Conference on Sustainable Economic Growth in China, 2005 (6).

[302] Zhao Guohao. Optimization Model to Enhance Sustainable Utilization of Resources. Journal of systems Science and Systems Engineering, 2002, 11 (11).

[303] Zhao Guohao. Study on Natural Resources Management for Sustainable Development in China. Proceedings of The International Conference on Management of Technology, 2006, 12.

[304] Z. Tonggong, L. Zhongmin. An Analysis of the Factors behind Coal Price Fluctuations. China Energy 27, 2005.

[305] Z. Ding. Consideration and Assumption on the Reform of Coal Price, Market Economy and China Energy Development Strategy, 1992.

[306] Zhao Guo hao. Optimization Model to Enhance Sustainable Utilization of Resources. Journal of Systems Science and Systems Engineering, 2002, 11 (1).